本项目是浙江省社会科学界联合会课题

**县域农业企业采纳–实施–评价电子商务的影响因素和路径研究——以浙江省为例
（项目编号：2018N32）**

的阶段性成果

本项目是温州市哲学社会科学规划课题

**乡村振兴战略下直播电商赋能农产品上行影响因素与发展路径研究
（项目编号：21wsk047）**

的阶段性成果

数商兴农背景下农业经营主体实施电商的因素分析和对策研究

夏守慧 苏 可◎著

经济日报出版社

·北京·

图书在版编目（CIP）数据

数商兴农背景下农业经营主体实施电商的因素分析和对策研究 / 夏守慧，苏可著． -- 北京：经济日报出版社，2024.6
ISBN 978-7-5196-1380-8

Ⅰ．①数… Ⅱ．①夏… ②苏… Ⅲ．①农业经营－经营管理－研究－中国 Ⅳ．①F324

中国国家版本馆 CIP 数据核字（2023）第 227628 号

数商兴农背景下农业经营主体实施电商的因素分析和对策研究
SHUSHANG XINGNONG BEIJINGXIA NONGYE JINGYING ZHUTI SHISHI DIANSHANG DE YINSU FENXI HE DUICE YANJIU

夏守慧　苏可　著

出　　版	经济日报出版社
地　　址	北京市西城区白纸坊东街 2 号院 6 号楼 710（邮编 100054）
经　　销	全国新华书店
印　　刷	北京建宏印刷有限公司
开　　本	710mm × 1000mm　1/16
印　　张	18
字　　数	313 千字
版　　次	2024 年 6 月第 1 版
印　　次	2024 年 6 月第 1 次印刷
定　　价	69.00 元

本社网址：edpbook.com.cn，微信公众号：经济日报出版社
未经许可，不得以任何方式复制或抄袭本书的部分或全部内容，**版权所有，侵权必究。**
本社法律顾问：北京天驰君泰律师事务所，张杰律师　举报信箱：zhangjie@tiantailaw.com
举报电话：010-63567684
本书如有印装质量问题，请与本社总编室联系，联系电话：010-63567684

前 言

近几十年来，电子商务平台和数字市场的兴起深刻改变了农业产业。在农产品市场竞争中，电子商务具有拓宽市场渠道、简化流通环节、提升品牌形象和市场竞争力等作用，是农业企业转型升级的必然选择。我国政府很早就认识到电子商务在促进农业发展、推动农村产业供给侧结构性改革上的作用，大力支持和推动电子商务与农业经营主体融合发展，实施"数商兴农""互联网+农业"等工程，从政策方针、基础建设、平台打造等多方面共同施策，为农产品电商发展营造良好的外部环境。为响应国家号召，各大电子商务平台大力推进乡镇和村庄电商服务网点建设，助力农产品上行。在这样的背景下，如何形成农业企业、政府、平台多方合力，以便更好地应用电子商务来促进农业可持续性发展已成为一个必须解决的问题。

本书以中国新型农业经营主体为研究对象，基于"数商兴农"的现实背景，针对新型农业经营主体实施电子商务的发展现状、影响因素和发展路径展开深入研究，为提高新型农业经营主体的经营收入、拓展农业企业市场、优化农产品电商政策效力提供理论参考。同时，本书糅合多种技术采纳模型，创新性地提出新型农业经营主体的影响因素分析模型，并揭示电子商务赋能新型农业经营主体的演化规律和优化路径，为本领域相关研究增加一定边际贡献。

在研究方法上，本书结合了定量研究和定性研究方法，首先梳理国内外文献中已有的理论基础和研究进展，从"主体、模式、因素"三方面出发，对新型农业经营主体电子商务研究领域的重要成果进行总结归纳。其次，整合多种技术，采纳各家理论所长，剖析新型农业经营主体实施电子商务的影响因素及其影响机制。最后，设计调查问卷，结合访谈调查采集一手数据，采用结构方程模型（SEM）、回归分析等方法对前文提出的理论模型进行验证，检验不同因素对新型农业经营主体实施电子商务的影响路径。本书得到的主要研究结论如下：

（1）当前实施农产品电商的基础条件相对完备，但仍有较大提升空间。新型农业经营主体电商活动比较普遍，但电商化程度不高，大部分企业不具备从事多种电商活动的能力。农产品电商缺乏专门人员和专业管理，存在网站信息更新不及时、缺乏专门人员负责和依赖外包等情况。农产品电商接入搜索平台渠道比较单一，淘宝仍是最主要的接入平台，但微信、抖音等社交平台在农产品电商上展现出很大市场潜力。

（2）模型分析结果显示，专业技术、市场需求、环境、态度这四个因素对农产品电子商务采纳行为具有显著的正向影响，而技术支持和行业竞争对农产品电子商务采纳行为的正向影响不显著，表明考虑农产品电商的实施更多是受到内部因素影响，外部因素的影响并不明显。

基于以上结论，本书从市场主体、农业产业和政府三个维度，结合电子商务"人、货、场"要素，从新型农业经营主体电商的模式优化、组织建设、人才培养三个视角提出相关建议。

目 录

第一章 绪 论 / 001

第一节 研究背景、问题提出和研究意义 ……… 002
第二节 研究目标 ……………………………… 009
第三节 研究方法 ……………………………… 009
第四节 研究基本框架与内容 ………………… 010
第五节 研究的范围和概念界定 ……………… 013
第六节 本书创新点 …………………………… 020

第二章 国内外研究文献综述 / 023

第一节 国内有关文献概况 …………………… 024
第二节 国内有关涉农电子商务发展现状研究 …… 025
第三节 国内有关新型农业经营主体实施
电子商务研究 …………………………… 028
第四节 国外有关农产品电子商务的研究 ……… 037
第五节 已有相关研究文献述评 ……………… 041

第三章 新型农业经营主体实施电子商务的研究模型与理论假设 / 043

第一节 研究模型理论基础 …………………… 044

第二节　研究模型和理论假设 …………………… 056

第四章　农产品电子商务影响因素的实证研究 / 063

第一节　调研设计 ………………………………… 064
第二节　样本分析 ………………………………… 069
第三节　浙江省农产品电子商务现状 …………… 076
第四节　浙江省农产品电子商务采纳情况 ……… 082
第五节　浙江省农产品电子商务影响因素分析 … 083
第六节　研究结论 ………………………………… 096

第五章　农产品营销体系、农村电商成本要素与市场竞争分析 / 099

第一节　农产品营销体系分析 …………………… 100
第二节　农村电商成本要素与影响因素 ………… 108
第三节　农村电商在农产品销售中的市场定位与
　　　　竞争策略 ………………………………… 118

第六章　农业电子商务平台选择与应用模式 / 129

第一节　电子商务平台类型分析 ………………… 130
第二节　电子商务应用模式分析 ………………… 136
第三节　电子商务思维与运营分析 ……………… 152

第七章　新型农业经营主体电子商务组织建设研究 / 173

第一节　新型农业经营主体电子商务组织
　　　　现状分析 ………………………………… 174

第二节 不同新型农业经营主体电子商务组织
对比分析 ……………………………… 175
第三节 电子商务组织优化研究 ………………… 183
第四节 新型农业经营主体电商组织发展
影响因素分析 ………………………… 199

第八章 农业电子商务人才分析与建议 / 203

第一节 新型职业农民电子商务创业培训的
路径 …………………………………… 204
第二节 高职院校学生直播电商人才培养
路径 …………………………………… 212
第三节 乡村干部培养提升县域农业电子商务
路径研究 ……………………………… 229

第九章 研究结论与政策建议 / 237

第一节 研究总结 ………………………………… 238
第二节 政策建议 ………………………………… 240
第三节 战略管理计划 …………………………… 248
第四节 研究不足及进一步研究方向 …………… 259

参考文献 / 260

后　记 / 277

第一章
绪 论

第一节 研究背景、问题提出和研究意义

一、研究背景

（一）电子商务发展促进农业企业转型升级

首先，农业企业抓住电子商务发展时代机遇。电子商务是指利用互联网络进行的以商品、服务和信息的购买、销售与交换为中心的各种商务活动。农业电子商务的发展可以追溯到互联网的早期，当时农民和农村企业开始探索接触客户和扩大市场的新途径。电子商务平台和数字市场的兴起改变了之前几十年农业产业的销售模式，使农民和农业企业比以往任何时候都更容易与世界各地的客户和供应商建立联系。农业电子商务最早的例子之一是在线农场市场的创建，它允许农民通过互联网直接向消费者销售他们的产品。这些早期的在线市场通常提供有限的产品选择，例如水果和蔬菜，但它们很快在寻找本地新鲜农产品的消费者中流行起来。

在美国，最早的在线农场市场于1994年推出，如今有数十个此类市场为全国各地的客户提供服务。21世纪初期，eBay和亚马逊等电子商务平台的兴起为农民和农业企业提供了在线销售产品的新机会。这些平台使农民可以轻松地建立虚拟店面并接触全球客户群，同时还为消费者提供比以往更广泛的产品。一些农民也开始使用像eBay这样的在线拍卖网站将他们的产品直接卖给消费者，省去了中间商并降低了成本。随着电子商务的不断发展，出现了专门为农业设计的新平台。这些平台中成功的平台之一是阿里巴巴的淘宝网，它于2003年推出，并迅速成为我国大型电子商务网站之一。淘宝为农民和农业企业提供了一种直接面向中国消费者销售产品的方式，使得中国消费者对各地采购的优质食品越来越感兴趣。

其次，电子商务改变农业企业经营方式。随着新平台和新技术的出现，农业电子商务不断扩大和多样化，正在改变农民和农业企业的经营方式。例如，一些公司现在正在使用区块链技术来创建安全、透明的供应链，让消费者能够追踪食品的来源并验证其质量。其他公司正在使用人工智能和机器学习来帮助农民优化作物产量，并使其可持续地实践。尽管取得了这些进步，但农业电子商务仍然面临许多挑战和障碍，包括农村地区对可靠的互联网接

入和交通基础设施的需求,以及监管障碍和市场壁垒。然而,随着技术不断进步,越来越多的消费者开始对优质、本地采购的食品产生兴趣。

相对于工业,农业产业电子商务发展相对落后,其发展存在较多的制约。在生产主体方面,农业经营主体中存在大量小农户和家庭农场,生产经营规模小、工作效率低,分散经营的小农户不具备市场议价能力,产生收益不高;在产品周期方面,农产品具有明显的季节性和周期性,尤其是生鲜类的初级农产品,不能很好匹配电子商务市场的大量市场客户需求,容易造成库存不足;在产品品牌和标准方面,农产品品牌建立缺乏时间沉淀,处于起步发展阶段,未能有效发挥品牌效应,而且农产品标准化程度相对工业品要低,各地农产品生产、包装、大小规格有待完善;在农产品流通方面,从"田间地头到消费者厨房"通常需要 3~5 个中间流通环节,各个流通环节产生损耗和附加价值,高流通成本导致农产品收购价格和市场消费价格差异大,加剧了价格剪刀差。

电子商务作为一种当前流行的商业流通手段,针对上述农业产业的弱质性表征,能够起到较好的改善作用,如拓宽市场渠道,电子商务可以将农产品直接连接到全国乃至国际的消费者市场,为农业企业提供了更广阔的销售渠道;优化农产品流通,简化流通环节,直接将农产品从农田送达消费者手中,减少中间环节,提高流通效率,降低成本,实现农产品由农场到餐桌的快速供应链;提升品牌形象和市场竞争力,通过互联网的扩散性有效推广农产品品牌,从公域流量逐渐获取私域流量进而建立固定消费群体,利用其商业模式的特性倒逼农业生产经营的标准化建设;提升农产品市场化水平,对新型农业经营主体有较好增收效应,根据阿里研究院针对淘宝村发展的一项报告显示,开展了电子商务的村镇明显比未开展电子商务的村镇产业发展得更好且种类更丰富,人均收入高出 30% 左右,有效帮助农村居民实现了收入的增长。

再次,电子商务促进农业企业改革发展。在中国市场主体推进的"农产品进城、工业品下乡"的电子商务活动中,"农产品进城"是城市消费者和新型农业经营主体的共同期望,经营主体能获得更多的消费群体,消费者也能获得安全、绿色、高品质农产品,进而满足消费者日益增长的对美好生活的需求,也可以有效解决供需矛盾。电子商务为农业企业提供了多样化的经营模式和多元化的产品选择机会,农业企业利用电子商务平台可以进行农产品定制化生产，根据市场需求灵活调整种植或养殖规模，有效支持农业产业结构的调整与优化。中国小农户、家庭农场众多，实现与现代农业发展的紧密衔接，拓宽销售渠道，提升农业经营主体的收入，有待建立更好的合作机制，破解现实难点。在互联网发展，数字化改革推进的时代，农业经营主体如何更好应用电子商务促进农业可持续性发展，是需要解决的问题。电子商务作为一种重要的流通手段，被政府、农业经营主体和消费者寄予厚望。

以新一代信息技术延长农业产业链条，推进农村农业、工业和服务业融合发展，已成为新一轮产业变革的迫切需求，对中国突破传统农业经营主体发展瓶颈、提高农业产业整体竞争力具有关键作用，也是实施乡村振兴战略的重要方向。面对电子商务，尤其是直播电商等新电商模式带来的趋势性力量变革和价值创造逻辑转变，很多农业产业经营主体还不能有效消化电商的思维理念和技术要素，供给端的农业经营主体无法满足数字经济时代的消费者市场需求，转换"生产→销售"至"生产→消费"对接模式，需要农业经营主体更全面地融入电子商务的理念与提升技术能力。

（二）政策有效引导农业企业与电子商务融合发展

电子商务被越来越多的企业所采纳，且由于电子商务具有重塑营销模式，带动物流等产业链发展，促进农村农业、工业和服务业的融合，有效增强商品流通和提升人民收入等作用，我国政府从 2005 年起，大力支持和推动电子商务与农业经营主体融合发展，主要分为两个阶段。第一阶段是 2005—2015 年，中央一号文件主要从流通方式、交易方式和平台建设的角度对农村电商作出新要求：一是从流通方式的角度要求大力发展电子商务；二是从交易方式的角度强调发展农产品电子商务；三是加强农产品电子商务平台建设。第二阶段是 2015 年至 2023 年，中央一号文件加大了对农村电子商务的部署，逐步提出了更高的要求，明确了农村电商的主要工作方向：一是加大物流基础设施建设和完善县乡村三级农村物流体系；二是开展电子商务进农村综合示范；三是健全农村电商服务体系；四是支持涉农电商载体建设和新模式发展。

农业电子商务的发展相对滞后，为更好地发展现代农业，近年来中国政府出台相应政策。2022 年《中共中央 国务院关于做好 2022 年全面推进乡村振兴重点工作的意见》明确鼓励各地拓展农业多种功能、挖掘乡村多元价值，重点发展农产品加工、乡村休闲旅游、农村电商等产业。实施"数商兴农"工程，推进电子商务进乡村。促进农副产品直播带货规范健康发展。加快实施"互联网＋"农产品出村进城工程，推动建立长期稳定的产销对接关系。支持供销合作社开展县域流通服务网络建设提升行动，建设县域集采集配中心。2021年《中共中央 国务院关于全面推进乡村振兴加快农业农村现代化的意见》指出要加快完善县乡村三级农村物流体系，改造提升农村寄递物流基础设施，深入推进电子商务进农村和农产品出村进城，推动城乡生产与消费有效对接。2020年《中共中央 国务院关于抓好"三农"领域重点工作确保如期实现全面小康的意见》指出要有效开发农村市场，扩大电子商务进农村覆盖面，支持供销合作社、邮政快递企业等延伸乡村物流服务网络，加强村级电商服务站点建设，推动农产品进城、工业品下乡双向流通。实施家政服务、养老护理、医院看护、餐饮烹饪、电子商务等技能培训，打造区域性劳务品牌。

近年来，各级政府不断出台电子商务扶持政策，阿里巴巴、京东商城等大型电子商务企业不断深入农业领域，积极布局农村市场，极大地推进了农产品电子商务的迅猛发展，实现了"农产品进城、工业品下乡"的双赢格局，也随之诞生一批电子商务优势村和优势镇，甚至帮助实现整村人民脱贫。因此，面对电子商务在农业和农村领域的广泛实践，从理论视角切入来研究新型农业经营主体实施电子商务的因素及应用对策，具有重要现实意义。

以温州市为例，政府各部门积极谋划农业电子商务的发展。在政府工作报告中曾指出要重点培育发展网络经济。网络经济带来了生产方式、生活方式、消费方式和工作方式的革命性变化，是以信息化提升工业化的大方向。要发展网络经济，推动传统市场向现代市场集群转型升级。在《温州市国民经济和社会发展第十四个五年规划和二〇三五年远景目标纲要》中明确指出推进网上超市、网上餐厅、网上菜场等数字商贸发展，建成超10万平方米数字贸易港，推广"生鲜电商＋冷链宅配""中央厨房＋食材冷链配送"等服务新模式；推进城市末端配送体系智能化标准化，培育入场物流、"仓储＋配送"一体化、"订单末端"配送、"区域性供应链"服务、"嵌入式电子商务"等配送服务；深化数字乡村建设，建成一批新农民新技术创业创新中心，培育一批农村电商产品品牌；推进补链强链工程，引进培育一批"繁育一体化"的现代种业企业和农产品加工企业，建设农产品加工区10个、农产品电商园区10个，打造和提升10条年总产值10亿元以上的农业全产业链集群。《温州市商务发展"十四五"规划》写明：推进电商进农村综合示范；加强系统规划与项目谋划，着力推进瑞安、永嘉、文成、平阳、苍南电子商务进农村综合示范县建设，发展农村电商主体，推进农产品电商品牌培育，完善农村电商物流、冷链等基础设施建设；推动直播电商做大做强，建设20个产地直播基地，发展20家专业化直播电商服务机构，培育1000名产地直播带货达人。

2022年8月9日，温州市农业农村部门，通过成立农播联盟、开展农播培训等助力农播人才建设。计划通过三年时间，从"人""货""场"三方面给予支持，达到引育一批直播服务机构（MCN机构）、建设一批农播电商基地、培养一批网红带货达人、整合一批供应链、孵化一批网红爆款产品的目标，从而进一步增强温州农播电商的影响力，加快乡村振兴、共同富裕的步伐。下一步，温州将通过开展农播电商人才培养、打造农播电商服务平台、延伸农播产业链条、强化农播电商服务支撑等方式，全方位促进温州农播高速发展。计划到2024年底，建成1个市域农播孵化中心、30个以上县域农播共享基地、100个农播专业直播间，培育上岗农播电商人才1000名以上，打造10个以上网红爆品，实现农播电商年交易额超20亿元。

（三）电子商务平台助力农业企业发展电子商务

随着信息通信技术的发展及其在农村地区的广泛使用，各级地方政府将希望通过推动农村地区电子商务的发展来促进农村经济发展，实现农民增收，助力脱贫攻坚战，为全面实施乡村振兴战略奠定基础。与此同时，电商企业顺应时代发展潮流，响应党和政府号召，纷纷实施农村战略，与时俱进地大力建设电商服务平台，推进乡镇和村庄电商服务网点建设，为解决"三农"问题，打赢脱贫攻坚战做出巨大贡献，履行了企业的社会责任，同时也为自身寻求到了新的利润增长点。

作为全国最大的电商企业，阿里借助互联网的力量，投入了不少"真金白银"，将平台延伸至农村，渐已成势成网，通过激发农户参与电子商务发展的主观能动性，提升了农村商品流通效率，为农民增收就业提供了基础。截至2022年，中国淘宝村数量达7780个，较2021年增加757个，淘宝镇数量达到2429个，较2021年增加258个，这些淘宝村、淘宝镇年销售额超过1万亿元，带动就业机会828万个，展现出一幅农村电商大发展的美好画卷。阿里巴巴、京东商城等公司推出农村、农业电子商务策略，在县城和农村建立运营中心、村级服务中心（淘宝合伙人等），构建实现消费品下乡、农产品进城的双向渠道。阿里巴巴启动"千县万村"计划，计划投资 100 亿元，建立 1000 个县级运营中心和 10 万个村级服务站；苏宁计划 5 年内实现易购服务站超过 1 万家，推出了"苏宁农场"项目，利用自有农田或与农户合作，开展农产品销售、农业科技创新等活动。京东努力发展数万名村民代理，覆盖数万个村庄，推出了"京东农场"计划，与农民合作种植、销售农产品，提供直供、溯源等服务。腾讯通过自身平台（如微信、QQ）等渠道，开展了一系列农产品直播、农产品电商销售等助农活动，帮助农民扩大销售渠道。唯品会通过"唯品会农副品"频道，与农民合作销售农产品，为农户提供销售渠道。拼多多参与了"农货节"等大型促销活动，推动农产品消费，并与农村合作社等机构合作，加强了农产品供应链的建设。

二、问题提出及研究意义

（一）问题的提出

农业电子商务是中国数字经济发展的选择，从电子商务发展的"人、货、场"三要素来看，首要的就是"人"，即需要具有电子商务经营理念和技术的农业生产经营者队伍，而新型农业经营主体是农业产业的主要承载主体，且相对于普通农户，他们更容易接受新知识，具有先进的经营理念，更了解年轻消费者需求，也具备电子商务市场开拓和经营管理能力。新型农业经营主体有更强烈的电子商务参与意愿，他们积极学习电子商务新技术、新知识，能较好实现农业与电子商务的融合发展。如何激发新型农业经营主体采纳电子商务的内生动力，更好地推动新型农业经营主体广泛而深入地开展农产品电子商务，如何借力电子商务推动农业产业追上数字化发展快车，是当前亟须研究解决的现实问题。

第一，新型农业经营主体实施电子商务的现状如何？主要包括企业网站建设和应用情况、直播电商和短视频工具应用、搜索引擎工具使用、第三方电子商务平台应用、电子商务活动开展、电子商务人员配备、网络信息更新频率、电子商务年交易额占比总额等。

第二，新型农业经营主体实施电子商务的影响因素有哪些？主要从专业技术、技术基础、行业竞争、市场需求、外部环境和自身态度等角度进行问卷调研，统计分析数据，总结受访者对电子商务的评价与建议。

第三，新型农业经营主体发展电子商务的路径。结合问卷数据分析结果，分别从新型农业经营主体内部、外部展开研究，结合典型区域和区域模式，探讨在短视频与电商直播潮流下发展的新趋势。

（二）研究意义

通过互联网，把农产品从农村生产地销售到全国各地，尤其是城市市场，即农产品上行，是发展农村电子商务的核心之一。数字经济发展有力助推农产品上行，对城市发展、农民收入增长带来正面效益，为城市和农村不平衡发展带来改变契机，农产品有效、高质量上行，符合人们日益增长的美好生活需要。特别是新冠疫情突发，市场对农产品上行提出更强烈的需求，对数字化的交易方式更加青睐。同时疫情对农产品生产经营主体、消费者、物流企业和电子商务平台造成不同程度影响，社群营销、直播电商、"无接触式"配送等新因素迅速融入农产品上行体系。本项目研究具有理论和实际意义。

（1）理论意义。深入研究消费者行为习惯变化、数字经济模式变化，以及进而引发的农产品上行因素联动变化，揭示农产品上行因素和路径的演化规律有助于设计构建有效的交易模式和交易平台，补充和丰富后疫情时代下农产品上行影响因素和发展路径理论。

（2）实际意义。从农产品上行的外部环境角度深入研究"政府—行业—企业"的聚合效应机制，从农产品上行的内部环境对农产品生产经营主体的"人—货—场"进行分析，归纳后疫情时代数字经济的新模式，提出农产品上行路径与策略，为相关政府职能部门和农业生产经营主体提供参考性建议。

对于新型农业经营主体：这项研究分析了新型农业经营主体实施电子商务的影响因素，为其实施电子商务提供数据分析，阐释决定性因素，为受访者开展电子商务提供决策建议，推动电子商务在农村或者农业企业营业发展，并且有助于受访者通过电子商务提高经营收入。

对于电子商务企业：这项研究为电子商务企业提供信息，使他们更好地与新型农业经营主体开展合作，了解电子商务发展阻碍因素，并共同解决发展难题，实现新型农业经营主体和电子商务企业的合作共赢。

对于政府部门：这项研究为政府管理人员更加有效制定电子商务扶持政策，明确政策目标与边界，提高政府管理效能，为政府提供决策参考依据与实施路径。

第二节 研究目标

一、研究目标

根据以上提出的研究问题,本书的主要研究目标如下:

(1)本书以新型农业经营主体为研究对象,以其采纳、实施、评价电子商务为切入点,采用多案例分析、问卷调研、SPSS 数据统计分析等研究方法或工具,分析研究对象实施电子商务的影响因素。

(2)基于以上研究结果,从研究对象内部和外部环境分别研究新型农业经营主体实施电子商务的路径,提出发展思路,促进农业电子商务发展,为不同地区或企业构建电子商务发展框架和发展模式提供决策参考。

二、拟解决的关键问题

根据上述研究目标,本书拟解决以下关键问题:

(1)传统农产品营销的现状及存在的问题有哪些?介入电子商务后有何发展变化?有哪些典型的电子商务发展模式?

(2)新型农业经营主体实施电子商务的过程中,专业技术、技术基础、行业竞争、市场需求、外部环境和自身态度等因素的影响程度如何?其发展现状是否限制或阻碍数字化转型升级?

(3)在新型农业经营主体实施电子商务过程中,遇到哪些新的困难和问题?在不同的发展阶段,有哪些不同的发展模式与路径?除去企业自身,其外部环境又有哪些措施可以引导和促进发展?

第三节 研究方法

本书用定量分析和定性分析结合的方法来研究新型农业经营主体实施电子商务的影响因素,并且结合多案例分析、问卷调查等研究方法展开研究,检验专业技术、技术基础、行业竞争、市场需求、环境因素和态度因素对新型农业经营主体实施电子商务的相关性。

问卷调查法:为了收集研究需要的精确数据,我们面向中国浙江省新型农业经营主体发放调查问卷，问卷内容主要包括四个部分，第一部分是受访者基本信息，第二部分是受访者实施电子商务的现状，第三部分是受访者采纳和实施电子商务的因素，第四部分是受访者评价电子商务效果的因素。在调研中采用受访者自愿原则进行抽样，对受访者开展问卷调查，并且对重点对象开展访谈和实地调查，形成案例分析。

文献综述法：研究者系统性地搜集、整理和评价已有的相关文献，以总结、归纳和分析农产品电商领域内已有研究的观点、结果和方法，了解当前农产品电商领域的研究现状、发展趋势和存在的知识空白。

实地观测法：研究者走访多个产业园区、经营主体，从实地观察开始，收集关于个案或特定现象的各种数据，包括文件、采访、观察记录等尽可能全面的信息，以便能够对个案或特定现象进行深入地分析和解释，并仔细研究个案或现象的背景信息、关键事件、相关参与者以及相关因素的相互作用。

多案例研究法：用于深入探究一个特定现象或问题的多个案例。它通常用于质性研究中，旨在通过对比和比较不同案例之间的共同点和差异，从而获得更全面和深入的理解。本书有意识地选择多个农产品电商案例，对每个案例进行详细的个案分析，充分了解每个农产品电商案例的特点、背景和关键要素，并进行案例间的比较分析，寻找农产品电商之间的共同模式、差异和关系。

计量模型法：计量模型法是一种在经济学和统计学中被广泛应用的方法，用于建立和分析经济现象之间的数学关系，通过建立数学方程或模型来描述经济变量之间的关联，并利用统计方法对这些方程进行估计和推断。基于问卷数据和技术采纳理论，本书构建了因子分析模型、结构方程模型和多元线性回归模型，研究专业技术、技术基础、行业竞争、市场需求、环境和态度等因素对农业企业电子商务的影响。

第四节　研究基本框架与内容

一、研究技术路线

基于上述研究内容和拟解决关键问题，设计本书的技术路线图。依照问题提出、文献研究、实证分析、结论建议等四个步骤完成研究内容，如图1-1所示。

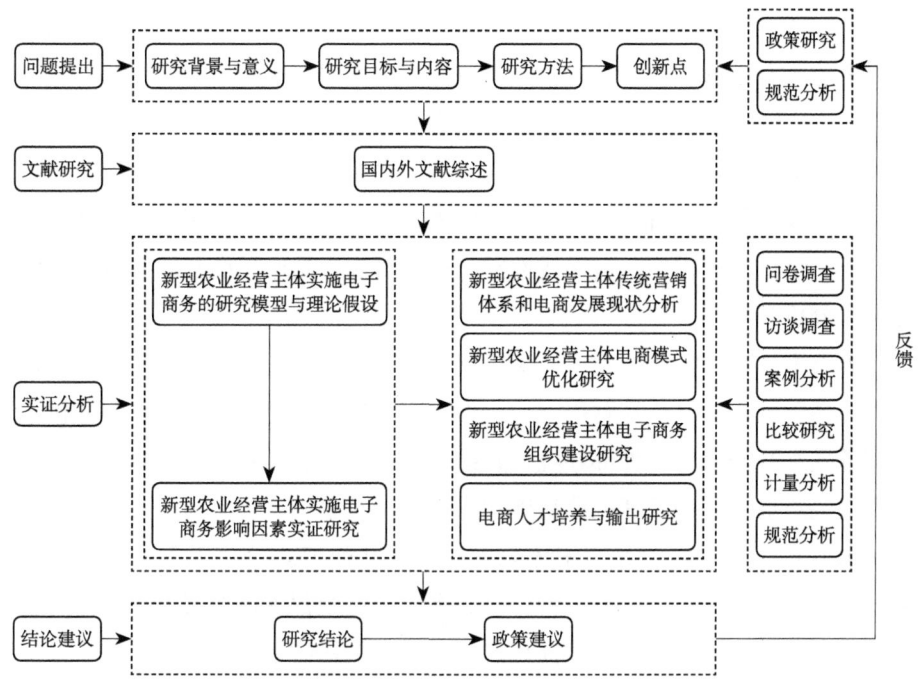

图 1-1　研究技术路线图

二、研究内容

基于研究目标、研究内容和技术路线，本书由以下章节和内容组成：

第一章，绪论。介绍本书的研究背景和研究意义，提出研究问题和拟解决的关键问题，描述主要研究方法，拟定研究总体思路、技术路线和研究的主要内容，并对主要专业术语和概念进行界定。

第二章，根据第一章提出的研究问题，梳理和总结国内外学者关于农业电子商务发展现状、新型农业经营主体实施电子商务的影响因素和实施电子商务模式与路径等相关文献的研究方法与研究结论，并对现有文献进行评述。

第三章，新型农业经营主体实施电子商务的研究模型与理论假设。由于电子商务涉及互联网平台、消费者、企业等多个主体，本章结合多种技术采纳理论以提高研究模型的解释，先介绍技术-组织-环境框架（TOE）、理性行为理论（TRA）、技术接受模型（TAM）等多种基础理论模型，再结合农产品电子商务影响因素的研究需求对模型进行整合。

第四章，新型农业经营主体实施电子商务影响因素实证研究。基于第三章提出的研究模型，以浙江省新型农业经营主体实施电子商务的相关情况为研究样本，结合问卷调查技术和多种数据分析方法，验证提出的理论假设，对农产品电子商务影响因素进行深入分析。本章首先说明本次调研组织实施的基本情况，其次对所搜集的样本数据进行预处理和整体呈现，最后结合因子分析、结构方程模型、多元线性回归模型对农产品电子商务的影响因素进行深入分析和解释。

第五章，新型农业经营主体传统营销体系和电商发展现状分析。分析传统农产品营销现状、研究营销组织及作用，并提出存在的主要问题；分析电子商务随互联网发展的外部环境，归纳总结新型农业经营主体的电子商务发展现状，对电子商务发展的典型模式进行分析与总结。

第六章，新型农业经营主体电商模式优化研究。分析电子商务成本要素，对比研究涉农电子商务平台，提出新型农业经营主体发展电子商务的主要模式，依据不同的发展阶段优化选择，分析主要的营销推广方式。

第七章，新型农业经营主体电子商务组织建设研究。新型农业经营主体发展规模与优势不一，电子商务组织建设发展程度不尽相同。本章主要包括：新型农业经营主体电子商务组织的价值分析、组织建设存在的问题与困难，组织建设的建议，并对专业市场发展电子商务进行研究。

第八章，电商人才培养与输出研究。新型农业经营主体实施电子商务中，人才因素是关键。本章主要包含：新型职业农民电子商务创业能力提升研究、直播电商背景下高职院校直播电商创业的影响因素分析，研究产业需求导向的高职院校直播电商人才培养路径。

第九章，研究结论与政策建议。通过上述定性和定量分析，总结研究发现，归纳研究结论，提出新型农业经营主体实施电子商务的建议，制定实施策略和行动计划，描述研究存在的不足和下一步的研究领域。

第五节 研究的范围和概念界定

一、研究范围

本书探究如何促进中国新型农业经营主体更广泛、更深入地开展电子商务,主要落脚于实施电子商务的主要影响因素,它诉诸新型农业经营主体的有效抽样规模。为了更好完成研究,研究者与统计员对调查内容进行研讨,最终确定浙江省新型农业经营主体为主要受访者,进行问卷调查,样本数量为 300 份。选择浙江省范围内的受访者,主要是因为浙江省是中国电子商务发展较好的地区,受访者接触电子商务的机会较多,较其他一些区域,他们更容易接受电子商务。

本研究的受访者是浙江省新型农业经营主体,主要包括四类对象:家庭农场、专业大户、农民专业合作社以及农业产业化龙头企业。受访者是否已经采纳电子商务行为则没有限制,在调查问卷设计上主要包括六个方面的因素:专业技术、技术基础、行业竞争、市场需求、环境因素和态度因素。

在研究中可能会存在一些局限性。研究者对相关文献的阅读有限,从中提出的变量可能不能很好地达到研究目的,对受访者的调查因为各种环境因素,其代表性可能也不能完全符合研究要求。

二、概念界定

(一)新型农业经营主体

2007 年的中央一号文件对农业现代化的概念进行系统界定,由现代农业的概念引申而首次提出"新型农业经营主体"。2012 年以后,完整的"新型农业经营主体"这一概念才逐渐得以形成。在本研究中,"新型农业经营主体"是指为了适应市场经济的发展,而建立起来的现代农业生产经营组织。新型农业经营主体是我国从传统农业向现代农业转变的微观基础和骨干力量,有着较高的组织化、规模化和社会化程度(黄祖辉,2010)。相比普通农户,新型农业经营主体的经营规模更大,生产装备条件更好,具有一定的经营管理水平,更注重劳动生产效率和资源利用率,是以生产商品化农产品为目标的农业生产经营组织(宋洪远,2014)。

（1）家庭农场。家庭农场是以家庭为单位的农业生产经营组织形式，具备家庭经营、适度规模、经营市场化、管理企业化的特征，家庭农场的负责人是所有者、劳动者和经营者的统一体（孔祥智，2013）。家庭农场以"小而精"为发展目标（黄宗智，2014），进行适度规模化经营，是实现农业现代化的重要主体之一（韩朝华，2017）。根据《中华人民共和国农村土地承包法》规定，家庭农场在成员限制、生产经营方式、土地规模和经营管理机构上需要满足一定要求。对于家庭农场的规模界定，我国并无统一标准，而是根据各地农业实际发展状况进行标准制定。本研究中对家庭农场的取样则根据各样本地区相关政府部门提供的已认定家庭农场名单中进行抽取，依照最低标准，本研究中将家庭农场的规模界定为：粮油棉作物种植面积不低于100亩，其余类型作物种植面积不低于20亩，设施型农业面积不低于10亩，水产养殖面积不低于50亩，生猪年出栏不低于100头、牛年出栏不低于20头、羊年出栏不低于100只、蛋禽年存笼1000羽以上、肉禽年出笼5000羽以上，且土地经营期限不低于5年。

（2）专业大户。也称为种养大户，一般分为专业种植户和专业养殖户，其基本实现了规模经营，是从事某一类农产品的专业化生产经营组织（陈春生，2007），承担农产品商品化生产的功能（张照新，赵海，2013）。专业大户通常具备大规模经营、资本投入、技术创新、专业化管理等特点。专业大户的规模界定与家庭农场一样，在我国并没有严格的区分，不同地域的划分标准均有不同，本研究中对专业大户的规模界定同家庭农场标准一致。专业大户在农业生产中扮演着重要的角色。他们通过规模化经营和技术创新，可以提高农业生产效率，降低生产成本，增加农产品供应。同时，专业大户还能够推动农村产业结构升级，带动农村就业，增加农民收入。

（3）农民专业合作社。大多是以村或组为单位，以农户自愿联合为原则，在家庭承包经营的基础上，民主管理而形成的互助式农业生产经营组织。农民专业合作社是私人利益与共同利益的有机结合（马克思，恩格斯，1866；列宁，1923），可以帮助农户弥补小农经营模式中存在的规模不经济的缺陷，给予农户技术和资金等方面的支持，提高农业集约化生产水平（宋洪远，2014）。本研究中农民专业合作社包括农户联合、企业领办、专业协会牵头等类型，不仅涵盖专业合作社，也将专业联合社纳入研究范围。

（4）农业产业化龙头企业。一般是指在农业生产经营的各项指标上达到规定标准并经政府部门认定的企业,是经济实力雄厚、生产技术先进以及经营管理现代化的生产经营组织(宋洪远,2014),具有专业化和规模化特征,在管理运作方面通常采用的是现代企业管理方式。通常农业产业化龙头企业实行产加销、贸工农一体化的模式,具备与大市场直接对接的能力,并通过合作的方式带动农户参与市场。本研究中,农业产业化龙头企业包括农业生产型企业、农产品加工型企业,以及为农业生产流通各个环节提供服务的农业服务型企业等。

党的十八大报告明确提出,要坚持和完善农村基本经营制度,依法维护农民土地承包经营权、宅基地使用权、集体收益分配权,壮大集体经济实力,发展农民专业合作和股份合作,培育新型经营主体,发展多种形式规模经营,构建集约化、专业化、组织化、社会化相结合的新型农业经营体系❶。新型农业经营体系是指大力培育发展新型农业经营主体,逐步形成以家庭承包经营为基础,以专业大户、家庭农场、农民合作社、农业产业化龙头企业为骨干,其他组织形式为补充的新型农业经营体系。构建新型农业经营体系,大力培育专业大户、家庭农场、专业合作社等新型农业经营主体,发展多种形式的农业规模经营和社会化服务,有利于有效化解已有问题和新挑战,保障农业健康发展。

(二)电子商务相关概念

(1)电子商务。电子商务已渗透到人们生活的方方面面,人们从不同角度理解和定义电子商务。广义电子商务(Electronic Business,E-business 或 EB)常指各行各业(如政府机构、企事业单位等)各种业务的电子化与网络化,常被称为"电子业务",包括对内信息化管理、对外信息公开(发布)、客户服务、与商务伙伴之间的合作、狭义电子商务等。狭义电子商务(Electronic Commerce,E-commerce 或 EC)常指利用互联网络进行的以商品、服务和信息的购买、销售与交换为中心的各种商务活动,包括网络购物、网络广告等。广义电子商务与狭义电子商务的关系如图1-2所示。

---

❶ 新华社. 十八大报告解读: 如何理解新型农业经营体系. 中央政府门户网站 http://www.gov.cn/jrzg/2013-01/11/content_2309702.htm.2013.1.11.

```
        各种业务的电子化、网络化
            （广义电子商务）

        网络商品交换或商业服务
            （狭义电子商务）
```

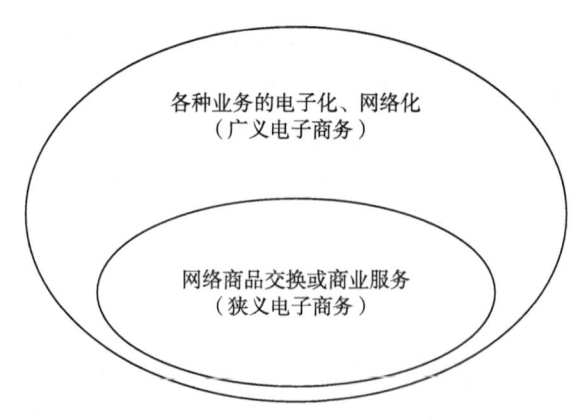

图1-2　广义电子商务与狭义电子商务的关系

（2）电子商务的结构。一次完整的电子商务交易需要有交易主体的参加、交易事务的发生和交易的场所（电子市场），交易过程中涉及物流（直接电子商务无物流）、资金流和信息流。在电子市场中买卖双方在网上交易，完成商品、服务和信息的交换，如图1-3所示。

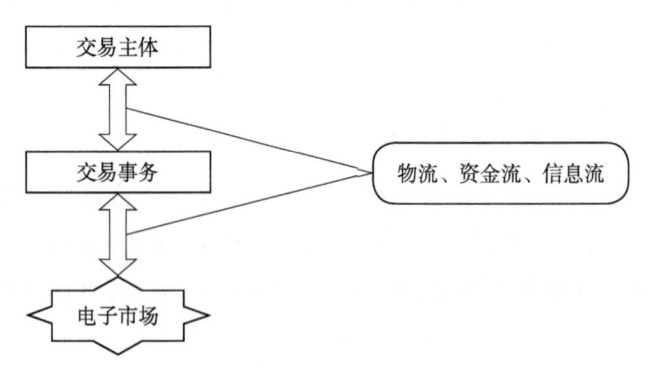

```
    交易主体
       ↕
    交易事务  ⟶  物流、资金流、信息流
       ↕
    电子市场
```

图1-3　电子商务的结构

在物流、资金流、信息流发生的过程中，需要物流配送中心、银行、商家、消费者、政府、证书授权（Certificate Authority，CA）中心、电子市场和Internet服务提供商的参与。

（3）直播电商。直播电商指利用直播平台开展电子商务，是电子商务的一种新模式。直播增强了主播与观众的互动，在线观看的人数、购买产品的信息也可能刺激消费者购物。北京大学光华管理学院工商管理博士后穆胜认为，电商直播成功应具备四要素：主播——选择人设适宜、画风匹配的主播至关重要；用户（需求侧）——主播是否具有影响用户的能力，即是否具有私域流量，按照私域流量"AIE 标准"，主播要有长期的私域流量，就必须 IP 化，必须有忠实粉丝；货品（供给侧）——直播让产品成为焦点，会极大程度放大瑕疵，商家高效的供应链和过硬的产品是关键；剧本——主播、用户、货品三者是基于场景交互的，需要按照既定剧本控制的剧情形成"场域"，促成大量成交。在 2021 年，商务部、中央网信办、发展改革委联合印发的《"十四五"电子商务发展规划》中，明确指出要发挥电子商务对价值链重构的引领作用，鼓励电子商务企业挖掘用户需求，推动社交电商、直播电商、内容电商、生鲜电商等新业态健康发展。

（4）农产品电子商务。农产品电子商务是指利用互联网和电子商务技术手段，将农产品进行线上交易的商业模式。它通过建立在线平台，连接农产品生产者、经销商和消费者，实现农产品的销售、采购和配送等环节的电子化、网络化。农产品电子商务的特点包括直连农产品生产者和消费者、多样化的农产品选择、信息透明和可溯源、配送和物流优势、促进农产品产销对接。根据农业农村部管理干部学院、阿里研究院联合发布的《"数商兴农"：从阿里平台看农产品电商高质量发展》，农产品品类销售额 TOP10 分别为纯牛奶、普洱、混合坚果、大米、鸭肉零食、牛肉、鲜炖即食燕窝、酱类调料、鸡肉零食、鲜花速递。从销售额前十的农产品品类中可以看出，三类农产品在电商渠道最受欢迎。一是加工农产品，包括纯牛奶、鸭肉零食、鸡肉零食、酱类调料等。二是日常用耐储运农产品，包括普洱、混合坚果、大米等。三是受益于国家在冷链物流方面的持续投入和政策引导，阿里等企业不断加大投入，冰鲜牛肉、鲜炖即食燕窝等生鲜产品也成了线上销售新宠。

（5）农产品上行。指的是互联网平台进行农产品流通，也称"农产品进城"，与之对应的是通过互联网平台实施的"工业品下乡"（阿里巴巴，2014）。

（6）第三方电子商务平台。第三方电子商务平台是指独立的、中立的网络平台，通过提供交易和销售场所，连接买家和卖家，为商家提供销售渠道，帮助实现商品或服务的在线交易，具有中立性、多样性、安全性、信誉评价、营销推广、物流支持等特点。知名的第三方电子商务平台有阿里巴巴集团旗下的淘宝、天猫、京东、亚马逊等。

（7）社交电商：指的是利用社交媒体和 Web2.0 技术将电子商务与社会网络活动相结合的一种商业模式（Liang H 等，2007）。传统电商主要以在线商城或电商平台为核心，买家通过搜索、筛选商品，完成购买流程。而社交电商则在这基础上，加入了社交元素，通过社交关系网络的建立和连接，将商品的推荐、分享和销售过程融入社交互动中。社交电商具有社交关系、群体效应、互动性、精准推荐、KOL 营销、线上线下融合等特点。著名的社交电商平台包括微信小程序中的"好物圈"、拼多多、美丽联合集团旗下的"蘑菇街"等。

（8）数字经济：指的是人们通过大数据（数字化的知识与信息）的识别—选择—过滤—存储—使用，引导、实现资源的快速优化配置与再生、实现经济高质量发展的经济形态（陈世清，2019）。它是传统经济模式与数字技术融合的产物，推动了产业结构的转型和经济发展方式的变革。数字经济涵盖多个层面和领域，包括但不限于数字化产业、数据驱动、人工智能和自动化、数字化金融、互联网基础设施等。

（三）研究理论

（1）技术 - 组织 - 环境（Technology-Organization-Environment，TOE）模型：一种用于分析和解释组织内部和外部因素对技术采纳和创新的影响的理论框架。该模型认为技术、组织和环境是相互作用和相互影响的要素，它们共同塑造了组织对新技术的采纳和应对的方式。

TOE 模型由托纳茨基和弗莱舍于 1990 年提出，它包含以下三个关键维度：

技术（Technology）：指的是新技术的特性、功能和能力。技术因素考虑了新技术本身的创新性、复杂性、可观察性和相对优势等方面。这些因素影响着组织是否愿意采纳和应用新技术。

组织（Organization）：指的是组织内部的结构、文化、资源和能力。组织因素考虑了组织的规模、结构、管理风格、员工技能以及组织内部的沟通和决策机制等。这些因素决定了组织如何适应和整合新技术，以及是否具备采纳和实施新技术所需的能力。

环境（Environment）：指的是组织外部的经济、政治、社会和技术环境。环境因素考虑了市场竞争、法规政策、行业标准、技术趋势以及利益相关者的影响等。这些因素对组织的决策和行动产生影响，可能促进或阻碍组织对新技术的采纳和应用。

TOE 模型认为，技术、组织和环境三个维度之间存在相互作用和相互影响的关系。组织需要根据技术的特性来调整自身的结构和流程，以便更好地适应和应用新技术。同时，组织也需要考虑外部环境的变化和要求，以保持竞争力并与环境保持一致。通过使用 TOE 模型，研究者和管理者可以分析和评估技术采纳和创新的驱动因素和障碍，帮助他们更好地理解组织对新技术的反应和行为，并为制定相应的策略和决策提供指导。

（2）理性行为理论（Theory of Reasoned Action，TRA）：一种社会科学理论，由马丁·菲斯宾和爱斯克·贾泽景于 1975 年提出，用于解释个体在决策过程中如何进行理性选择。该理论基于假设，认为个体在面对不同选项时，会根据自身的偏好和利益，通过权衡各种可能结果的利弊，选择能够最大化其效用或利益的选项。

理性行为理论的核心概念包括以下几个方面：

个体偏好：理性行为理论认为，个体具有稳定的偏好和价值观。个体会根据这些偏好来评估不同选项，并选择符合其偏好的选项。

可选选项：个体面临多个可选的行为或决策选项，这些选项可以有不同的结果和后果，涉及不同的成本和收益。

知识和信息：个体在做出决策时，基于其拥有的知识和信息来评估各个选项的利益和风险。个体会选择具有最大利益或最小风险的选项。

最大化效用：个体的目标是追求最大化效用或利益。个体会尽可能选择能够带来最大效益的选项，以满足其个人目标和利益。

理性行为理论在经济学、政治学、社会学和心理学等领域得到广泛应用。它提供了一种分析和预测个体行为的框架，有助于理解个体如何做出决策，并对市场行为、政策制定和社会互动等方面产生影响。然而，需要指出的是，理性行为理论的假设并不总能完全解释个体行为。现实中，个体的决策可能受到诸多非理性因素的影响，如情感、认知偏差、社会压力等。因此，理性行为理论在解释和预测个体行为时需要结合其他理论和概念，以便更全面地理解决策过程。

（3）技术接受模型（Technology Acceptance Model，TAM）：一种用于解释和预测个体对新技术采纳的行为意愿的理论模型。TAM 最初由戴维斯在 1989 年提出，后来在 1991 年进行了扩展和修订。技术接受模型基于心理学和社会行为理论，认为个体对于采纳新技术的决策是基于其对该技术的认知和评估。技术接受模型关注以下两个主要因素：

感知有用性（Perceived Usefulness）：个体对于新技术是否认为对其工作绩效的提升有帮助。如果个体相信使用新技术能够提高工作效率、增加生产力或改善任务执行，他们更有可能接受该技术。

感知易用性（Perceived Ease of Use）：个体对于使用新技术是否认为简单、方便和易于操作。如果个体认为学习和使用新技术相对容易，他们更倾向于接受该技术。

根据技术接受模型，感知有用性和感知易用性直接影响个体对于新技术采纳的意愿。更具体地说，个体认为新技术有用且易用，就越可能接受并采纳该技术。此外，技术接受模型还考虑了一些中介因素，如个体的态度和主观规范，它们通过影响感知有用性和感知易用性来间接影响技术采纳行为。技术接受模型在研究和实践中广泛应用，特别是在信息系统领域。它帮助研究者和决策者理解个体对于新技术采纳的心理过程和决策动因，并为技术推广和实施提供指导。通过了解个体对于新技术的感知和评估，可以更好地预测和促进技术采纳行为，从而提高技术的成功应用和推广。

第六节　本书创新点

本书对新型农业经营主体实施电子商务的影响因素进行研究，并阐释发展路径，可能创新体现在以下几个方面：

第一，通过整合技术-组织-环境模型、理性行为理论和技术接受模型等多个技术采纳理论模型，构建了新型农业经营主体实施电子商务的理论分析框架。引入技术因素、竞争因素、环境因素和态度因素，最终形成四个维度的影响因素分析框架。

第二，基于传统农产品营销体系的现状及存在的问题分析，提出引入电子商务来建立新的农产品营销组织体系，建立"政府组织+农户+电子商务""农产品中介组织+农户+电子商务"以及"农户+农户+电子商务"等农产品营销体系。

第三，从政府、行业、新型农业经营主体等多个视角，提出发展路径与模式，分析不同平台与模式的优缺点，阐释C2B+O2O、B2B2C等电子商务模式如何融合新型农业经营主体发展，促进数字化转型升级。

第四，本书结合2010年调研数据和本项目研究期间调研数据，进行比较研究，从时间发展角度和疫情发展角度分析研究农产品上行影响因素，揭示农产品上行因素和路径的演化规律，加入直播电商、短视频等发展因素，补充和丰富农产品上行影响因素和发展路径理论。

第二章

国内外研究文献综述

第一节　国内有关文献概况

基于知网为数据库进行篇名关键词搜索，关键词设置"新型农业经营主体""电子商务"或"电商"得出的文献数量总共不到 30 篇，数量较少，因此本小节改成以国内有关农产品电子商务相关文献进行收集与整理。国内文献使用"中国知网（CNKI）"中的学术期刊网络出版总库。以篇名为检索字段，检索词为"农产品电子商务"。从国内相关研究来看，我国农产品电子商务起源于 2000 年左右，因此本章的检索时间为 2000—2022 年，总检索得 2513 篇；选择主题"农产品电子商务"；检索条件：（题名 %= "农产品电子商务"）AND（主要主题 = "农产品电子商务"）；检索范围：中文文献，共检索获得 1331 篇。

从检索结果看，主要学术研究集中在 2014—2022 年，其中 2016 年达到峰值 192 篇，2017 年次之为 188 篇，发表年度趋势如图 2-1 所示。

图 2-1　发表年度趋势

资料来源：通过中国知网整理。

从知网检索结果查看，本次检索主要主题分布以"农产品电子商务"为主，占总检索结果的 46.20%，其次是"农产品"占比 25.79%，再者为"电子商务发展"占比 5.8%。根据检索条件：（题名 %= "农产品电子商务"）AND（主要主题 = "农产品电子商务"）获得的 1331 篇论文较多发表于"电子商务""农村经济与科技""商业经济研究"等期刊，分别为 38 篇（占比 14.79%）、36 篇（占比 14.02%）和 30 篇（占比 11.67%），如图 2-2 所示。

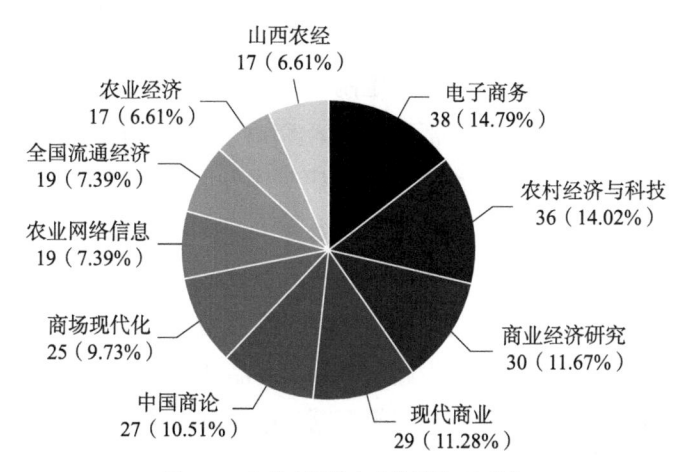

图 2-2 文献来源分布（选择前 10 位）

资料来源：通过中国知网整理。

第二节 国内有关涉农电子商务发展现状研究

一、农产品电子商务发展困境研究

农产品电商物流依然是瓶颈，农村网店的专业化低、规模小而分散，农产品标准化和品牌化程度低。需要进一步健全农产品流通体系，发挥涉农服务商助力发展的作用，健全标准化提升品牌化，创新农产品电商的直销预售模式（李隽波，陈薇，2014）。发展农产品电子商业具有政策支持、资源丰富及交通便利等多方面优势，但其发展现状仍不乐观，存在特色产品发掘不充分，农产品品牌少、信用低的问题，农产品电子商务发展仍处于起步阶段（李秀兰，姜岩，张天维，2014）。

作为以农业生产为主体的农业大国，如何完善农产品产销关系，使供销双方利益达到最大化，是如今面临的重大挑战。农产品电子商务发展需要进一步分析农产品现有产销模式及问题，结合地区性农产品产销策略，得出适合中国农产品电子商务发展的产销策略（郑红明，2016）。农产品电子商务产业同质化竞争表现为：产品的同质化、经营模式的同质化和营销策略的同质化。导致农村电子商务行业同质化竞争的原因主要有农产品信息透明度高、知识产权保护不力且搭便车现象普遍、品牌意识薄弱、创新能力弱等（王石林生，2017）。市场环境以及农业生产长期以来的惯性模式，对电子商务以及高端产供销模式形成一定制约，特别是电子商务对农产品的推介力度、程度以及营销方式上，都存在着诸多制约因素，农产品电子商务的监管仍面临诸多难题，严重制约行业的健康有序发展（王冠宁，2017）。政府监管部门、电商行业以及社会各界应通力合作，共同加强农产品电子商务监管，共同促进农产品电子商务的健康发展（李敏，2018）。

在实施乡村振兴战略的过程中，发展与农业相关的电子商务是当前重要工作之一。电子商务相关基础设施建设、农产品品牌的塑造、农产品的物流运输及农村地区电商人才培养机制等问题是中国农产品电子商务发展的主要问题（胡霞，2020）。尽管农产品电子商务发展带动了传统农产品市场经济模式的转变，促进了农业经济的快速发展，但是受区域政策、质量标准、人才、金融等相关因素的影响，我国农产品电子商务发展依然存在诸多局限性，这在一定程度上限制了电子商务平台在农业经济发展中的优势体现（吕晓永，2021）。

二、农产品电子商务发展模式研究

农产品电子商务是当前电子商务发展的热点，但是由于农产品易腐烂、品类多、标准化程度低、物流配送环节损耗大等原因，导致农产品电子商务发展面临严峻的考验。在不断完善物流配送体系的基础上，应从品类管理视角入手，做好农产品的品类细分，构建以消费者需求为导向，以品类管理为驱动的农产品电子商务供应链，通过品类协同模式和区域市场模式充分发挥农产品电子商务的优势，推动我国农产品电子商务的发展（吴彦艳，2015）。"互联网+"与农业发展的结合带来了传统农业生产的新发展，"互联网+"给农产品的发展带来新的思路。将物联网技术应用到农产品电商的发展进程中，不仅可以实现智慧农业、精准农业，还有助于建立技术创新型农村，促进区域经济良性发展（李建军等，2020）。我国形成了以农户或农业合作社为基础细胞，以大型的农业企业和主要电商平台为核心，辅以政府部门的相关电商平台为指导的农产品电商模式系统。在"互联网+"的时代潮流中，农产品电商模式一个最直接的体现就是信息中介模式。此外还有社会化营销模式和交易服务模式。制约农产品电商模式发展的因素包括信息化水平低、信息的获取成本较高、大量能够接受新技术的年轻人离开了农村和农业等。农产品交易的支付方式和信誉问题也是当前存在的一大缺陷（解新华，2016）。电子商务必将冲击传统休闲农场的商业模式，农场主理应通过发展电子商务来提升客户服务能力和保持营销联盟（Huang，2006）。电子商务的发展改变了整个商业环境，移动电商时代已经来临，O2O模式也逐步应用到电子商务市场当中（张海彬，2016）。电商平台的新C2B模式（消费者在平台上下订单给商店，平台会自动对接工厂和原材料供给者，最后由工厂直接发货给消费者）能有效补充电子商务模式。

在"互联网+"背景下，发展特色农优产品，推动地方经济，成为科技兴农、振兴乡村的重要措施之一。农户参与意愿影响农产品电子商务模式创新的路径是通过作用于商业模式创新的内外部驱动因素产生的。农户的互联网思维、创新意识、创业精神、自组织能力、知识化等特征塑造了农户的企业家形象，形成了农户的学习能力，提升了农户的创新意识，而这都将推进农产品电子商务模式的创新（李彦，周琼婕，2018）。国家大力扶持农业主体，如各种农民专业合作社、联合社、家庭农场、农业协会等，农产品电子商务的B2B模式也将得以推进，同时为农产品电子商务发展C2B/C2F模式、F2C模式创造条件（慕静，东海芳，刘莉，2021）。

三、农产品电子商务发展因素研究

农产品电子商务模式，改变着传统农业的生产、经营及管理方式，电子商务信息化平台的构建，解决了传统物流配送体系下成本高、效率低及资源浪费等多种问题，有效提升了农业竞争力，加快了我国农业的现代化进程。农产品电子商务与物流配送体系的建设发展意义及作用重大，应对其内涵、意义及发展状况等进行具体分析，然后提出科学合理的建设发展对策（杨伟强，2016）。完善农产品电子商务与绿色物流对接政策体系，优化农产品电子商务与绿色物流对接流程，强化农产品电子商务与绿色物流对接配套设施建设等策略（张琳，2015）。农产品在生产销售的过程中，具有地域分散、深受生产季节变化影响等特点，增加了农产品销售的成本与难度。将云计算技术融入农产品的销售环节中，能够创新农产品的销售模式与配送方式，进而提升农产品的销售效益。农产品电子商务"云物流"在农产品销售中的应用，优化了农产品的仓储、销售、配送与管理，推进了农产品电子商务的创新与发展（徐慧，2018）。国内生鲜农产品在交易运输方面与其他物流相比还是比较落伍。从硬件到软件，从管理到专业人才都不到位，严重阻碍生鲜农产品物流向前迈进的步伐，生鲜农产品物流状况怎样才能与其他物流齐头并进，值得我们重视（齐丹，2019）。制度压力对农产品电子商务采纳具有显著影响，感知收益对农产品电子商务采纳有显著的积极影响，而感知阻碍对农产品电子商务采纳没有显著的影响（林家宝，罗志梅，李婷，2019）。

"互联网＋农业"推进了传统农业的升级和发展。伴随互联网技术的日趋成熟和更新，网络基础建设的覆盖面越来越广，农业生产各个环节中真正应用了云技术、大数据以及物联网技术，农贸电商、农业信息化、农村互联网金融业相对较为成熟，电子商务发展成为经济发展中不可忽视的重要力量，推进了农业发展方式的转变，互联网与农业的结合是当前社会经济技术发展的成果（靳大伟，蒋斌，2018）。"互联网＋农业"的发展使农业产业链发生变化和更新，对农业发展方向带来影响，带动农民实现增收，为农民健康、改善生活水平、农村发展带来有利条件。农产品质量问题、农产品安全性和诚信度问题、物流配送问题、农产品标准化程度问题以及农产品信息来源问题等影响信用的因素，制约农产品电子商务C2C模式发展（罗粤湘，王晓乔，2019）。农业信息资源配置水平对农产品电商绩效存在单一门槛的影响效应，且始终正向促进农产品电商发展，跨过"门槛界限"后，促进作用将会减弱（贾铖，夏春萍，陈鹏宇，2020）。

农产品电子商务对农户的增收具有显著影响，参与农产品电子商务的农户收入水平整体高于未参与农产品电子商务的农户；随着农户文化水平的提高，其人均收入水平也随之提高，农户是否任职村领导对其收入产生影响，但影响不显著；农户到乡镇的距离越远，农户的收入越低（王岸明，2019）。

第三节　国内有关新型农业经营主体实施电子商务研究

梳理新型农业经营主体电子商务采纳的相关研究，多以单一主体为研究对象探讨其电子商务的采纳情况。结合新型农业经营主体的特征（李明贤，樊英，2014），学者们对其应用电子商务的行为、问题、效果等方面进行了分析。现有研究普遍认为互联网经济的发展势必会拓宽农产品的网络销售渠道，农户可以通过互联网营销来实现农产品推广销售的目的（魏然，

2015）。研究发现在网上进行农产品销售的农业生产经营者，普遍呈现出教育程度相对较高、年龄层年轻化以及开展电子商务时间较短等特征，经营主体大多是规模小、家庭化的经营模式（路征等，2015），其中返乡农民工多选择家庭农场的电子商务创业模式（桂学文，2013）。新型农业经营主体农产品电子商务采纳对电子商务应用的动态能力、增收效应均具有显著的积极影响，而动态能力在农产品电子商务采纳与增收效应之间具有中介作用，环境动态性对动态能力的中介作用呈现正向调节（吕丹，张俊飚，王雅鹏，2021）。

在新型农业经营主体开展电子商务的意愿研究方面，成果比较丰富。有研究表明农民专业合作社参与农产品电子商务的比例较大，而农户则鲜少直接参与农产品电子商务（龚骊，2015）。虽然非农就业经历和家庭年收入的提升会有效增加新型农业经营主体电子商务的参与意愿（李婷，2016），但较高的物流运输费用支出成为其参与决策的重要障碍。相关研究还发现，在新型农业经营主体中接受过电子商务的培训、有网上购物的经验以及当地物流运输条件较好的条件下，其参与电子商务的意愿和行为会更强（张益丰，2016）；特别是只要能解决网络信任问题，就可以很大程度上提升农业生产经营者使用电子商务的意愿（张婷，2013）。与此同时，以借助外部示范效应加入行业协会也能够加强新型农业经营主体参与电子商务的意愿（崔丽丽等，2014）。人力资源和政策扶持是家庭农场和专业大户农产品电子商务采纳的关键影响因素，农民专业合作社受效果易察和资金充裕度的影响较大（吕丹，张俊飚，2020）。从新型农业经营主体开展电子商务的行为来看，学者们发现集群社会资本会影响农产品网店的经营绩效（曾亿武等，2017），基于利益联结机制理论，可以发现农业生产经营者参与电子商务的行为，主要是风险共担和利益共享的利益分配模式，是兼顾组织和个人的利益交集机制（魏霜，2016）。

一、家庭农场和专业大户实施电子商务研究

国内学者主要从家庭农场开展电子商务的作用、优势、模式以及制约因素等方面开展了研究（胡天石，2005；张冬青，张冬梅，2009；孙百鸣，2009；关海玲，2010；夏青松，2013；卢盛若，2015；檀学文等，2016；曾亿武，郭红东，2016；姚志，2017），研究成果以定性分析居多，而在定量

研究方面，则主要基于某一地区的家庭农场或专业大户的样本进行实证分析（崔丽丽等，2014；张益丰，2016；鲁钊阳，2018）。研究发现，大多数家庭农场和专业大户都期望利用电子商务获得农产品销量的增长，但由于知识水平受限、技术制约以及物流条件落后等原因（蔡科云，王雪冬，2015；张益丰，2016；谭本艳，文雅，2016），导致开展了农产品电子商务的家庭农场占家庭农场总数的尚不足5成，且在开展了电子商务的家庭农场中，取得盈利的仅有10%~20%（戴倩，2018）；大部分农场主进行农产品电子商务时，由于要承担运营成本和推广成本，还要对农产品进行科学包装以防止运输过程中造成损坏，以及农产品快递物流等各方面的成本而导致入不敷出（夏青松，2017；戴倩，2018），只有开展了差异化经营的部分家庭农场能够通过农产品电子商务实现持续盈利。与此同时，由于缺乏农产品精深加工的能力，标准化、品牌化程度不足，使得产业链难以有效延伸，也制约了家庭农场在农产品电子商务中的盈利能力。但即使如此，家庭农场和专业大户也依然愿意尝试农产品电子商务，并通过多种渠道参加培训以及学习其他成功者的经验以提升自身的参与能力。虽然农产品电商对家庭农场农业经营性收入的提高有明显的促进作用，但农产品电商的增收效应具有异质性。农产品电商对中低收入水平家庭农场的增收效果要明显好于中高收入水平的家庭农场，自有品牌和产品认证在农产品电商增收效应中存在中介作用（马彪等，2021）。

针对上述问题，学者们提出了以下应对措施：一是政府应该在政策上予以扶持，二是改善物流等基础设施条件，三是加强对农场主的培训，四是农场主要采取多渠道多平台推广农产品，并保证农产品的质量（葛俊等，2013；尹志洪，2014；檀学文等，2016；张益丰，2016；谭本艳，文雅，2016；姚志，2017）。

二、农民专业合作社实施电子商务研究

学者们主要围绕农民专业合作社参与电子商务的影响因素和电子商务模式开展了相关研究（刘恩龙，2012；罗建利等，2017）。学者们普遍认为农民专业合作社拥有更强的议价能力，通过联合分散的农户，提高农民组织化程度，达到降低成本和增强市场竞争力等目的，包括从物流配送企业获得更

优惠的物配费用,降低电子商务运营成本等。首先,农产品电子商务推动生产要素集聚实现合作社向联合社的升级;其次,促进交易成本向组织成本转化实现成本缩减;再次,加强利益联结机制建设实现农民增收;最后,带动农村消费实现城乡要素双向流动(秦德智,姚健,何梦丹,2022)。因此,有学者认为只有以合作社为主体的农产品电子商务模式,才能实现农民收益的最大化(梁娟娟,2014)。农民专业合作社采纳农产品电子商务的意愿,主要受到合作社自身人力资源和非人力资源的影响,农产品的标准化、质量认证等工作需要合作社通力完成,加之物流方面存在的难题,上述问题若不解决将会影响合作社采纳农产品电子商务的积极性(董越勇,朱莹,2012;李志楠,2013)。学者们还通过进一步研究发现,合作社人数越多,参与农产品电子商务销售的意愿就越弱,合作社理事长年龄的增长会提升合作社参与电子商务销售的意愿,而技术人员人数也是影响合作社参与电子商务销售意愿的重要因素(刘滨等,2017)。技术因素中,感知有用性和感知易用性显著正向影响合作社电商采纳选择和采纳程度,感知风险显著负向影响合作社电商采纳选择和采纳程度;组织因素中,只有土地规模、高层支持显著正向影响合作社电商采纳选择,产业类型显著正向影响合作社电商采纳程度(王孝瑢,崔宝玉,2023)。

合作社通过电子商务已摸索出了"公司+合作社+农户""合作社+农户"等多种合作社扶贫新模式(汪卫霞,陈娜娜,2017),并取得了积极的成效。但是,农民专业合作社在开展电子商务的过程中依然面临着诸多问题,如电子商务专业人才严重缺乏、农产品品牌影响力不够、物流体系不健全、政策落实不到位、消费者信心不足等(宋孟丘,黄小庆,2014;王真,张斌,2018)。对此,学者们提出了相关对策建议,例如,加强与现有的电子商务平台的合作,借助于第三方专业物流解决物流问题,实现农产品的标准化,提高品牌知名度,打造社群网络布点生鲜社区O2O(宋孟丘,黄小庆,2014;张宇等,2017;仝彦丽,2018)。还有学者提出,发展批发业务的合作社可以考虑建设合作社网站,发展零售业务的合作社可以考虑在淘宝等平台上经营网店,而需要拓宽产品销路又没有太多精力的合作社可以考虑和第三方电子商务平台合作进行委托销售(陈东石等,2015)。

三、农业产业化龙头企业实施电子商务研究

电子商务能力对农业龙头企业组织敏捷性有影响：（1）企业要充分发挥电子商务系统的作用，不仅仅需要建设强大的系统基础能力，更要在制定支持业务的电子商务战略规划、建立企业间流畅的信息交换体系等方面有充足的投入，否则昂贵的电子商务技术设备无法发挥应有的功效。（2）电子商务能力是组织敏捷性形成的最重要因素，而信息整合在其中起到了重要的中介作用，这说明销售、库存和生产计划信息的共享等为组织敏捷性提供了保障，企业应重视组织内外部的协作以获取有效的信息资源（高功步，费倩，顾建强，2020）。中国跨境电子商务企业的农产品贸易迅速发展，依托电子商务平台进行线上批发、零售业务，已经在国际市场占有一定份额。同时，参与农产品贸易跨境电子商务的企业越来越多元化，包括农业副食企业、农产品贸易批发商、个体农民企业、微商代理等多种形式，消费者也来自巴西、俄罗斯、加拿大、东南亚等各个国家，逐渐形成农产品贸易的全球化电子商务，凭借跨境电子商务平台，各国消费者都能找到中国特色农产品（孙守辉，2021）。

企业之间的电子商务采纳需要建立在信任和信心之上，具有国际视野的农业企业更倾向于采纳电子商务。吴金南和杨亚达（2011）梳理电子商务应用中关系管理、技术运用以及知识学习的三个维度，探讨了电子商务应用能力对企业绩效的积极影响。电子商务可以支持和改善农业供应链的纵向协调性，在农业供应链中纳入电子商务应用具有一定的阶段性特征，其表现在从环境评价到物流决策，再到供应链战略制定与实现的发展过程中。随着互联网技术的进步以及电子商务在工业品领域的发展日益繁荣，农业企业逐渐意识到农产品电子商务是具有重要战略意义的创新流通模式（林家宝，胡倩，2017）。林若飞和张惠萍（2016）采用多元回归分析与 Logistic 回归模型，对企业采纳农产品电子商务的生存决定性因素进行了研究，有效获取市场信息、成功的拍卖与交流活动等要素是决定企业采纳农产品电子商务成功的关键点。

除此之外，电子商务的潜在收益、信息获取的便利程度、客户服务的便捷程度、市场竞争的激烈程度以及电子商务的交易安全性等也是农业企业采纳电子商务的重要影响因素（易法敏，2009；韩玉，2013；林家宝、胡倩，

2017）。农业企业开展电子商务的模式，一种是企业直接为客户提供线上交易、网络支付和配送服务，载体是通过企业自有网站、微博、微信等自媒体平台；另一种则是企业委托第三方电子商务服务商进行代运营，通过在电子商务网站上建立网络店铺，利用平台专业的物流和仓储资源，尽快将农产品送达客户，节约企业的运营成本（王胜、丁忠兵，2015；洪涛等，2014；杨建安、宋瑛，2017；全彦丽，2018）。农业产业化龙头企业在农产品电子商务的采纳发展过程中，有着重要的引导示范作用（侯振兴，2018），基于利益联结机制的"电商＋农户"合作效能的提升，电子商务平台或服务商根据市场需求提前与农户签订订单式生产合同，从而降低农户的生产经营风险（赵苹、骆毅，2011），规避传统农业生产的盲目性，稳定农户收益水平（朱满德等，2013；魏霜，2016），因此，由农企带动的电子商务扶贫模式被认为可有效地提高农户的收入的模式（张岩，2016）。我国已初步形成了农业企业电商体系，农业企业电子商务化的趋势不断加强。农业企业的电商模式规模在不断扩大。价值链视角下推动农业企业的电子商务模式发展，可以从转变经营观念、调整营销运作模式、采取合适的渠道管理方法协调不同渠道之间的经营矛盾、强化农村的相关信息基础设施建设、寻找高效的物流方式等方面着手进行改进（陈薇薇，2016）。

四、国内有关农产品直播电商研究

随着直播电商的兴起，用户规模不断扩大，农产品直播电商也进入快速发展时期，国内学者对该研究领域的研究成果数量呈现同步增长趋势。国内文献使用"中国知网（CNKI）"中的学术期刊网络出版总库。以篇名为检索字段，检索词为"农产品直播"。从国内相关研究来看，我国农产品直播起源于 2016 年左右，因此本章的检索时间为 2016—2022 年，总检索得 264 篇；选择主题"农产品直播"；检索条件：（题名 %＝"农产品直播"）；检索范围：期刊。

从检索结果看，主要学术研究集中在 2021—2022 年，研究数量呈现大幅增长趋势，发表年度趋势如图 2-3 所示。相关研究主要发表于农村经济与科技、山西农经、现代商业等期刊，如图 2-4 所示。

图 2-3　发表年度趋势

资料来源：通过中国知网整理。

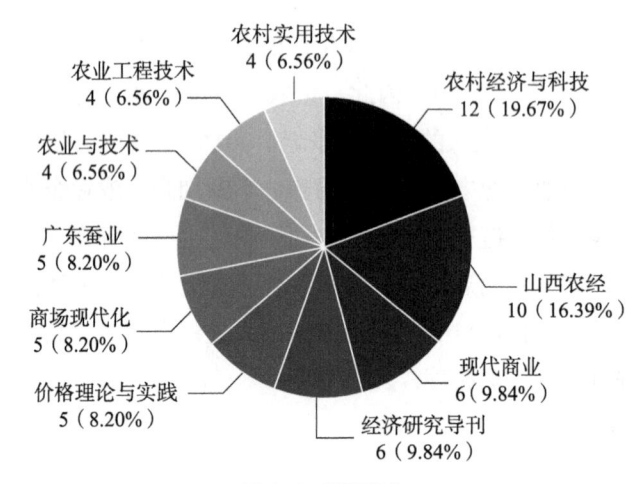

图 2-4　期刊分布

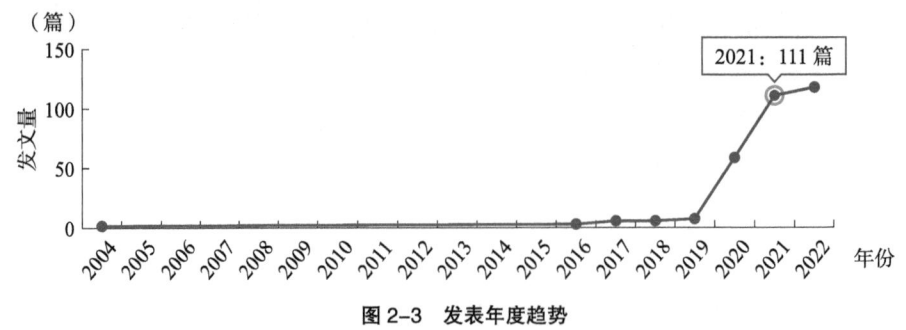

资料来源：通过中国知网整理。

（一）农产品直播存在问题的研究

特色农业面临着一个市场局限、用户散乱的利基市场，随着互联网时代的到来和发展，特色农业想要开展的精准营销更注重用户体验、市场定位和新兴营销模式（李偲宇，刘莉琼，2020）。农产品直播带货丰富了农产品的展示，可以更好地满足消费质量需求。在新冠疫情防控期间，直播带货对于畅通农产品流通、提升农产品经营效益等起到积极作用。陈永平（2020）从消费感知、价格优势、内容生态与社交功能、精准营销与费用等方面分析农产品直播带货的功能，梳理存在的问题，分析当前对其监管要求。从提升质量、优化价格、平台结合、创新供应链、持续经营等方面提出相应的策略，注重农产品直播带货的治理，促进农产品直播带货的健康、持续发展。电商直播农产品带货的出现，是农业产品组织化营销、农村经济跨越式发展和数字经济全域式推进的全面展示。但是由于当前农村经济发展程度不高，电商直播农产品带货还存在一系列问题，从而影响了数字经济在农村区域的推进（傅泽，2021）。基层政府参与网络直播助力农业加快了本地复工复产节奏，但这种新形式面临昙花一现、过分注重形式以及农产品标准化不足等问题，因此，基层政府参与直播带货应"立规矩""重内容""把质量"，使得"基层政府网络直播＋助农"这一新形式永葆生命力（王文洁，2021）。直播电商助力农产品销售成为脱贫攻坚的新引擎，政府出台一系列直播电商扶持政策，搭建完善的电子商务服务体系。王红春，宫子琪（2022）围绕农户与直播商户的二级供应链，建立不同政府补贴方式的分散决策和集中决策模型，设计"收益共享＋直播努力成本共担"契约机制，通过数字仿真与敏感度分析，验证模型的可靠性，分析不同定价决策对利润的影响。"农产品＋直播"作为网络直播带货众多形式中的一种，对农业产业发展特别是对农产品的销售产生了重大的影响，越来越多的农产品通过"农产品＋直播"的形式被直接从产地销往到消费者的手中。直播带货在乡村振兴中能有效推动农产品价值转换和提升乡村人才振兴，但同时，这种电商营销新模式在发展过程中也出现了一些问题亟待解决，在实践中面临来自农产品本身、主播影响力、法律规范和政府监管等方面的挑战（胡宇晗，王黎，2022）。"农产品＋直播"对农民生产积极性的影响是正向的，具体的影响关系表现及强弱排序为："农产品＋直播"提高经济收入＞"农产品＋直播"提高个人自身素质，提升投入＞"农产品＋直播"增加农业生产的农资投入＞"农产品＋直播"增加农业生产的劳动力投入＞"农产品＋直播"助推提高农产品知名度（罗芬，成力，2022）。

（二）农产品直播的模式路径研究

随着"互联网＋"时代的到来，电商扶贫成为脱贫攻坚的重要手段，而农产品电商直播作为电商扶贫的一种新模式，在帮助农民增收、助力贫困户脱贫方面取得了显著的经济效益和社会效益。农产品电商直播具有参与主体范围广、准入门槛低、简单易学等特点，可有效提高农产品销售额，激活当地经济发展活力，具有其他扶贫方式不可比拟的优势，其发展潜力巨大。但目前农产品电商直播中存在着夸大宣传、以次充好、标准化程度不高、品牌意识不强、配套服务跟不上、平台监管不完善及直播内容同质化等诸多问题，制约着农产品电商直播的扶贫效果。因此，在全面建成小康社会决胜阶段，应该通过改善基础设施建设、搭建直播平台、加强监管、完善体系、培育人才等举措，使电商扶贫更加有效地助力贫困地区的脱贫攻坚，从而实现2020年全面建成小康社会的目标（昝梦莹，王征兵，2020）。

农产品直播中的用户心理体验受到平台及主播的双重影响，直播平台互动及主播互动能极大地增加用户临场感，改善用户心理体验；主播专业能力是影响用户心理体验的重要因素，主播专业能力、主播互动更趋向于通过用户心理体验来间接影响用户黏性；加强平台互动改善用户心理体验是增强用户黏性最直接而有效的路径，用户黏性越强，平台吸引用户持续购买农产品的能力越强（戴建平，骆温平，2022）。直播中介的身份特征和在线社会关系网络属性，使得农产品电商直播交易模式比传统农产品电商交易模式在降低信息不对称、提高质量保障、加强供应链管理等3个维度上具有更突出的能力，而这些能力的提升能够强化消费者信任。具体而言，农产品电商直播以直播中介主体为信息传导纽带，通过信息交互交换机制降低信息不对称，通过声誉效应机制为农产品提供质量背书，通过信号传递机制向消费者表明农产品供应链管理能力，从而建立起三位一体的交易信任体系（熊雪，朱成霞，朱海波，2021）。

为充分释放直播电商对农产品上行的价值重构红利，政府应重点围绕夯实农产品供应链基础、提升农民直播专业技能、加强农产品直播电商监管以及鼓励开展农产品直播行业自律等方面进行政策部署（曾亿武，马长江，李丽莉，郭红东，2022）。

（三）农产品直播的影响因素研究

多种因素影响农业企业直播电商的成功和成长，主要有以下几方面的研究：

（1）用户参与度和体验：直播过程中吸引和留住用户的能力显著影响农业电商的成功，内容相关性、交互性和用户体验等因素影响消费者行为和购买决策。网络直播购物认知程度和是否网络直播购买过生鲜农产品与消费者购买生鲜农产品有显著正相关关系，年龄、家庭人口数量、月收入、家中是否有15岁以下孩童对消费者农产品电商购买行为具有显著影响（齐放，2021）。

（2）新型农业经营主体主观意愿：认知因素、主体因素、经营因素对其采纳直播电商模式的意愿具有显著影响,其中,年龄、学历、电商经验、经营人数、经营面积对采纳意愿具有正向影响,是否村干部对采纳意愿具有负向影响,态度、主观规范、感知行为控制对采纳意愿具有正向显著影响,态度与电商经验、经营人数、经营面积对采纳意愿具有交互作用(高恺,盛宇华,2021)。网络直播能够有效驱动生鲜农产品电商的发展,女性主播、政府官员主播和现场采摘场景直播分别比男性主播、非政府官员主播和非现场采摘场景直播对生鲜农产品电商发展的影响更为显著(鲁钊阳,2021)。

(3)信任建立机制和完善监管环境:直播电商中,建立信任至关重要,直播主播专业知识、产品知识、评级和评论等因素有助于在卖家和买家之间建立信任。技术可供性和主播特征影响顾客参与和消费者信任,进而促进消费者农产品购买意愿,技术可供性中的可视性、表达性和购物引导性均有利于提升顾客的沉浸感、临场感和消费者信任,主播专业性会正向影响消费者信任,产品深入性也会同时增强顾客的沉浸感、临场感和消费者信任(许悦,郑富元,陈卫平,2021)。产品质量、产品期望和产品偏好显著影响消费者购买意愿,呈正向相关关系(刘玲玉,黄龙俊江,2022)。政府有关电商、农业、食品安全等方面的政策法规对农业企业直播电商的成长和发展发挥着重要作用。

(4)社交媒体影响力:微信、抖音、快手等社交媒体平台已成为推动农业领域直播电商的有力渠道,利用社交媒体的影响力可以扩大农业企业的影响力。农产品直播的可视化、互动性、经济性、临场感对消费者购买意愿均产生正向影响,其中可视化和临场感影响更为显著;感知信任和感知有用性在农产品直播特征对消费者购买意愿影响中起到中介作用(舒波,陈美丹,2022)。

第四节　国外有关农产品电子商务的研究

电子商务对小农市场准入、数据驱动决策和农业可持续发展有促进作用。

小农的市场准入:农业电子商务平台有潜力为小农和边缘化农业社区提供直接进入更大市场的机会,从而增强他们的能力,这有助于减少其对中介机构的依赖,提高盈利能力并改善生计。

数据驱动决策：电子商务与农业企业的整合产生了大量数据，为消费者偏好、市场趋势和供应链动态提供了宝贵的见解，有效分析和利用这些数据可以实现数据驱动的决策，从而提高生产力和竞争力。

可持续农业：电子商务可以通过促进有机、公平贸易和当地采购的农产品的直接营销来促进可持续农业实践，这种直接联系促进了生产者和消费者之间关于环保和社会责任的合作，从而鼓励了环保意识和社会责任感的增强。

国外研究人员对农产品电子商务的发展进行了探索和研究。根据史密斯和琼斯（2018）的研究，农产品电子商务的兴起为农民提供了新的销售渠道和机会，同时也为消费者提供了更加便捷的购买途径。尤其是在农村地区，电子商务平台可以弥补传统农贸市场的不足，提高农产品的销售效率和市场覆盖面。

一、国外有关农产品电子商务发展困境研究

近年来，电子商务的出现和快速发展对包括农业在内的各行各业产生了重大影响。电子商务与农业企业的融合为农民、农业企业和消费者开辟了新的途径。电子商务平台让农业企业克服地域限制，接触到更广泛的客户群。农民和农业企业可以向当地市场以外的消费者展示他们的产品，从而增加销售机会和增长业务潜力。通过采用电子商务，农业企业可以简化运营，降低交易成本，提高整体效率。库存管理、订单处理和物流等流程的自动化可以节省时间和成本，最终使生产商和消费者受益。电子商务平台为消费者提供有关农产品原产地、生产方法和质量的详细信息，从而提高透明度。这种透明度促进了信任，使消费者能够做出明智的选择，从而促进农业部门的可持续发展，但电子商务与农产品或农业企业的融合也存在困境：

首先是信任与质量保障，在电子商务交易中建立消费者与农业企业之间的信任至关重要。与产品质量、真实性和可靠性相关的问题可能会损害消费者的信心，实施质量保证机制、认证和客户评审可以帮助解决这些问题。农产品电子商务面临着品质和安全问题，消费者对于农产品的品质和安全性非常关注，而在电子商务平台上，信息不对称和产品质量监管的问题可能导致消费者的担忧和犹豫（布朗和约翰逊，2019）。

其次是数字鸿沟，特别是在互联网连接和技术基础设施有限的农村地

区，缩小这一差距需要对数字基础设施进行投资，并向农民和农业企业提供培训和支持。农产品电子商务的发展面临着市场准入门槛高、信息不对称和信任问题等挑战。农产品电子商务平台的发展受到市场准入门槛的限制，对平台的信任度和可靠性提出了更高的要求，由于信息不对称和信息真实性的问题，消费者往往难以准确获取农产品的相关信息，从而影响购买决策的形成。再者是物流配送，高效的物流和最后一公里配送对于农业电子商务的成功至关重要。许多农产品易腐烂，需要仔细规划和协调，以确保及时交付，与物流提供商合作以及投资冷链基础设施对于克服这些挑战至关重要。

二、国外有关农产品电子商务发展模式研究

随着信息技术的迅速发展，电子商务已成为农业企业发展的重要模式，国外的研究者对农产品电子商务的发展进行了广泛研究。例如，史密斯和约翰逊（2019）通过对国外农产品电子商务平台的案例研究，总结了一些成功的经验和模式，为我国农产品电子商务的发展提供了借鉴和启示。约翰逊和布朗（2020）研究了农产品电子商务平台的社会影响，他们发现，农产品电子商务的发展对农民的收入增长和农村地区的经济发展具有积极的影响，同时也促进了农产品质量的提升和供应链的优化。研究人员关注农产品电子商务平台的设计与运营模式，通过对不同平台的比较和分析，研究者发现平台的设计和运营模式对农产品电子商务的发展起着重要的作用（古普塔等，2021）。此外，研究人员关注农产品电子商务的物流配送问题，农产品的物流配送是农产品电子商务中不可忽视的环节，研究人员致力于优化物流配送网络，提高农产品的配送效率和准确性，根据约翰逊和史密斯（2020）的研究，采用物流信息共享和智能配送技术可以有效减少配送时间和成本，并提升消费者的满意度。再者，研究人员还关注农产品电子商务平台的市场拓展和营销策略，农产品电子商务平台面临着竞争激烈的市场环境，如何通过有效的营销策略吸引消费者和农产品供应商成为研究的重点。根据布朗和威廉姆斯（2019）的研究，基于社交媒体和移动应用的营销方式在农产品电子商务中具有巨大的发展潜力。

农业企业与电子商务的模式主要包括B2C、C2C、B2B、农产品电子商务平台、混合模式、基于区块链技术的模式以及全渠道模式等，这些模式为农业企业提供了多样化的选择，以适应不同市场和消费者的需求。然而对于

农产品电子商务平台的信任建设和消费者保护措施的研究仍较为有限。消费者对于农产品的品质和安全性有较高的要求，建立可信赖的电子商务平台和保护消费者权益的机制尤为重要（王怡舜等，2022）。

三、国外有关农业企业实施电子商务影响因素研究

农业企业实施电子商务的影响因素涵盖了农民的数字技能和知识水平、信息和通信技术基础设施、市场需求、政府支持以及消费者对技术的感知和信任等因素，这些因素对于农业企业实施电子商务的成功与否至关重要。穆禹，奥马奥尼（2018）提出农业企业实施电子商务的成功与农民的数字技能、信息和通信技术基础设施、电子商务的经济利益以及市场需求等因素密切相关，坎博吉，塞提（2018）也认为技术基础设施的可用性、农民的风险态度、政府政策的支持以及电子商务平台的可靠性等因素对电子商务采用的决策具有重要影响。库马尔，马努扎（2019）聚焦印度农业企业，探讨了影响农业企业采用电子商务的因素，农业企业的规模、地理位置、农民对技术的态度和知识水平、政府支持以及市场需求等因素对电子商务的采用有重要影响。巴斯卡兰，维贾亚库马尔（2017）通过对印度泰米尔纳德邦的农业部门的案例研究，研究了影响农业企业采用电子商务的因素，研究发现电子商务的采用受到农民的教育水平、访问互联网的便利性、市场需求和农业政策的支持等因素的影响。

阿布-舒克等（2018）在埃及农村地区进行了调查，采用了扩展的技术接受模型（TAM）来了解消费者对电子商务的采纳情况，研究结果表明，农民对技术的感知有限、信任问题、技术基础设施的可用性以及个人的价值观念等因素对电子商务的采纳具有重要影响。布朗等（2020）关注电子商务在提高供应链效率和加强农民与消费者关系方面的作用，强调利用电子商务平台实现直销、可追溯和个性化营销，强调农业企业需要投资数字基础设施、建立消费者之间的信任并适应不断变化的消费者偏好。舒尔茨（2022）研究发现在线购买农业投入品时，便利性被评价为最高并具有最大的区分能力，而情感属性对农民来说则相对较不重要，存在不同的农民群体，需要制定个体化的沟通策略和个别的网站功能。怀特等（2022）探讨了农业领域电子商务的未来趋势和创新，讨论了区块链、物联网和人工智能等新兴技术及其在提高供应链透明度、产品质量保证和客户参与方面的潜在应用，强调农

业企业需要适应这些技术进步，以便在不断发展的数字环境中保持竞争力。

研究人员强调需要支持性政策、基础设施发展和能力建设，以实现电子商务的成功采用。尽管存在基础设施差距、物流限制和数字素养等挑战，但电子商务在增强市场准入、提高供应链效率和赋予农民权力方面的好处不容忽视。农业企业要在数字时代蓬勃发展，必须拥抱电子商务，利用新兴技术共同打造可持续、包容的农业生态系统。

第五节　已有相关研究文献述评

通过对文献史的梳理，可以发现在"农产品电子商务""新型农业经营主体实施电子商务""农产品电子商务模式"等领域有较丰富的研究，对农业电子商务的应用模式、应用软件平台、阻碍因素等研究较多。从研究方法看，定量分析的文献数量不及以定性分析为主的文献数量，关于农产品电子商务的研究在早期多以案例分析、演绎归纳等方式开展，构建数理模型、实证分析等方法在近几年研究中才逐渐得以应用。

对新型农业经营主体实施电子商务的研究，以往学者较多地从单一主体类型展开研究，较少对4个类型进行同时研究；而且鲜有从采纳—实施—评价等角度分析农业企业应用电子商务的影响因素，该角度的研究可以更深层次地揭示农业企业和电子商务之间的关联因素；由于直播电商和短视频电商等新模式的出现，电子商务发生很大的改变，新型农业经营主体如何面对以上电商新业态、新模式需要进一步开展研究。

本书以中国新型农业经营主体实施电子商务采纳行为作为研究对象，引入技术-组织-环境框架（TOE）、理性行为理论（TRA）、技术接受模型（TAM）等多种基础理论模型，再结合农产品电子商务影响因素的研究需求对模型进行整合，分析不同类型的新型农业经营主体的电子商务采纳的决策因素，在此基础上，提出农产品电子商务影响因素的研究模型，并对该模型的影响机制和理论假设进行论证。

第三章

新型农业经营主体实施电子商务的研究模型与理论假设

由于电子商务涉及互联网平台、消费者、企业等多个主体，仅使用某一理论无法合理解释电子商务采纳影响因素的研究命题，学者们通常结合多种技术采纳理论以提高研究模型的解释力。本章借鉴这一研究方法，首先介绍技术-组织-环境框架（TOE）、理性行为理论（TRA）、技术接受模型（TAM）等多种基础理论模型，再结合农产品电子商务影响因素的研究需求对模型进行整合，在此基础上，提出新型农业经营主体实施电子商务影响因素的研究模型，并对该模型的影响机制和理论假设进行论证。

第一节　研究模型理论基础

一、理性行为理论

理性行为理论（Theory of Reasoned Action, TRA），于1975年由美国学者菲斯宾和贾泽恩提出，该理论主要研究有意识行为意向的决定因素，是研究人类行为最基础且最有影响力的理论之一。理性行为理论的基本假设是人是理性的，在做出某个行为前会综合各种信息考虑自身行为的意义和后果。该理论认为个体的行为由其行为意向引起，而个体对行为的态度和行为的主观规范两个因素共同决定行为意向。态度由个体对于该行为的看法、信念和评价组成，这些看法和评价可以包括行为的利益、风险、后果等方面。理性行为理论认为，个体对于某个行为的态度越积极，就越可能采取这个行为。主观规范是指个体感知到的社会压力和他人期望，个体在行为决策时会考虑他人对于该行为的态度和期望，从而影响自己的行为，如果个体觉得他人期望他采取某个行为，并且他重视他人的看法，那么他就更有可能采取这个行为。在理性行为理论中，还引入了一些其他的影响因素。例如，个体对于自身能力的信心（自我效能）被认为会影响个体的意图和行为。如果个体对于自己能够成功执行某个行为有信心，那么他就更有可能采取这个行为。

理性行为理论的主要优点是明确了影响行为的因素是由影响行为态度、主观规范或两者的相关权重来起到作用的，因此，可以通过各种外部变量找出内部心理变量，从而研究这些内部变量对个体行为的影响。理性行为理论在众多领域中得到很好的应用，被证实可以有效预测和解释个体的行为。需要注意的是，理性行为理论并不是对所有行为都适用的普适模型。有些行为可能受到其他因素的影响，如情绪、习惯、外部环境等。此外，个体行为往往是复杂的，由多个因素交互影响，因此理性行为理论只是解释个体行为的一个方面。理性行为理论的理论模型如图3-1所示。

图3-1 理性行为理论模型

理性行为理论可以用于预测消费者的购买意向。通过了解消费者对于特定产品或服务的态度和主观规范，可以预测他们是否有意愿购买，可以帮助企业提前了解消费者的需求，调整市场策略和推广活动。

理性行为理论可以用于评估广告对消费者的影响。通过分析广告对消费者态度和主观规范的影响程度，可以判断广告是否能够激发消费者的兴趣和购买意愿，帮助企业优化广告内容和拓宽投放渠道。

理性行为理论可以用于分析消费者在购买决策过程中的行为。通过了解消费者对于不同选择的态度和主观规范，可以揭示他们权衡利益、风险和后果的过程，帮助企业了解消费者的购买动因，提供更好的产品和服务。

理性行为理论可以指导电子商务平台的用户体验设计。通过了解用户对于不同界面、功能和交互方式的态度和主观规范，可以设计更符合用户期望的界面和功能。这可以提高用户的满意度和忠诚度，促进电子商务平台的发展。

理性行为理论可以用于研究社交网络对于消费者行为的影响。通过分析个体在社交网络中接收到的信息、意见和看法，可以了解社交网络如何影响个体的购买决策，帮助企业利用社交网络提升营销效果。

同时，理性行为理论在电子商务影响因素的研究上应用非常广泛。宋小飞等（2011）从推荐效果的角度，对电子商务网站用户采纳推荐信息的影响因素进行分析，在理性行为理论基础上建立采纳模型，具有能识别出产品特征、感知价值两个显著因素。孔祥骞（2011）依据理性行为理论模型，研究了C2C第三方零售电子商务平台企业的信任机制，从交易平台信任角度，以支付托管、评价反馈、保障认证、纠纷介入机制为影响因素，以个人信任倾向、购物经验、平台声誉为控制变量，结合对平台的信任与购物意愿，提出了基于制度的信任影响模型。张育玮（2020）以理性行为理论作为基础架构，构建以信任为中介变量的关系模型，变量包括感知规模、声誉、信任、态度、感知利益、在线订房意愿等 6 个因素，通过实证研究验证了各因素之间相互作用的关系。

二、计划行为理论

理性行为理论必须满足"行为的发生是基于个人意志力控制"这一假设，而行为往往会受到资源、机会、自我能力、知识或他人协助等非意志因素影响，在这种情况下，理性行为理论的解释能力会大大减弱，而计划行为理论（Theory of Planned Behavior，TPB）则克服了这一局限。

贾泽恩（1985）在 TRA 理论基础上，增加知觉行为控制变量，构建了由行为信念、行为态度、规范信念、主观规范、控制信念、感知行为控制、行为意向和实际行为共同构成的概念框架，提出计划行为理论。计划行为理论的核心思想是行为受行为意向和感知行为控制的共同控制。行为意向受态度、主观规范和感知行为控制三个因素影响。态度、主观规范和感知行为控制三者相互影响。

态度（Attitude）对于个体行为意图的形成起着重要作用。个体的态度是对于特定行为的评价和认知，包括对行为的喜好、重要性、利益和风险等方面的认知。当个体对某个行为持有积极的态度时，他们更容易产生采取这个行为的意图。

主观规范（Subjective Norms）是个体感知到的社会压力和他人期望，它包括个体认为其他人希望他采取特定行为以及个体重视他人看法的程度。主观规范可以分为两个方面：描述性规范和规范性规范。描述性规范是指个体认为其他人普遍采取的行为，而规范性规范则是指个体认为其他人希望他采取的行为。主观规范对于个体行为意图的形成具有重要影响。当个体感知到他人普遍采取某个行为，并且认为社会期望他也采取这个行为时，他更有可能产生采取这个行为的意图。

感知行为控制（Perceived Behavioral Control）是指个体对于自身执行特定行为的能力和障碍的认知。知觉行为控制包括个体对于执行特定行为的信心、难度以及外部环境因素对于行为的影响。个体的感知行为控制会对行为意图产生直接影响。当个体认为自己有充分的能力来执行某个行为，并且认为行为的难度较低，外部环境也不会造成太大的阻碍时，他们更可能产生采取这个行为的意图。

计划行为理论的理论模型如图 3-2 所示。

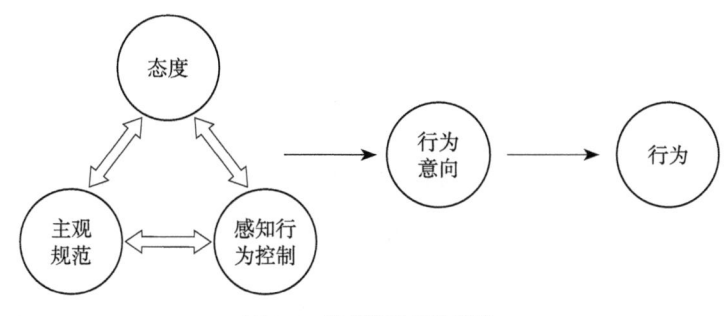

图 3-2　计划行为理论模型

电子商务是 TPB 在信息系统研究中的主要应用领域之一。吴世久等（2008）利用计划行为理论，构建了网上购物意愿的 Logit 模型，研究了影响消费者网上购物意愿的主要因素和影响程度，研究结果表明，消费者网上购物意愿受文化程度、网络应用技能、网上购物的安全性等因素的影响。张辉等（2011）基于理性行为理论和计划行为理论提出了消费者网络购物意向的模型，研究表明，相对于理性行为理论，计划行为理论能更好地解释消费者网络购物意向，行为态度、知觉行为控制、消费者过去网络购物行为对网购意向有明显影响。杰克逊等通过 TPB 模型，研究了医院管理员使用电子商务采购系统意愿的主要影响因素。张号南（2020）以计划行为理论为模型，从不同的维度来解释行为态度、主观规范和直觉行为控制，研究贫困地区农户电子商务采纳的影响因素。

三、技术接受模型

技术接受模型（Technology Acceptance Model，TAM）以信念—态度—意图—行为这一因果链来解释个人接受新技术的行为，该模型最初由费德里克.戴维斯于 1989 年提出，后来被文卡特什和戴维斯在 2000 年扩展。与理性行为理论不同的是，技术接受模型认为感知有用性（Perceived

Usefulness，PU）和感知易用性（Perceived Ease of Use，PEOU）是决定是否采用某种技术的决定性因素。感知有用性指使用者相信使用信息系统能增加自己工作绩效的程度，即采用该信息系统可以增进工作表现的程度。当使用者认为采用该系统可以提高工作表现时，他会对使用该系统持有积极态度。感知易用性是指使用者相信使用该系统是省时省力的程度，如果使用者认为使用某一特定信息系统不需要花费太多时间和努力，则更倾向于对该系统产生积极评价。技术接受模型同时认为感知易用性会影响感知有用性，当使用者认为某一信息系统是易用的，他也会认为该系统是有用的。

TAM 模型的扩展版本（ETAM）将其他因素纳入模型，以更全面地解释技术采用行为。例如，文卡特什和戴维斯在 2000 年提出了扩展的科技接受模型（Extended Technology Acceptance Model，ETAM），在 TAM 模型的基础上添加了外部变量，如主管支持、培训机会等，以考虑组织和环境对技术接受的影响。主管支持（Supervisor Support）指组织中主管对于新技术采用的支持程度。主管支持被认为是一种重要的外部影响因素，可以通过提供资源、培训机会、积极参与等方式来促进员工对新技术的接受和使用。培训机会（Training Opportunities）：指组织提供给员工学习和培训新技术的机会。培训机会可以帮助员工更好地理解和掌握新技术，提高其对技术的感知易用性和感知有用性，从而增强其对技术的接受意愿和实际使用行为。

技术接受模型的理论模型如图 3-3 所示。

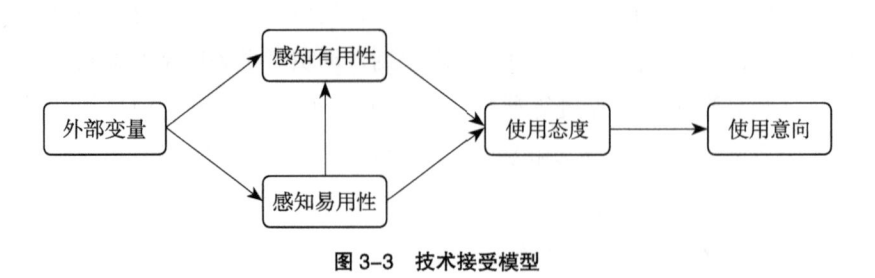

图 3-3 技术接受模型

技术接受模型是简洁且解释力很强的模型。莫里西奥和保罗（2003）基于 TAM 模型证实了感知有用性是影响电子商务采纳的主要因素，而感知易用性在很大程度上可以减少使用风险。安诗芳，万江平（2007）以 TAM 模型为基础，研究了消费者个人特性、消费者感知的网站质量特性、消费者感知的商家相关特性、感知的易用性、感知的有用性和信任等因素对网上购物意向的影响。玛丽莎（2019）基于消费者行为理论、4Ps 营销理论以及 TAM 理论对泰国跨境电子商务消费者购买行为影响因素进行分析。许应楠，刘忆（2019）基于 TAM 和 TPB，研究了电商平台易用性、电商平台有用性、基础设施、电商氛围、电商认知、政府支持、感知行为控制、主观规范等因素对新型职业农民参与农村电子商务发展的影响。

四、创新扩散理论

创新扩散理论（Diffusion of Innovation Theory）由美国学者罗杰斯于 1962 年首次提出，分别在 1971 年、1983 年和 2003 年进行了延伸和发展，该理论主要研究信息随着时间传递给人或组织的过程及其创新应用。理论对于理解创新的传播和接受具有重要意义，并被广泛应用于社会学、营销学、传播学等领域。

其中，创新指人们感知到的新的商品、服务、实践或想法等，只要可以应用它去满足某种需要或解决某类问题，就可以认为是一种创新。创新具有 5 个特点：相对优势性，即与现有方法相比更具优势；相容性，即可以与现有价值观、固有经验和需求相容；易懂性，即简单易懂；可试性，即可以被用户尝试或者使用；可观察性，即使用后的结果是可见的。

扩散是创新通过沟通渠道随着时间推移被传递或共享给社会系统的过程，该过程可分为五个阶段：

①知识产生阶段：使用者知晓创新事物的存在，并对其有初步认识和了解；②说服产生阶段：使用者对创新形成是否是喜欢的态度；③决策阶段：使用者做出采用或拒绝某种创新的活动；④实现阶段：使用者把创新结果付诸实践；⑤确认阶段：使用者进一步证实之前的创新决策，决定是否更改之前的决策。

创新扩散的过程近似于"S"形曲线，在扩散早期，使用者很少，扩散进度缓慢；当使用者达到总人数的 10%~25% 时，扩散速度突然加快；在接近饱和点时，扩散速度又会减缓。

罗杰斯将创新按照采用速度和程度分为不同的类型，包括早期采用者、早期多数、后期多数、滞后者和不予采用者。他认为，不同类型的采用者在创新的传播过程中起着不同的作用。早期采用者是尝试并接受创新的第一批人，冒险性高，对新鲜事物有较强的好奇心和开放性。早期多数者是较早接受创新的人群，具有较高的社会关系，在社交网络中具有影响力。后期多数者是处于主流采用者的大部分人，接受创新的时间相对较晚，通常从他们的同伴那里获取信息。滞后者相对保守，对创新持怀疑态度，并在其他人普遍采用之后才选择接受。不予采用者是最后一批接受创新的人，可能由于各种原因无法或不愿意接受。

创新扩散理论还提供了几个影响创新扩散的因素，如通信渠道、社交系统、时间等。通信渠道指通过何种方式和途径传播创新信息，不同的通信渠道可以影响创新的传播速度和程度。社交系统指个体或组织所处的社会环境和社交网络，社交系统对于创新的接受和传播起着重要的作用，通过信息传播、意见领袖等方式来影响个体的决策过程。时间指创新的采用过程需要时间，并不是瞬间完成的。创新的采用速度和扩散过程受到时间的影响，在不同时间段内可能有不同的采用者类型。

创新扩散理论模型如图 3-4 所示。

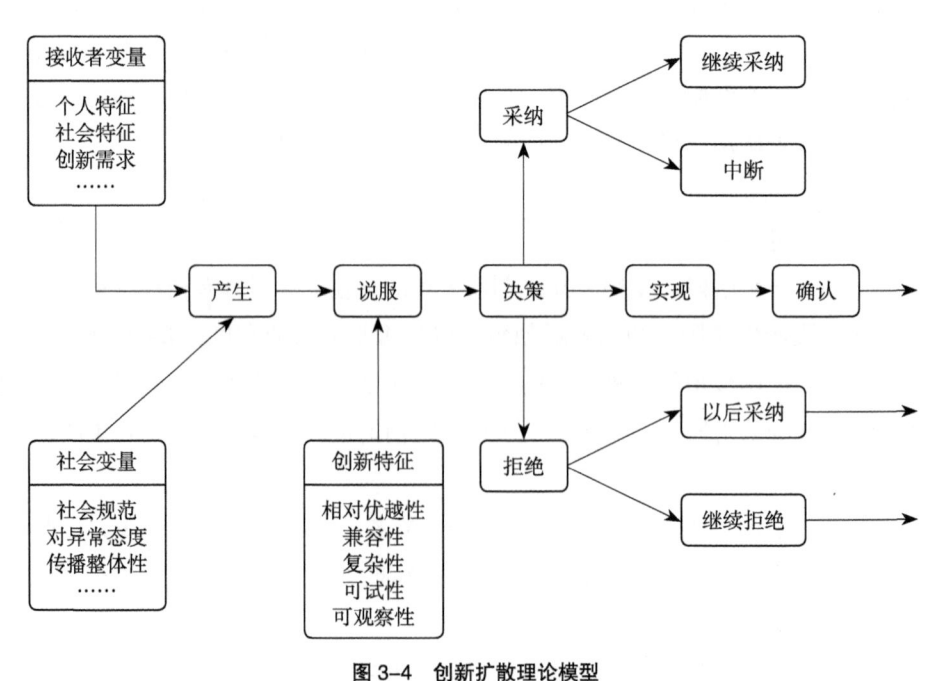

图 3-4　创新扩散理论模型

创新扩散理论在市场营销、广告推广、产品代谢等方面有非常广泛的应用。妮娜等（2008）使用 IDT 理论分析了移动服务技术采纳的影响因素。

陈湘青（2016）采用 IDT 理论，分析了消费者 O2O 电子商务采纳行为的影响因素，结果证明 O2O 电子商务的创新特性与技术采纳之间存在明显的影响关系。李琪等（2018）以 IDT 和 TAM 理论为基础，构建支付宝钱包消费者使用意愿研究模型，研究结果表明感知易用性、感知有用性、感知信任均显著影响消费者的使用态度，相容性和外部因素是感知有用性和感知易用性的主要影响因素。

五、社会认知理论

社会认知理论（Social Cognition Theory，SCT）是 20 世纪 70 年代末出现的一种理论，代表人物是美国心理学家班杜拉（阿尔伯特·班杜拉），在 20 世纪 90 年代得到迅猛发展。社会认知理论对于理解人类学习、自我调节和模仿行为等方面具有重要意义，探讨了环境、人及其行为之间的动态相互关系，将环境因素、行为因素和个体因素三者看成相互独立、相互作用的有机整体。人的信念、动机等主体因素会引导甚至支配个人行为，行为及其结果会影响并决定思维和情绪；个体通过性格、社会角色等可以引发相应的环境反应；行为是人用以改变环境，使之适应人的需要而达到生存目的并改善人与环境间适应关系的手段，会受到个人需求和现实环境的制约。

社会认知理论模型如图 3-5 所示。

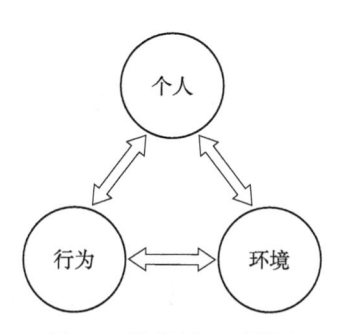

图 3-5 社会认知理论模型

社会认知理论的核心概念包括以下几个方面：

（1）观察学习（Observational Learning）：社会认知理论认为，在观察学习中，个体会观察并注意到他人的行为，然后通过模仿来获取新的行为方式。

（2）自我调节（Self-Regulation）：社会认知理论认为，个体具有自我调节和自我控制的能力，能够通过对内部认知过程的监控和调整来调节自己的行为。自我调节包括目标设定、自我观察、自我评估和自我强化等过程。个体可以根据自己的价值观、期望和目标来调节自己的行动，并通过不断反思和调整来提高自己的表现。

（3）代理人（Agent）：社会认知理论将个体视为行为的代理人，即个体可以代表其他人或代表自己进行行为。代理人的行为可以通过模仿、符号化和认知过程来实现。代理人不仅可以通过自身的经验学习，还可以通过观察他人的行为和结果来学习新的行为方式。

（4）符号化过程（Symbolization Process）：社会认知理论认为，个体通过符号化过程来处理和组织来自环境的信息。符号化是指将外界信息转化为符号系统，如语言、图像和符号，以便于个体进行认知处理。符号化过程使个体能够将观察到的行为和结果转化为内部心理来表达，并将其用于指导自己的行为。

（5）自我效能（Self-Efficacy）：社会认知理论强调个体对自己能力的信念对行为的影响。自我效能是指个体对自己完成特定任务的能力的评估和信心。个体对自我效能的高低将直接影响他们的行为选择、努力程度和持久性。高自我效能的个体更有可能尝试新的任务，承担挑战，并坚持面对困难。

SCT主要应用于心理学、决策管理、信息系统等领域，有学者将SCT理论应用于电子商务的研究，也得到了理想结果。张洪（2015）基于SCT理论，构建团购网站持续使用行为模型，研究顾客满意度与持续使用意向的影响因素，研究表明，确认、感知的价格和感知的网站质量能显著增强顾客满意度，而满意度、感知的声誉、感知的网站质量和关键群体又显著影响顾客的持续使用意向。刘新民等（2017）从消费者心理预期和认知能力的视角出发，探讨自我效能感和说服抵制对消费者接受社会化商务模式行为意愿的影响和作用机理。方海燕（2019）基于社会认知理论和社会资本理论，研究商务平台的个性化技术支持、用户互动技术支持和社群创建技术支持三方面对用户持续分享意愿的影响，以及社会资本和社会认知对用户分享意愿的中介作用。

六、动机模型

动机理论（Motivation Theory，MT）源于心理学，主要用于分析人的行为,动机是人受到个体内外部因素的刺激后做出相应行为的心理过程,当心理过程积累到一定程度,会致使个体行为的发生。动机理论将人的行为动机分为内部动机和外部动机两类,内部动机包括利益、情感、兴趣等源于自身的需求,外部动机包括个人职业发展、感知价值、经济报酬等外部条件和驱动因素。内部动机和外部动机虽然有不同的驱动因素,但在某些情境下两者存在交互效应,可以对个体行为产生影响。经典的动机理论包括马斯洛的需求层次理论、赫兹伯格的双因素理论、自我决定论和成就动机理论等。

（1）马斯洛的需求层次理论（Maslow's Hierarchy of Needs Thory）。马斯洛提出了一种层次结构的需求理论,认为个体的需求可以按照层次划分。这些需求从基本的生理需求开始,逐渐上升到更高层次的社会和心理需求。马斯洛将需求分为五个层次:生理需求、安全需求、归属与爱的需求、尊重需求以及自我实现需求。个体满足一个较低层次的需求后,才会追求更高层次的需求。马斯洛的需求层次理论强调了个体对于自我实现和成长的追求。

（2）赫兹伯格的双因素理论（Herzberg's Two-Factor Theory）。赫兹伯格提出了一个与马斯洛需求层次理论有些相似但具有差别的理论,他认为满足在工作中的两类因素可以影响个体的动机水平。一类是基本因素或保健因素,包括工资、福利和工作条件等,这些因素本身并不能带来持久的满足感,但缺乏它们会导致不满。另一类是激励因素,包括成就、发展和责任等,这些因素能够激发个体的内在动机,推动其对工作的积极参与和成长。

（3）自我决定论（Self-Determination Theory）。自我决定论认为个体的动机取决于满足三种基本心理需求:自主性、能力感和人际关系需求。自主性是指个体感觉自己有自主选择的权利和能力;能力感是指个体对于实现目标具有信心和能力;人际关系需求是指个体与他人的联系和社会支持的需求。自我决定论认为,当这些需求得到满足时,可以增强个体的内在动机和幸福感,有助于其持续努力和发展。

（4）成就动机理论（Achievement Motivation Theory）。成就动机理论认为个体在追求成功和避免失败的过程中展示出不同的动机。具有高成就动机的个体追求挑战和成就,他们对成功有强烈的需要,并愿意承担风险和努力实现目标。相反,具有低成就动机的个体害怕失败,可能会回避挑战和努力。成就动机理论强调了个体内部的需求和心理因素对动机的影响。

王嵩等（2018）结合口碑传播动机和顾客感知价值等,归纳了网购评论动机的众多维度，并探讨感知价值对其他动机维度的影响。菲利普（2019）研究了网购者的评论动机以及动机间的交互作用，当评论者存在地位认知和互惠义务时，外在动机会对内在动机产生挤出效应。安娜和弗兰克（2020）基于动机理论研究了消费者时装购物的影响因素，并将消费者划分为产品导向型、时尚感导向型、意见导向型和独立型四类群体。张文等（2022）从消费者相关型动机和商家相关型动机两个维度提炼出五种在线商品虚假评论的发布动机，并构建结构方程模型，对虚假评论的形成机理进行实证检验。

七、技术 – 组织 – 环境框架

技术 - 组织 - 环境框架（Technology-Organization-Environment，TOE）由托纳茨基和弗莱舍两位学者于1990年提出，该理论最初主要用于分析信息技术对技术采纳的影响，因具有高度的概括性、灵活性和实用性，被中外研究者运用到诸多领域的问题分析中。TOE框架认为，技术、组织和环境三个要素相互作用，共同影响着技术的采纳和应用。例如，技术特征的复杂性可能需要组织具有更高的技术能力和资源来应对，而组织的结构和管理风格可能会影响技术的快速推广和应用。此外，环境的竞争激烈程度和市场动态性也会对技术的采纳和应用产生重要影响。

（1）技术（Technology），技术指的是具体的创新技术或信息技术，例如新产品、新流程、新软件等。技术特征包括技术的复杂性、兼容性、相对优势等。复杂性指的是技术的难度和复杂程度，兼容性指的是技术是否与组织现有的技术和设施相容，相对优势指的是技术相对于现有技术的优势和价值。技术特征会影响组织对技术的感知和接受程度，进而影响技术的采纳和应用。

（2）组织（Organization），组织指的是采纳技术的组织，包括其结构、文化、资源等方面。组织特征包括组织的规模、结构、管理风格、员工技能等。规模指的是组织的大小和复杂程度，结构指的是组织的层次结构和决策流程，管理风格指的是组织的管理方式和决策风格，员工技能指的是组织员工的技术水平和适应能力。组织特征会影响组织对技术的需求、准备程度以及技术的采纳和应用过程。

（3）环境（Environment），环境指的是组织所处的外部环境，包括市场竞争、法律法规、行业趋势等方面。环境特征包括市场动态性、竞争激烈程

度、政府政策等。市场动态性指的是市场的变化和不确定性程度，竞争激烈程度指的是市场上竞争对手的数量和实力。政府政策指的是政府对技术创新和采纳所制定的政策和法规。环境特征会影响组织对技术变革的敏感度、适应能力以及技术的采纳和应用决策。

刘茂长、鞠晓峰（2012）采用 TOE 模型，分析了技术、组织和环境因素对电子商务技术扩散的技术采纳和技术整合阶段的影响。艾力克姆（2019）借鉴 TOE 研究框架，构建中小企业电子商务采用对企业竞争优势影响的理论模型，研究表明技术因素显著影响 B2B 电子商务的采用水平，其对组织准备程度以及组织顶层支持等组织因素、竞争压力以及政府支持等环境因素的影响也是显著的。骆坤（2020）借助 TOE 模型为主体的研究模型，并结合其他的采纳行为理论，构建了制造企业跨境电子商务采纳行为影响因素模型，结果表明跨境电子商务特性、组织特性、环境特性对于制造企业的跨境电子商务采纳行为均具有正向影响，采纳意愿是中介变量。

八、整合型科技接受模式

整合型科技接受模式（Unified Theory of Acceptance and Use of Technology，UTAUT）在 2003 年首次提出，由文卡特什和莫里斯在整合了理性行为理论、动机模型、计划行为理论、创新扩散理论、技术接受模型、社会认知理论等模型基础上发展而来，能更好地预测和解释用户行为。该理论认为绩效期望、便利条件、社会影响和努力期望是影响用户接受和使用行为的关键因素。其中，绩效期望指用户使用信息系统对工作绩效的帮助，具体包括感知有用性、外在动机、工作相关性、相对优势、成果期望；努力期望指用户对使用该系统的难度认知，具体包括感知易用性、系统复杂性、操作简单性；社会影响是指周围对用户自身是否应该使用该系统的影响程度，包括主观规范、社会因素和公众形象；便利条件是指技术、设备等对用户使用该系统的支持程度，包括感知行为控制、便利条件和兼容性。

此外，UTAUT 还引入了一些调节因素和背景变量，用于说明为什么某些个体在特定条件下更容易接受和使用新技术。这些调节因素包括性别、年龄和经验等。

整合型科技接受模型如图 3-6 所示。

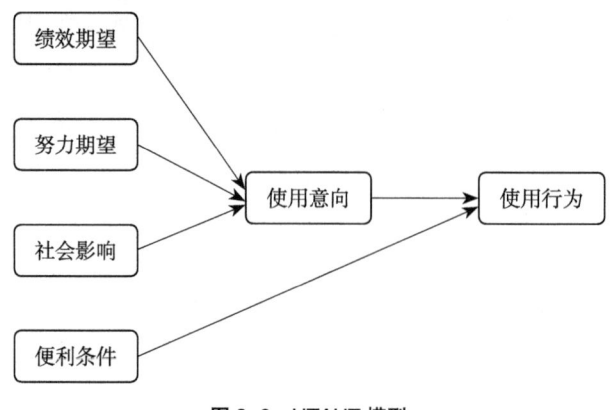

图 3-6　UTAUT 模型

俞守华等（2019）以 UTAUT 模型为理论基础，从绩效期望、努力期望、社会影响、便利条件、信任和感知风险六个维度对农业电子商务用户的使用行为进行研究。杨华（2021）在 UTAUT 模型基础上，构建消费者互联网保险接受理论模型，研究表明绩效期望、社会影响、消费者创新性、信任均显著正向影响消费者互联网保险接受的行为意图，分析和揭示了互联网保险接受机制的关键组成因素。吴镕（2021）结合 UTAUT 理论和期望效用理论等，对新型农业经营主体电商参与行为的影响因素进行分析，绩效期望、付出期望和社会影响对新型农业经营主体的电商参与意愿具有正向影响，经验和态度具有调节效应。

第二节　研究模型和理论假设

一、研究模型

基于本章第一节中的相关基础理论，结合前期预调查的数据收集情况，本书研究模型以 TOE 理论为基础框架，首先对环境维度进行拆分，将组织维度作为内部环境集成并保留至环境维度，外部环境因素主要涉及外部压力，将其作为竞争维度进行单列；然后将 TAM 模型中感知有用性和感知易用性共同整合为技术维度；最后结合 TRA 模型相关理论，引入态度维度，最终形成四个维度的影响因素分析框架。

本书研究模型如图 3-7 所示。

图 3-7 研究模型

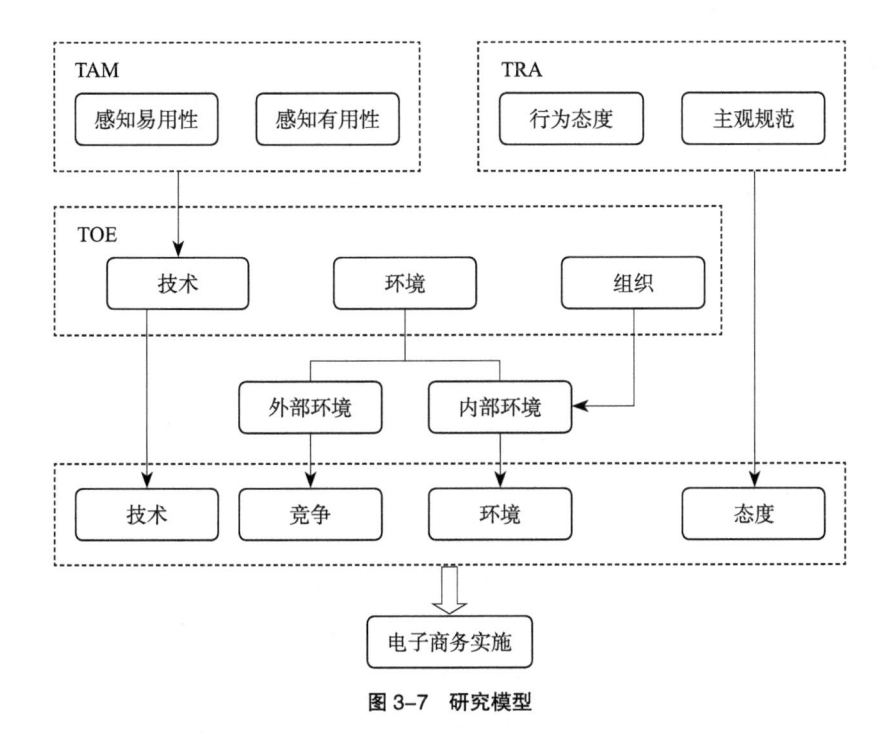

二、理论假设

基于上述提出的研究模型，农产品电子商务的实施主要受技术因素、竞争因素、环境因素和态度因素的影响，这些因素或直接或间接地影响了新型农业经营主体实施电子商务的行为和效果。

（一）技术因素

专业技术：企业在电子商务采纳行为中，具备丰富的电子商务实施经验和人员禀赋优势是非常重要的因素。丰富的电子商务经验可以帮助企业有效降低前期投入的风险，并减少沉没成本的可能性。同时，充足的电商人才可以为企业提供线上线下整合营销、推广的思路和技术指导，从而提升企业对于电子商务的采纳意愿。具备丰富的电子商务实施经验意味着企业在过去的电子商务项目中取得了一定的成功并积累了相关知识和经验。这种经验对于企业来说非常宝贵，因为它可以帮助企业更好地理解电子商务的运作机制和关键成功因素。企业通过前期的试错和学习，可以更加精确地规划和评估电子商务项目，减少错误决策的风险，提高项目的成功概率。

此外，拥有充足的电商人才也是企业电子商务采纳行为的重要因素。电商人才在电子商务领域具备专业的知识和技能，并能够根据企业的具体情况提供合适的战略和营销方案。他们熟悉电子商务平台的操作和管理，了解市场趋势和竞争环境，能够有效地推动企业的电子商务发展。企业拥有这样的人才团队，可以更好地规划和执行电子商务战略，提高采纳意愿并实现更好的效果。

技术基础：在一些农村地区，由于受到经济基础的制约，信息通信基础设施相对落后，物流网络密度极低，这对新型农业经营主体开展电子商务带来了严重的不利影响。研究发现，物流条件越是成熟、信息通信基础越好，企业开展电子商务的意愿也越强烈。

首先，物流条件的成熟程度直接关系到产品的运输和配送效率。如果物流网络密度低，运输成本高，那么企业的电子商务活动就会受到限制。产品运输的不顺畅会导致交付延迟，增加了消费者的等待时间，降低了他们对于电子商务的满意度和采纳意愿。

其次，信息通信基础的不健全也限制了农村地区电子商务的发展。缺乏高速稳定的互联网接入以及完善的通信网络，使得企业难以实现与消费者之间的有效沟通和信息传达。这种情况下，消费者对于产品的了解和信任度都会受到影响，从而降低了他们对于电子商务的购买意愿。

此外，电子商务实施还存在一定的平台门槛和技术难题。支付技术和安全保障技术的不完善对企业实施电子商务造成了潜在隐患。缺乏安全可靠的支付手段和数据保护机制，消费者的个人信息和交易资金容易受到侵害，制约了他们对于电子商务的信任度和采纳意愿。

（二）竞争因素

行业竞争：一般来说，当行业内采用某种新技术的企业或个人数量增多时，对于其他企业而言会产生感知压力。尤其是当这些企业采纳新技术后获得了可观的效益时，这种压力会更加显著，因为它们渴望在竞争中获胜。企业感知到同行业内其他企业采纳新技术所带来的好处，这激发了他们赶超竞争对手、实现技术优势的欲望。他们意识到如果不采纳这些新技术，就可能被市场淘汰或失去竞争力。因此，他们会提升企业采纳新技术的意愿，并投入更多的资源和精力来实施这些技术。

此外，一些企业和个人通过电子商务获得了显著的效益后，会形成行业内的示范效应。其他企业看到成功案例，会产生效仿的欲望。他们会认识到电子商务在提高销售额、拓展市场、降低成本等方面的潜力，从而被鼓励采纳这一技术。这种示范效应加强了企业采纳新技术的态度，形成了一种良性竞争的氛围。

市场需求：电子商务的销售模式可以给消费者提供更广阔的选择空间，更方便的购买渠道和更优质的购物体验，从而获得大量消费者的青睐。农产品消费市场上，消费者对电子商务模式的喜好程度在很大程度上会影响企业的心理预期，进而促使企业做出相应的决策行为。通过电子商务销售渠道，消费者可以方便地浏览和比较各类农产品的品牌、价格、质量等信息，拓宽了他们的选择空间。无论是在城市还是农村，消费者都可以轻松地访问到各种农产品的在线商店，随时随地进行购物。这种便捷性和灵活性让消费者更愿意采取电子商务的购买方式，从而对企业产生积极的心理预期。

此外，电子商务提供了更优质的购物体验，满足了消费者个性化需求和购物习惯的多样性。通过在线平台，消费者可以详细了解产品的特性、产地、生产过程等信息，并通过评价和评论了解其他消费者的购买体验。这种透明和互动性使得消费者更加有信心进行农产品的购买，并对电子商务模式产生更高的好感度。消费者对于电子商务模式的喜好程度对企业的决策行为具有重要影响。企业会根据消费者的需求和偏好来调整产品的定位、品牌形象和营销策略。他们会投入更多的资源和精力来提升产品质量、优化售后服务，并加强与第三方物流合作，以满足消费者对于购物便利和可靠性的需求。这种针对消费者喜好的反馈和调整，将促使企业适应市场需求、提升竞争力并获得更多消费者的认可和支持。

（三）环境因素

新型农业经营主体主要包括家庭农场、专业大户、农民专业合作社和现代农业龙头企业等，较多企业在资金、技术、人才等方面缺乏积累，在初期需要成本投入时会比较保守。如果当地政府非常支持新型农业经营主体电子商务发展，愿意给予政策支持，会极大地提升企业的实施意愿。当政府积极支持并出台相关政策时，企业管理者会产生积极的预期，他们会认识到通过电子商务销售农产品可以获得更大的市场机会和发展空间。政府的政策支持可以包括财政补贴、税收优惠、土地使用权等方面的激励措施，以鼓励企业尝试和推广电子商务模式。这样的政策支持将为企业提供更多的资源和机会，降低进入门槛和风险，使得企业更加愿意采取行动。同时，政府还可以加强培训和教育，提供专业的技术指导和咨询服务，帮助企业解决在实施电子商务过程中的技术和管理难题。这将有助于提升企业的实施能力和水平，增强其对电子商务发展的信心。

（四）态度因素

TRA 理论主张行为态度和主观规范会影响最终行为的实施和采纳。农业企业在制定自身运营发展规划时，是否采取电子商务往往存在倾向性。这种倾向程度将直接影响到实际的采纳行为。在相关研究中，学者对于农业企业的态度因素有不同的处理方式，有些将其作为结果变量进行考察，而有些则将其作为影响因素予以考虑。

若将农业企业的态度视为结果变量，则研究关注的重点在于分析企业对于电子商务采纳的意愿和偏好。这种研究方法会探索企业对于电子商务的态度、认知和评估，以了解企业对于该模式的积极与消极之处。通过调查问卷、深入访谈等收集数据的手段，可以揭示企业对于电子商务的态度形成过程及影响因素，进而预测其可能的采纳行为。

另一种研究方式是将农业企业的态度因素作为影响因素进行考虑。这种方法视农业企业的态度为影响采纳行为的重要因素，与其他因素如经济效益、管理能力等一同构建起影响农业企业采纳电子商务的模型。研究者关注的焦点在于分析企业对于电子商务的态度对其采纳行为的潜在影响机制，以及各个因素之间相互作用的关系。

综上所述，考虑各个因素对新型农业经营主体实施电子商务的影响效应，提出 H1a-H4 共 6 个假设，并建立电子商务影响因素的分析模型，如图 3-8 所示。

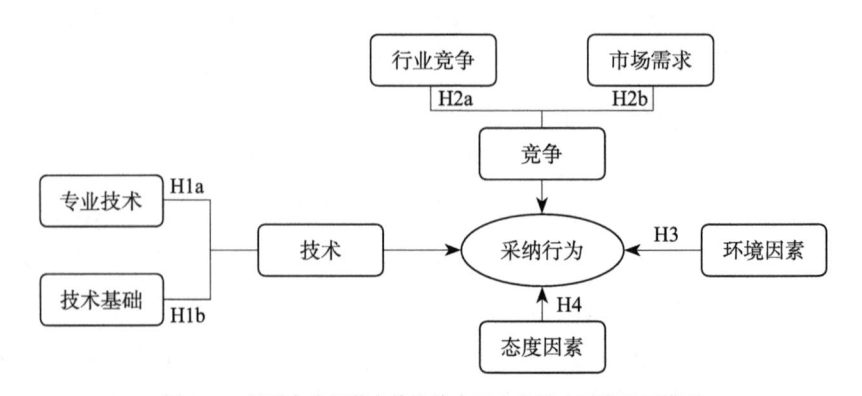

图 3-8 新型农业经营主体实施电子商务影响因素分析模型

H1a： 专业技术对新型农业经营主体电子商务采纳行为具有正向影响。
H1b： 技术基础对新型农业经营主体电子商务采纳行为具有正向影响。
H2a： 行业竞争对新型农业经营主体电子商务采纳行为具有正向效应。
H2b： 市场需求对新型农业经营主体电子商务采纳行为具有正向效应。
H3： 环境因素对新型农业经营主体电子商务采纳行为具有正向效应。
H4： 态度因素对新型农业经营主体电子商务采纳行为具有正向效应。

第四章
农产品电子商务影响因素的实证研究

基于第三章提出的研究模型，本章以浙江省新型农业经营主体实施电子商务的相关情况为研究样本，结合问卷调查技术和多种数据分析方法，验证提出的理论假设，对电子商务影响因素进行深入分析。本章首先说明本次调研组织实施的基本情况，然后对所搜集的样本数据进行预处理和整体呈现，最后结合因子分析、结构方程模型、多元线性回归模型对农产品电子商务的影响因素进行深入分析和解释。

第一节　调研设计

一、调研组织实施

为最大程度地保障本次调研的合理性和有效性，秉承科学性、有效性、可行性等原则，对农产品电子商务实施情况和影响因素调研的各个环节进行细致准备。

（一）定性研究

通过图书馆资源和网络资源，收集相关资料，了解新型农业经营主体实施电子商务的动机、策略以及面临的挑战；采用半结构化访谈、焦点小组讨论、观察或文件分析等方法，通过深入交流和实地观察，收集参与者的观点、经验和实践；使用内容分析、主题编码或模式识别等分析方法，整理并归纳数据，找出新型农业经营主体实施电子商务的共同特点和关键因素；通过反思、交叉验证和同行评议等方法增强定性研究的可信度和可靠性。

（二）文献研究

研究人员通过大量阅读国内外相关领域的研究文献，深入了解目前新型农业经营主体电子商务领域的最新研究成果和将来的研究方向，吸收与本书相关的研究内容，为掌握新型农业经营主体实施电子商务发展现状、理清本书研究思路和研究内容、设计科学合理的测量表提供坚实的理论支撑。

（三）问卷和量表设计

基于浙江省新型农业经营主体实施电子商务发展的实际情况，结合定性研究和文献研究中整理归纳的资料和作者多年的研究积累，从农产品电子商务的采纳情况、实施效果、影响因素等方面考虑问卷和量表题项，设计问卷和量表的相关题目。

(四)问卷优化和预调查

在初稿的基础上,征求专家和企业从业人员的相关意见,优化问卷和量表的题项设置,形成修改稿。组织预调查,开展小范围的问卷调查,征询被访者的调查体验,再次修改问卷和量表内容,确定问卷和量表终稿。

二、问卷构成情况

本书的调查问卷主要包括农业企业基本信息、电子商务现状、采纳情况、影响因素等四个部分。第一部分和第二部分涉及的问题均为选择题,被调查者需要从选项中选择符合本企业实际情况的选项,由于个别问题涉及企业敏感性信息,被调查者可以选择不回答。第三部分和第四部分为李克特五级量表,其中 1 表示完全不赞同,2 表示比较不赞同,3 表示一般,4 表示比较赞同,5 表示非常赞同,被调查者需要根据本人的感受选择相应的程度。其中:

第一部分企业基本信息分别了解企业的类型、员工数、主要营销方式、销售能力和供求信息来源等情况;

第二部分企业电子商务现状主要了解企业是否使用互联网、是否建立网站、是否使用直播平台、参加过哪些电子商务活动、信息更新是否有专人负责、网络信息更新频率、接入哪些搜索引擎、参加哪些电子商务平台、电子商务交易额占比等情况;

第三部分电子商务采纳情况主要了解企业是否有采纳电子商务的意图、是否开展网络宣传、是否使用网络支付等情况;

第四部分电子商务影响因素主要了解企业对行业竞争、用户需求、政策环境、管理者态度、技术条件、态度认知等影响因素的意见。

本研究的问卷题目和选项如表 4-1 所示。

表 4-1 问卷题目和选项

分析维度	题目	选项
基本信息	企业类型	• 民宿 • 电子商务综合服务企业 • 农业企业 • 政府机关和事业单位 • 普通农户 • 农民专业合作社 • 供销社

续表

分析维度	题目	选项
基本信息	员工数	• 1~10人 • 10~80人 • 80~100人 • 100人及以上
	主要营销方式	• 传统批发 • 订单式销售 • 传统市场零售 • 网络销售
	销售能力	• 销售不完 • 能销售完 • 不确定
	供求信息来源	• 报纸杂志宣传单 • 电视广播 • 户外广告 • 搜索引擎 • 农业电子商务网站 • 传统上门服务 • 其他
企业电子商务现状	是否使用互联网	• 是 • 否
	是否建立网站	• 有 • 没有 • 正在建设
	是否使用直播平台	• 有 • 没有，计划实施 • 没有
	企业电子商务活动	• 开设网络商城、店铺（淘宝店等）销售产品 • 利用微信、微博、论坛等销售商品 • 利用互联网进行企业宣传、发布商品信息、接受客户咨询 • 没有开展电子商务活动但有计划开展 • 没有开展电子商务活动也没有计划开展
	互联网信息是否有专人负责更新	• 有专人负责更新 • 没有专人负责，谁有空谁更新 • 外包给其他公司更新 • 没有网站，无需更新
	互联网信息更新频率	• 每日更新 • 每周更新 • 每月更新 • 不定期更新 • 没有更新

续表

分析维度	题目	选项
企业电子商务现状	搜索引擎接入情况	• 百度 • 搜狗 • 一搜 • 必应 • 谷歌 • 其他 • 没有
	电子商务平台接入情况	• 阿里巴巴 • 天猫 • 淘宝网 • 京东商城 • 抖音 • 今日头条 • 微信 • 其他平台 • 没有
	电商交易额占比	• 10%以下 • 10%~20% • 20%~30% • 30%~40% • 40%~50% • 50%以上 • 没有电子商务交易额
电子商务采纳情况	本企业采纳电子商务的意图	• 已有 • 计划中 • 没有
	本企业开展网络宣传产品和服务	• 已有 • 计划中 • 没有
	本企业加入第三方电子商务平台（淘宝、阿里巴巴）	• 已有 • 计划中 • 没有
	利用微信、微博、QQ空间等平台销售产品	• 已有 • 计划中 • 没有
	本企业参加网络推广	• 已有 • 计划中 • 没有
	本企业利用网络支付	• 已有 • 计划中 • 没有

续表

分析维度	题目	选项
电子商务影响因素	行业内很多竞争对手正在实施电子商务	• 非常赞同 • 比较赞同 • 一般 • 不太赞同 • 很不赞同
	行业内已经有竞争对手实施电子商务非常成功	• 非常赞同 • 比较赞同 • 一般 • 不太赞同 • 很不赞同
	本企业很多客户都在使用电子商务	• 非常赞同 • 比较赞同 • 一般 • 不太赞同 • 很不赞同
	不使用电子商务,将会失去很多已有或潜在客户	• 非常赞同 • 比较赞同 • 一般 • 不太赞同 • 很不赞同
	客户喜欢用网络支付(包括支付宝、微信等)	• 非常赞同 • 比较赞同 • 一般 • 不太赞同 • 很不赞同
	政府部门大力支持本企业实施电子商务	• 非常赞同 • 比较赞同 • 一般 • 不太赞同 • 很不赞同
	电脑设备、网络宽带速度能保证实施电子商务	• 非常赞同 • 比较赞同 • 一般 • 不太赞同 • 很不赞同
	本企业的管理人员非常支持发展电子商务	• 非常赞同 • 比较赞同 • 一般 • 不太赞同 • 很不赞同

第二节 样本分析

一、预调查

为了解浙江省新型农业经营主体实施电子商务的基本情况和存在问题，检验调查问卷的调查效果，为问卷调查的顺利开展奠定良好基础，调研组以浙江省农产品电子商务的实施情况为预调查的主要内容，考察当前农产品电子商务的实施主体和实施范围。

预调查的主要内容基于调研组所掌握的资料，从正式调查问卷选出若干题目进行重新组合。首先从调查总体中抽取较小的人群，选取参与农产品电子商务培训的相关从业人员，预调查样本来自浙江省各地区，从事行业涉及农产品种植、加工和运输等，基本满足样本选取的有效性、科学性要求。预调查采用的调查问卷内容主要包括：

（1）基本信息：此部分包括企业类型、员工数、营销方式、销售情况、供求信息途径，主要考察企业性质、规模和经营方式上的差异是否会直接影响企业对电子商务采纳的意向；

（2）电子商务实施情况：此部分包括企业采用电子商务的形式、活动、频率、平台、收益等，主要考察预调查样本中电子商务采纳的整体情况，了解预调查样本在电子商务方面的实际操作和效果。

通过收集和分析预调查样本的数据，调研组可以初步了解参与农产品电子商务培训的从业人员对于电子商务的态度和实施情况。这有助于更好地了解新型农业经营主体对电子商务的需求和挑战，并为正式调查问卷的设计和改进提供参考。预调查的结果是进一步优化问卷和量表内容的重要参考，确保调查问卷在正式调查中能够准确、全面地收集相关数据，为农产品电子商务的推广和发展提供有力支持。分析结果表明，问卷具有良好的信度和效度，结合预调查中被调查者的反馈意见，对个别题目和选项进行调整，优化问卷内容，最终确定正式调查问卷。

二、数据来源

本次调研的调查总体为浙江省新型农业经营主体实施电子商务情况，调查对象为从事农产品电子商务相关业务的从业人员，由于调查对象属于专门群体，具有一定调查门槛，因此本次调研主要采取典型调查方式，选择具有代表性的样本，包括不同规模、地理位置和电子商务发展程度的农业经营主体。我校于近年针对浙江省新型农业经营主体展开较大规模的培训，例如，乐清市农村电商零基础培训、洞头区农产品电子商务培训、温州市电商网店和直播带货培训、泰顺县农合联电商培训等。在培训过程中，对参与电子商务培训的参会人员发放问卷，筛选出其中符合要求的调查对象，征询他们对本企业电子商务的看法和倾向。通过该方法，可以有效减少问卷漏答、不认真填写等情况，提高问卷和调查对象的匹配度，最终本次调研共回收有效问卷 298 份，满足数据分析的基本需求。此外，为更加全面掌握浙江省农产品电子商务的发展情况，作者和研究团队多次走访企业、生产基地和相关部门，展开深入交流，例如，浙南农业科创园、平阳"五个鲜"产业、文成梨产业、永嘉潘老伯企业等。

三、数据质量控制

为提高本次调研的数据质量，保障分析结果的准确性和科学性，对数据实施严格的质量控制措施：

（1）在问卷设计过程中，需要对各个题项进行反复推敲和细致考虑。这样做的目的是确保问卷能够全面覆盖研究范围，涵盖所有相关因素和细节，并且尽可能避免出现歧义、表述不清等可能会影响被调查者回答情况的问题。

首先，要明确研究目的和问题，确保每个题项与研究主题相关。通过仔细审视问题，排除与研究无关的内容，确保每个问题都具有明确的意义和目标。同时，还需要注意问题的内容是否能够涵盖到各个方面，并且能够全面反映被调查者的观点和经验。

其次，要特别关注问题的表述方式。应该尽量避免使用模糊或含糊不清的措辞，例如，双重否定、模棱两可的描述等。问题的表述应当简洁明了，清晰易懂，避免使用专业术语或复杂的语言，以确保被调查者能够准确理解问题的意思，并准确回答。

此外，还要考虑问题的顺序和逻辑性。问题的排列顺序应当有条理，使被调查者能够更好地理解和回答。相关的问题应当放在一起，形成逻辑连贯的子题目或部分，从而帮助被调查者更好地组织思维，并减少回答时的混乱。

最后，在问卷设计完成后，应进行预测试和修订。将问卷交给少数几个目标人群进行试答，收集他们的反馈意见和建议，并根据实际情况进行相应的修改和调整。这样可以进一步确保问卷的有效性和可信度。

总而言之，问卷设计过程中的反复推敲和精心考虑能够确保问卷具有全面性和准确性，同时能够最大程度地避免歧义、表述不清等问题，以提高问卷的可信度和有效性。

（2）在调查实施过程中，我们采用了问卷星软件作为问卷的录入和回答工具。这个软件能够提供方便的界面和功能，帮助我们事先设置问题的回答要求、跳转逻辑等，并且能够通过现场扫码的方式由被调查者进行回答。

首先，使用问卷星软件可以提前设置问题的回答要求。例如，对于选择题，可以设置必答或非必答选项，确保被调查者对每个问题都有明确的回答。对于填空题，可以要求被调查者按照特定格式填写，如日期、数字或文本等，以避免回答不规范或无效的情况出现。

其次，跳转逻辑是问卷设计中常用的一项功能，可以在问卷星软件中提前设置。通过合理的跳转逻辑，可以根据被调查者之前的回答自动跳转到相关问题或跳过与其无关的问题，从而提高问卷的效率和灵活性。被调查者只需要按照软件指示逐步回答问题，无需手动选择或翻页，简化了回答流程。

最后，被调查者直接通过扫描二维码的方式进入问卷星软件，并在现场完成回答。这样不仅保证了问卷的真实性和准确性，还能及时解决被调查者可能存在的理解偏差或记忆衰退等问题。同时，避免了手动录入数据的步骤，减少了人为因素导致的录入错误和误差。

（3）在数据审核阶段，调研组进行两次审核以确保数据的准确性和可靠性。先由专门的人员对数据进行初步的审核和整理，主要目的是检查是否存在人为错误或不一致的情况。数据审核人员均经过培训和指导，具备丰富的数据处理和校验经验。在审核过程中，仔细检查每个数据点，包括数字、文字和其他信息。如果发现任何可能的错误，例如，输入错误、漏填或重复等问题，及时进行修正或标记，以便后续的数据处理和分析。

第二次审核将由更高级别的专业人员进行，他们对数据质量有更深入的了解和判断能力。数据审核人员将仔细审查初步审核的结果，并进一步确认数据的准确性和完整性。如果需要，可以直接和数据来源进行沟通，核实数据的真实性和可信度。

通过两次审核过程可以大大降低数据错误的风险，确保本次调研获得可靠的数据。通过专业人员的查验和审核，可以及时发现和纠正数据中的问题，使得最终的数据结果更加准确可信，保证研究和决策的科学性和可靠性。

四、样本基本信息

如表4-2所示，从区域来看，本次调研的298个样本中，温州市企业有283家，占比达到94.97%，另外15家企业来自杭州、绍兴等浙江省内城市。选择该地区的企业作为样本，主要是因为该地区是中国电子商务发展较好的区域之一。经过对各个地区的调研和分析，调研组发现该地区的企业领导人对电子商务机会有较高的敏感度，并有更多的机会接触到相关的信息和资源。

表4-2 样本的区域分布

区域	数量（个）	占比（%）
温州	283	94.97
非温州	15	5.03
合计	298	100.00

此外，温州市企业家以其探险精神和企业改革的决心与魄力而闻名。他们敢于尝试新的商业模式，勇于创新并追求商业成功。这种创业精神和开拓意识使得他们在电子商务领域具有一定的优势和潜力。同时，温州市的企业也表现出了极强的全球化意识，许多企业已经在全球范围内建立了自己的业务网络。这使得温州市企业成了国内外企业家学习借鉴的对象，因其成功的商业经验被称为"温州模式"或者"温州精神"。通过与温州市企业家的互动和交流，可以汲取他们的成功经验，并为其他地区的企业推广电子商务提供有价值的建议和指导，这将有助于促进更多地区的企业在电子商务领域实现创新与发展。

如表4-3所示，从企业类型来看，农民专业合作社占比最高，达到30.54%，然后是专业大户25.50%、农业产业化龙头企业22.48%、家庭农场21.48%，调研对象囊括了新型农业经营主体的四种主要经营类型，表明在本次调研中，调研组广泛地覆盖了不同类型的农业经营主体，包括农民专业合作社、农业产业化龙头企业、专业大户和家庭农场。这样的选择可以更全面地了解和掌握不同类型农业经营主体的情况，有助于提供更准确和全面的研究结果和建议。

表4-3 样本的企业类型

企业类型	数量（个）	占比（%）
农民专业合作社	91	30.54
农业产业化龙头企业	67	22.48
专业大户	76	25.50
家庭农场	64	21.48
合计	298	100.00

如表4-4所示，从员工数来看，员工数在1~10人的占比最高，达到48.66%，其次是10~80人，为21.14%，人数80人以下的占比为69.80%，100人以上仅11家企业，表明本次调研的农业企业整体规模较小。调查结果与第三次农业普查数据（新华网，2019）一致，新型农业经营主体的规模普遍较小，单一企业从业人员少且所经营的耕地面积也少。在培育新型农业经营主体、发展多种形式适度规模经营的同时，要加强扶持政策，把小规模企业引入现代农业发展轨道上来。

表4-4 样本的员工数

员工数	数量（个）	占比（%）
1~10人	145	48.66
10~80人	63	21.14
80~100人	3	1.01
100人以上	11	3.69
无回答	76	25.50
合计	298	100.00

如表4-5所示，从营销方式来看，首先有136家企业采取传统市场零售方式，这可能是由于传统市场零售渠道普遍、易于操作和接触到消费者。其次有103家企业采取订单式销售，这可能与企业和特定客户建立长期合作关

系较多有关。再次是传统批发方式,可能是为了更广泛地覆盖市场。最后采取网络销售方式的企业最少,可能是因为新型农业经营主体在网络销售方面的应用相对较少。表明大多数企业仍然以传统营销方式为主,电子商务方式使用较少。据中国国际电子商务中心研究发布的报告(2018)显示,全国农产品网络零售额仅占全国实物商品网络零售额的4.4%,而浙江省是中国电子商务发展最好的区域之一,比例会高一些。

表 4-5 样本的营销方式

营销方式	数量(个)	占比(%)
传统批发	98	32.89
传统市场零售	136	45.64
订单式销售	103	34.56
网络销售	79	26.51
无回答	76	25.50

如表4-6所示,在现有销售模式和营销模式下,有89家企业可以将产品销售完,而133家无法确保将产品全部销售完,表明调查样本整体的销售能力欠佳。根据李德武(2021)的研究,目前农产品营销渠道普遍存在营销效率低下、市场应对能力弱、对渠道成员的可控性差等问题,造成产品销售情况不好。具体来看,农业企业销售情况可能受到农产品特性、传统营销模式、渠道与物流问题以及品牌建设和市场推广等因素的影响。

(1)产品特性和供需关系:农产品具有易腐、季节性等特点,这使得农产品的销售受到时间、地点和运输等方面的限制。此外,农业生产往往面临着供需不平衡的情况,可能导致价格波动和销售困难。

(2)传统营销模式:许多农业企业仍然采用传统的市场零售、批发等方式进行销售,缺乏创新和差异化的营销策略。这使得它们在竞争激烈的市场中难以脱颖而出,影响了销售业绩。

(3)渠道和物流问题:农产品的销售需要建立稳定的销售渠道和健全的物流体系,以确保产品能够及时、高效地送达市场。然而,一些农业企业可能面临着渠道建设不完善、物流成本高昂等问题,导致销售情况一般。

(4)品牌建设和市场推广:农业企业在品牌建设和市场推广方面的投入相对较少。缺乏强有力的品牌形象和市场推广活动,使得消费者对其产品的认知度和信任度不高,从而影响了销售业绩。

表 4-6　样本能否将产品销售完

产品能否销售完	数量（个）	占比（%）
不确定	94	31.54
能	89	29.87
不能	39	13.09
无回答	76	25.50
合计	298	100.00

如表4-7所示，农业网站、电子商务网站是农产品供求信息的最主要途径，其次是传统上门服务、电视和广播、报纸杂志宣传单等。此外，还有些企业会通过涉农协会、批发市场、同行获取供求信息。涉农协会通常会开展调研活动，收集农产品的供求信息，了解市场动态，它们可以通过会员调查、行业统计等方式获取供求信息，并向会员或相关方提供参考。农产品批发市场通常会有公开透明的交易记录，包括成交价、成交量、品种等信息，这可以反映当前的供需状况。农民和农户作为农产品的主要生产者，他们对于农产品的供求情况有一定的了解。农民和农户之间的信息交流，比如，农民合作社、农民市场等，也可以提供供求信息。

随着互联网的发展，网络成为获取信息的重要途径，根据曹洁（2021）的研究，技术的发展为新媒体在产品营销中的重要作用提供了有力支撑，微信、微博、短视频平台等不断体现出强大的产品销售功能，这些信息被从业人员广泛查询和应用。

表 4-7　样本的供求信息途径

供求信息途径	数量（个）	占比（%）
报纸、杂志、宣传单	44	14.77
电视、广播	51	17.11
户外广告	38	12.75
搜索引擎	39	13.09
农业网站、电子商务网站	68	22.82
传统上门服务	54	18.12
其他	90	30.20
无回答	76	25.50

第三节　浙江省农产品电子商务现状

一、农产品电商应用

（一）网络基础较好，但仍有较大提升空间

由表 4-8 可知，在被调查的 298 家农业企业中，有 196 家企业在日常业务中使用互联网，占比超过六成，达到 65.77%，没有使用互联网的企业占 34.23%，表明农业企业开展电子商务的基础较好，大多数企业有一定的网络基础。然而，农业企业建设企业网站的意愿并不高，从对是否有建设本企业网站这一问题的回答情况来看，有建设网站的企业共 80 家，占比 26.85%，表明 73.15% 的企业没有建设或正在建设本企业的网站，网络基础仍有较大提升空间。另外，使用互联网的企业进一步建设企业网站的意愿较没有使用互联网的企业更高，196 家使用互联网的企业中，有 112 家有建设或正在建设网站，占比为 57.14%，而 102 家没有使用互联网的企业中，仅有 16 家企业有建设或正在建设网站，两者差距显著。

表 4-8　农业企业是否使用互联网、是否有本企业网站

是否使用互联网	是否有本企业网站			
	没有	有	正在建设	总计
没有	86	2	14	102
有	84	78	34	196
总计	170	80	48	298

（二）电商活动比较普遍，但电商化程度不高

在电商领域，农业企业可开展多种活动，例如，农业企业可以通过建立自己的电商平台或在第三方电商平台上开设网店，直接将农产品进行在线销售，通过电商平台，农产品可以与全国乃至全球的消费者进行销售和交易，拓宽销售渠道和扩大覆盖范围；农业企业可以通过发布农产品种植养殖技术、健康饮食知识等内容，提供给消费者有关农产品的相关信息，增强用户黏性和品牌价值；农业企业可以通过发布产品介绍、优惠促销等方式，提升品牌知名度和产品销售。由图 4-9 可知，浙江省农业企业电商活动比较普

遍，有 124 家企业会在微信、微博、论坛上销售商品，占比达到 41.61%，77 家企业会开设网络商城、淘宝店铺等销售产品，75 家会利用互联网进行企业宣传、发布商品信息、接受客户咨询，另外有 69 家企业目前没有开展电子商务活动，但有开展电商活动的意愿，仅 48 家企业短期内不会开展电子商务活动，已开展或计划开展电商活动的企业占比达到 83.89%。

表 4-9　农业企业开展的电商活动

活动	数量（个）	占比（%）
微信/微博/论坛等销售商品	124	41.61
开设网络商城/淘宝店铺销售产品	77	25.84
企业宣传/发布商品信息/接受客户咨询	75	25.17
没有开展电子商务活动，但有计划开展	69	23.15
没有开展电子商务活动，也没有计划开展	48	16.11

由图 4-1 可知，目前已进行电子商务活动的企业中，62.43% 的企业仅进行一种活动，而进行多项活动的企业占比仅为 37.57%。其中，同时进行两种电商活动的企业占比 22.65%，能同时开展三种电商活动的企业占比仅 14.92%，表明具备开展多项电商活动能力的企业数量较少，电子商务的应用场景较少，电商化程度不高。大部分企业只进行单一种类的活动，这可能是因为企业资源有限、专注于某一领域或者刚开始进入电商市场等原因。同时经营多个电商活动的企业相对较少，可能需要更丰富的资源和经验来支撑。

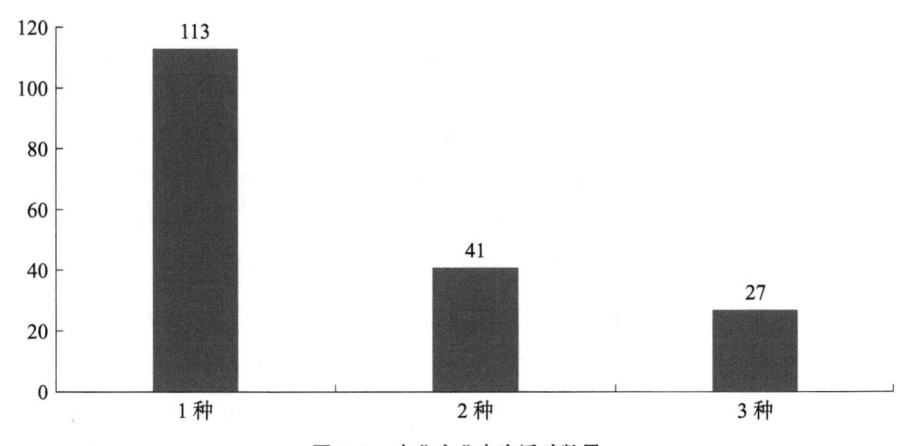

图 4-1　农业企业电商活动数量

（三）电子商务缺乏专门人员和专业管理

如图 4-2 所示，在 298 家受访企业中，61% 有企业网站，表明企业意识到拥有网站的重要性，并进行了相应的建设，但仅有 34% 的企业有安排专门人员对网站信息进行更新，大部分企业可能没有专人负责网站内容的及时更新。21% 的企业没有专门人员负责，由其他员工兼任，可能导致网站信息更新不及时或质量不够高，因为其他员工可能缺乏专业的网站管理知识和经验。6% 的企业将网站信息更新外包给其他公司，这可能是因为企业自身缺乏相关技术或资源，或是为了节约成本而选择外包，然而，外包也可能导致沟通和反馈不及时，以及对企业网站内容的掌控度降低。综上所述，农业企业在网站运营方面存在的一些问题，包括网站信息更新不及时、缺乏专门人员负责和依赖外包等情况。这些问题可能影响企业网站的质量、用户体验和信息传达效果，因此企业应该重视并采取相应的措施来解决这些问题。

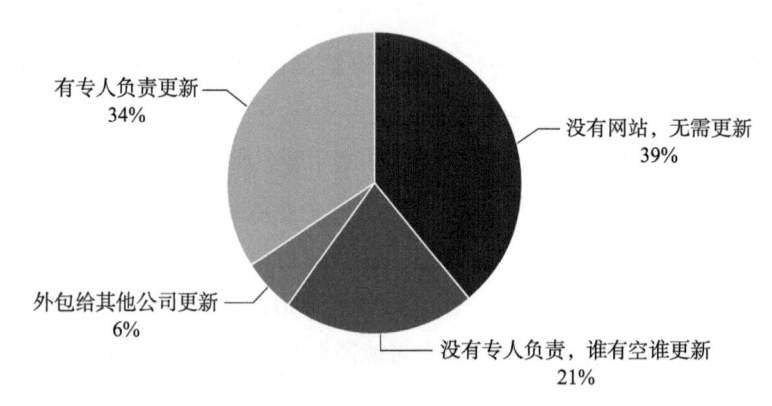

图 4-2 农业企业网站更新方式

此外，对农业企业互联网发布信息更新频率的调查结果显示（如图 4-3 所示），38% 的企业没有对互联网发布信息进行更新，表明这些企业可能没有意识到信息更新的重要性，或者缺乏专门的人员负责信息发布和更新工作。这可能导致其在互联网上发布的信息长时间不更新，无法及时传递最新的产品、服务或其他相关内容，影响了企业形象和市场竞争力。41% 的企业不定期更新，这意味着它们缺乏规律性和频率性地对信息进行更新，这可能造成信息发布的不稳定性，使客户和潜在客户难以获取最新的企业信息，使得企业与市场之间的联系不够紧密。每月更新的企业占比 3%，每周更新的企业占比 10%，每日更新的企业仅 8%，说明相当大比例的农业企业对互联网发布信息的更新频率较低,无法及时向市场传递最新的动态和信息。在信息更新上,农业企业普遍更新不及时、周期普遍较长,这与缺乏电商专门人员和专业管理的原因是分不开的。

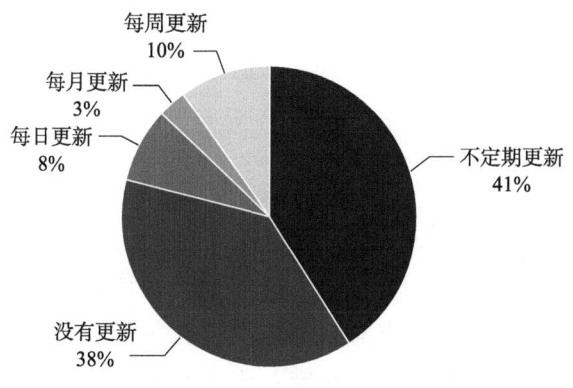

图 4-3 农业企业互联网信息更新频率

二、农产品电商平台

(一)接入搜索引擎渠道比较单一

农业企业可接入的搜索引擎选择很多,可以根据目标市场和受众群体的特点,选择合适的搜索引擎来进行网站信息的展示和推广。作为中国最大的搜索引擎之一,百度在中国拥有广泛的用户基础,通过将企业网站提交到百度搜索引擎,农业企业可以使其网站在百度搜索结果中被索引和展示;作为全球最大的搜索引擎,谷歌在世界范围内都具有广泛的用户群体,通过将企业网站提交到谷歌搜索引擎,农业企业可以提高其在全球用户中的曝光度;搜狗是中国的一家知名搜索引擎,通过将企业网站提交到搜狗搜索引擎,农业企业可以扩大其在国内用户中的影响力。

根据表 4-10 数据显示,农业企业中,有 91 家企业接入百度,占比为 30.54%,21 家企业接入搜狗,占比为 7.05%,17 家企业接入谷歌,占比为 5.70%,10 家企业接入一搜,占比为 3.36%,5 家企业接入必应,占比仅 1.68%,表明农业企业接入搜索引擎渠道比较单一,百度是最受农业企业欢迎的搜索引擎,其在中国市场具有显著的优势和影响力。搜狗、谷歌、一搜和必应的接入比例相对较低,可能因为它们在特定市场或特定用户群体中的知名度和受众数量较少。

表 4-10　农业企业接入的搜索引擎

搜索引擎	数量（个）	占比（%）
百度	91	30.54
搜狗	21	7.05
谷歌	17	5.70
一搜	10	3.36
必应	5	1.68
其他	58	19.46

（二）微信、抖音是最主要的电商平台

农产品电商可以根据自身情况和目标市场选择适合自己的平台，以提高销售和品牌曝光度。天猫是中国最大的 B2C 电商平台之一，提供了专门的农产品频道，农产品电商可以在天猫上开设店铺并销售产品。京东也是中国知名的 B2C 电商平台，与天猫类似，京东也有专门的农产品频道供农产品电商使用。阿里巴巴国际站是面向全球用户的 B2B 电商平台，农产品电商可以在国际站上注册账号，将农产品出口到海外市场。除传统电商平台以外，抖音和微信作为广受欢迎的社交媒体平台，对于农产品电商来说具有很大的潜在市场。在抖音上，农产品电商可以通过发布短视频内容来展示农产品的品种、生产过程和优势，吸引用户的关注并引导他们购买农产品。此外，抖音还提供了直播和电商小店等功能，农产品电商可以结合这些功能进行产品销售。在微信上，农产品电商可以通过搭建微信公众号和小程序等形式，在微信上建立品牌形象和销售渠道。通过微信公众号，农产品电商可以发布农产品的信息、介绍生产过程、分享食谱等内容，与用户建立互动和沟通。而在微信小程序上，农产品电商可以开设电商店铺，提供在线购买和支付的功能，方便用户直接购买农产品。

如表 4-11 所示，在有实施电子商务的农业企业中，有 132 家使用微信，占比达到 44.30%，有 82 家使用抖音，占比为 27.52%，使用阿里系电商平台的企业合计共 96 家，占比为 32.21%，其中有 55 家使用淘宝，23 家使用阿里巴巴，18 家使用天猫。另外，有 19 家企业使用京东，10 家企业使用今日头条。整体来看，微信、阿里系等传统的电商平台仍是最主要的接入平台，而抖音、今日头条这类短视频和直播平台等准入门槛较低的新兴电商平台也逐渐受到企业青睐。

表 4-11　农业企业接入的电商平台

电商平台	数量（个）	占比（%）
微信	132	44.30
抖音	82	27.52
淘宝网	55	18.46
阿里巴巴	23	7.72
京东	19	6.38
天猫	18	6.04
今日头条	10	3.36
其他	59	19.80

三、农产品电商效益

如表 4-12 所示，在有电子商务销售额的 192 家企业中，有 79 家企业电商销售额占比在 10% 以下，37 家企业电商销售额占比在 10%~20%，电商销售额在 20% 以下的企业占比达到 60.42%，仅有 22 家企业电商销售额占比在 50% 以上，表明农业企业实施电子商务的效益不明显，电子商务活动所带来的收入并非企业收入的主要来源。电子商务的发展带来机遇，也带来挑战，虽然电商已成为农业企业销售的重要渠道，但仍有许多企业在电商销售方面进展缓慢。基于吴迪（2023）的研究发现通过发展乡村新电商、创新农产品营销方式，丰富农产品交易手段，但是也存在缺乏电商核心创新营销模式等问题。此外，在农业领域，电商销售仍然与传统销售渠道共存，一些企业可能采取了多渠道销售策略，将电商销售与线下销售相结合，导致电商销售额占比相对较低。受访者参与电子商务的意愿强，但效果还有待进一步提升，需要不断努力提升电商销售能力和竞争力。

表 4-12　农业企业电商销售额占比

电商销售额占比	数量（个）	占比（%）
10% 以下	79	41.15
10%~20%	37	19.27
20%~30%	26	13.54
30%~40%	19	9.90
40%~50%	9	4.69
50% 以上	22	11.46
合计	192	100.00

第四节　浙江省农产品电子商务采纳情况

如表 4-13 所示，在 298 家农业企业中，有 86 家企业已采取电子商务，另有 155 家有计划进行电子商务的意图，占比合计达到 80.87%，表明实施电子商务是很多农业企业的发展方向，符合大部分企业的经营方针；88 家企业已开展网络宣传产品和服务，另有 146 家企业有开展网络宣传和服务的计划，占比合计 78.52%；86 家企业已加入淘宝等第三方电子商务平台，另有 115 家企业计划加入第三方电子商务平台，占比合计 67.45%；有 133 家企业利用微信、微博、QQ 空间等平台销售产品，另有 112 家企业有利用上述平台销售产品的计划，占比合计达到 82.21%；有 68 家企业进行了百度推广等网络推广，另有 123 家企业有参加网络推广的计划，占比合计为 64.09%；193 家企业在日常经营中利用网络支付，其余企业中有 79 家计划在将来使用网络支付，占比合计高达 91.28%。

从以上统计结果来看，农业企业电子商务采纳比较普遍，在各种电商行为中，最受青睐的依次是：网络支付、利用微信/微博/QQ 空间等平台销售产品、开展网络宣传产品和服务、加入第三方电子商务平台、参加网络推广，显然，企业优先实施门槛较低、短期效果比较明显的电商行为。基于田华（2023）的研究显示，农产品社会化媒体营销的主要渠道有农产品视频投放、农产品电子商务以及农户微信朋友圈，而农产品进行社会化媒体营销能得到相应的品牌价值。

表 4-13　农业企业电子商务行为采纳

采纳行为	计划中		没有		已有	
	数量（个）	占比（%）	数量（个）	占比（%）	数量（个）	占比（%）
采取电子商务的意图	155	52.01	57	19.13	86	28.86
开展网络宣传产品和服务	146	48.99	64	21.48	88	29.53
加入第三方电子商务平台	115	38.59	97	32.55	86	28.86
利用微信/微博/QQ 空间等平台销售产品	112	37.58	53	17.79	133	44.63

续表

采纳行为	计划中		没有		已有	
	数量（个）	占比（%）	数量（个）	占比（%）	数量（个）	占比（%）
参加网络推广	123	41.28	107	35.91	68	22.82
利用网络支付	79	26.51	26	8.72	193	64.77

第五节　浙江省农产品电子商务影响因素分析

一、量表说明

在广泛借鉴国内外众多学者的研究成果的基础上，考虑到量表的适用性和科学性，本书设计了一套包含 26 个题项的量表。为了确保其可靠性和准确性，本书采用了李克特五级量表对各个题项进行测度评估。在该量表中，参与者需要根据自己的意见选择 1 至 5 中的一个数字，以表示参与者对于该题项的态度，其中 1 表示"非常不同意"，2 表示"不同意"，3 表示"一般"，4 表示"比较同意"，5 表示"非常同意"。

最终形成的量表如表 4-14 所示。然而需要注意的是，由于这部分数据采用了李克特五级量化表，部分受访者可能无法理解调查问卷的意图或问题。因此，在开展实际调查之前，研究者有必要向受访者解释问卷的内容和目的，确保他们能够正确理解并提供准确的答案。此外，在问卷的其他部分，也会对一些专业术语进行解释，以便受访者更好地理解并回答相应问题。通过这些措施，可以提高调查的有效性和可信度，确保获得准确的研究结果。

表 4-14　量表变量及测量题项

变量	因子	编码	问题
技术	专业技术	ZYJS1	不懂电子商务，不会操作
		ZYJS2	企业缺少电子商务人才
	技术支持	JSZC1	电脑设备、网络宽带费用太高
		JSZC2	物流配送限制贵企业产品的配送
		JSZC3	觉得电子商务不够安全，担心拿不到货款

续表

变量	因子	编码	问题
竞争	行业竞争	HYJZ1	行业内很多竞争对手正在实施电子商务
		HYJZ2	行业内已经有竞争对手实施电子商务非常成功
	市场需求	SCXQ1	本企业很多客户都在使用电子商务
		SCXQ2	不使用电子商务,将会失去很多已有或潜在客户
		SCXQ3	客户喜欢用网络支付(包括支付宝、微信等)
环境		HJ1	政府部门大力支持本企业实施电子商务
		HJ2	本企业的管理人员非常支持发展电子商务
		HJ3	电脑设备、网络宽带速度能保证实施电子商务
态度		TD1	电子商务增加了贸易机会,增加销售额
		TD2	电子商务增加了客户
		TD3	电子商务降低了交易成本
		TD4	电子商务提升企业知名度和形象
		TD5	电子商务方便与客户之间的沟通
		TD6	电子商务改善了售前、售中、售后服务质量
		TD7	电子商务改善了企业内部的交流和管理
采纳行为		CN1	本企业有采纳电子商务的意图
		CN2	本企业开展网络宣传产品和服务
		CN3	本企业加入第三方电子商务平台(淘宝、阿里巴巴等)
		CN4	利用微信、微博、QQ空间等平台销售产品
		CN5	本企业参加网络推广(百度推广等)
		CN6	本企业利用网络支付(包含手机支付宝、微信支付等)

二、分析工具

为验证本书提出的新型农业经营主体电子商务影响因素的假设,本书主要使用 SPSS 和 Amos 两个软件进行模型构建和数据运算。

(一)SPSS

SPSS(Statistical Package for the Social Sciences)是一种被广泛使用的统计分析软件,由 IBM 公司开发和发布。它为研究人员、学生和数据分析专业人员提供了强大的功能和工具,用于处理各种类型的数据、进行复杂的统计分析和生成可视化报告。

SPSS 软件拥有用户友好的界面,无需编程知识即可进行统计分析。用户可以通过简单的拖放操作来导入和整理数据,并使用内置的工具进行数据清洗和转换。此外,SPSS 还支持从 Excel、SQL 数据库等其他常用软件中导入数据,以满足各种数据来源的需求。

SPSS 提供了丰富的统计分析功能,包括描述性统计、推断统计、回归分析、方差分析、聚类分析、因子分析、生存分析、信度分析等。通过这些功能,用户可以对数据进行详尽的探索和分析,从而揭示数据背后的模式、关系和趋势。在对数据进行分析时,用户可以根据研究目的选择适当的统计方法,并进行参数设置和结果解释,以支持研究结论的有效推断。

除了统计分析功能外,SPSS 还提供了数据可视化工具,使用户能够创建各种图表、图形和交互式报告。通过直观的可视化方式,用户能够更好地理解数据和分析结果,并与他人分享研究发现。

SPSS 还具有高度灵活的扩展性和自定义功能。用户可以编写和执行自定义的语法脚本,以实现复杂的数据处理和分析任务。此外,SPSS 还支持与其他编程语言(如 Python、R 等)的集成,使用户能够利用外部工具和库来扩展软件的功能。

总之,SPSS 是一款功能强大、易于使用的统计分析软件,为用户提供了丰富的工具和功能,用于处理、分析和可视化各种类型的数据。无论是在科学研究、社会调查、市场调研还是业务决策等领域,SPSS 都是一款不可或缺的工具,帮助用户从海量数据中获取有意义的洞察和结论。

(二) Amos

Amos(Analysis of Moment Structures)是由 IBM SPSS 公司开发的一种结构方程建模(Structural Equation Modeling,SEM)软件。它是 SPSS 软件家族中的一员,专门用于进行复杂的统计分析和模型估计。Amos 提供了用户友好的界面和强大的功能,使研究人员能够对复杂数据进行结构方程建模分析。

Amos 软件通过图形化界面,以路径图(Path Diagram)的形式展示结构方程模型,使用户可以直观地构建、编辑和解释模型。

使用 Amos 进行结构方程建模分析时,用户可以利用多种统计方法进行模型估计和模型拟合检验。Amos 支持最小二乘法（Least Squares Method）、广义最小二乘法（Generalized Least Squares Method）和最大似然法（Maximum Likelihood Estimation）等多种参数估计方法。用户可以根据研究目的和数据特点选择适合的估计方法，并进行模型拟合度检验以评估模型的适配度。

在 Amos 中，用户可以使用各种工具来进行模型检验和参数估计。Amos 提供了路径系数、标准误、协方差矩阵、残差等模型参数的估计和解释。此外，它还提供了对模型拟合度进行评估的指标，如 χ^2 检验（Chi-Square Test）、RMSEA（Root Mean Square Error of Approximation）、GFI（Goodness of Fit Index）、AGFI（Adjusted Goodness of Fit Index）等。这些指标能够帮助用户评估模型的适配程度，并判断理论模型是否与观察数据拟合度良好。

除了基本的结构方程建模功能外，Amos 还支持路径分析、中介效应分析、多组比较分析等高级分析。用户可以根据需要进行深入的数据探索和分析，并生成图表和报告以便于结果的可视化和解释。

三、信度和效度分析

在进行因子分析和结构方程模型分析以前，需要对问卷的可靠性和有效性进行检验，信度和效度是考察测量工具可靠性和有效性的重要指标。

信度指的是测量结果的一致性和稳定性程度，常用的信度分析方法有内部一致性系数和测量重测法。内部一致性系数包括克朗巴哈 α 系数和 Split-half 信度等方法。克朗巴赫 α 系数衡量了测量工具各题项之间的平均相关性，值越高表示测量工具的信度越好。Split-half 信度方法通过将测量工具的题项分为两半，并计算它们之间的相关系数来评估测量工具的内部一致性。

效度指测量工具或手段能够准确测出所需测量的事物的程度，可分为内容效度、结构效度和预测效度。内容效度是一种定性的评价标准，可以通过专家评估或文献综述等方式来评估测量工具是否包含了所需测量的内容，专家可以根据其领域知识和经验对测量工具的题目进行评估，确保其涵盖了所研究领域的重要概念和内容。结构效度主要通过因子分析、确认性因子分析等方法来检验测量工具的结构是否与理论模型相符合，因子分析可以帮助确定测量工具中的潜在因素结构，并确认题目与这些因素的关联关系。确认性因子分析则更进一步，用以评估模型与数据拟合程度。预测效度通过与其他相关变量进行比较来评估测量工具的预测效度。例如，如果一个测量工具被用于预测某种特定行为或结果，研究者可以检查测量工具得分与实际行为或结果之间的相关性，以评估其预测效度。因此，本书首先使用 SPSS 软件测算问卷的克朗巴赫 α 系数以检验问卷的信度，再通过平均提取方差和因子分析对问卷的效度加以说明。

（一）信度分析

分析计算各因子的 Cronbach's Alpha 系数和组合信度（CR）以检验量表的信度，结果如表 4-15 所示。除技术支持和市场需求因子以外，其余因子的 Cronbach's Alpha 值均大于 0.8，环境、态度和采纳行为三个变量维度的 Cronbach's Alpha 值大于 0.8，各因子的 CR 值均大于临界值 0.7，表明量表内部一致性较好，具有较高的信度。

表 4-15 量表信度

变量	因子	Cronbach's Alpha		CR
技术	专业技术	0.847	0.870	0.759
	技术支持	0.761		0.850
竞争	行业竞争	0.833	0.819	0.835
	市场需求	0.737		0.743
环境		0.914		0.914
态度		0.958		0.961
采纳行为		0.868		0.871

（二）效度分析

（1）内容效度。在问卷设计过程中，为了保证问卷的内容效度，调研组采用了多种方法和资源。首先，在选择适当的理论框架方面，参考了包括 TAM 模型、TOE 框架等在内的经典理论，以确保题项和研究内容能够与理论框架高度一致。其次，在问卷设计的背景和信息收集方面，调研组广泛查阅了国内外电子商务领域相关文献，以获取有关主题的最新研究成果和现有调查工具。这样做有助于确保问卷内容与该领域的研究趋势和话题紧密相关。此外，为了进一步提升问卷的内容效度，调研组进行了预调查和专家座谈。通过预调查，调研组可以获得潜在受访者对问卷设计的初步意见和建议。而专家座谈则为调研组提供了来自专业领域内的专家的宝贵意见和建议。依据收到的反馈意见,调研组对问卷进行了多轮修改,以确保题目与原定研究内容的范围相匹配。

综上所述,通过综合运用经典理论、相关文献的参考,预调查和专家座谈的反馈意见,并进行多次修改,该问卷在内容效度方面表现出较高的水平。这意味着该问卷所涵盖的题目与研究内容之间具有高度的一致性,能够准确地测量所关注的变量。

(2)结构效度。使用 Amos 软件,计算平均提取方差(AVE)对量表的效度进行检验,结果如表 4-16 所示。各题项的标准化估计值基本都在 0.7 以上,AVE 值均大于临界值 0.5,表明量表具有较高的收敛效度。进一步研究因子间的相关关系,由表 4-17 所示,各因子 AVE 平方根均大于本身与其他因子的相关系数,表明量表具有较强的区分效度。

表 4-16 量表平均提取方差

因子	题项	Estimate	AVE
行业竞争	HYJZ1	0.810	0.717
	HYJZ2	0.882	
市场需求	SCXQ1	0.832	0.505
	SCXQ2	0.673	
	SCXQ3	0.608	
环境	HJ1	0.882	0.780
	HJ2	0.882	
	HJ3	0.885	
专业技术	ZYJS1	0.855	0.740
	ZYJS2	0.865	
技术支持	JSZC1	0.714	0.512
	JSZC2	0.744	
	JSZC3	0.687	
态度	TD1	0.886	0.777
	TD2	0.931	
	TD3	0.733	
	TD4	0.902	
	TD5	0.926	
	TD6	0.908	
	TD7	0.870	

续表

因子	题项	Estimate	AVE
采纳行为	CN1	0.820	0.534
	CN2	0.874	
	CN3	0.719	
	CN4	0.667	
	CN5	0.690	
	CN6	0.574	

表 4-17　量表的区分效度

因子	行业竞争	市场需求	环境	专业技术	技术支持	采纳行为	态度
行业竞争	**0.847**						
市场需求	0.689	**0.711**					
环境	0.611	0.679	**0.883**				
专业技术	0.362	0.399	0.376	**0.860**			
技术支持	0.252	0.194	0.207	0.435	**0.716**		
采纳行为	0.159	0.230	0.256	0.005	0.003	**0.881**	
态度	0.525	0.556	0.577	0.316	0.181	0.232	**0.731**

注：对角线为 AVE 平方根，其余为相关系数。

因子分析是处理多变量数据的一种统计方法，它可以揭示多变量之间的关系，其主要目的是从众多的可观测的变量中概括和综合出少数几个因子，用较少的因子变量来最大程度地概括和解释原有的观测信息，从而建立起简洁的概念系统，揭示出事物之间本质的联系。简单地说，就是根据相关性大小把变量分组，使得同组内的变量之间相关性较高，不同组的变量相关性较低。每组变量代表一个基本结构，这个基本结构称为因子。在实际研究中，进行每一项测量或描述某一社会经济现象，我们经常同时观测许多变量，甚至多到几十个。这些变量可能归为几类，而每一类均具有相同的本质。

因子分析以变量之间的共变关系作为分析的依据，凡影响共变的因子都要先行确认无误。首先，因子分析的变量都必须是连续变量，符合线性关系的假设，其次，因子分析要求样本量不得低于 100，原则上是越大越好，一般还要求样本量与变量数之间的比例不得低于 5∶1，在本书中，变量为有序变量，可近似看作连续变量，且样本量为 298，变量数为 26，符合因子分析的数据要求。

使用 SPSS 对问卷进行因子分析，对问卷的内容效度进行检验。为使各原变量在各公共因子上的载荷两极分化，在主成分分析的基础上，对因子载荷矩阵分别使用方差最大法（Varimax）和比例最大方差旋转法（Promax）进行旋转，比较使用两种方法得到的因子载荷矩阵，使用方差最大法的旋转效果更好，因此选择该方法进行因子分析。

经过因子旋转后，共提取 6 个公因子，第一公因子的方差贡献率为 41.40%，第二公因子的方差贡献率为 13.05%，第三公因子的方差贡献率为 8.47%，第四公因子的方差贡献率为 5.31%，第五公因子的方差贡献率为 4.93%，第六公因子的方差贡献率为 2.71%，累计方差贡献率达到 75.87%，反映了量表中 75.87% 的信息。公因子解释的总方差如表 4-18 所示。

表 4-18 解释的总方差

成分	初始特征值			提取平方和载入			旋转平方和载入		
	合计	方差的 %	累积 %	合计	方差的 %	累积 %	合计	方差的 %	累积 %
1	10.76	41.40	41.40	10.76	41.40	41.40	6.27	24.13	24.13
2	3.39	13.05	54.45	3.39	13.05	54.45	3.73	14.34	38.47
3	2.20	8.47	62.92	2.20	8.47	62.92	3.23	12.43	50.89
4	1.38	5.31	68.23	1.38	5.31	68.23	2.29	8.82	59.71
5	1.28	4.93	73.16	1.28	4.93	73.16	2.28	8.77	68.48
6	0.70	2.71	75.87	0.70	2.71	75.87	1.92	7.38	75.87

以正交旋转法旋转后，旋转在 6 次迭代后收敛，各指标的因子载荷值如表 4-19 所示。

表 4-19 旋转后的因子载荷

题目	第一因子	第二因子	第三因子	第四因子	第五因子	第六因子
HYJZ1	0.34	0.09	**0.75**	0.19	0.13	0.12
HYJZ2	0.38	0.06	**0.77**	0.19	0.13	0.09
SCXQ1	0.35	0.14	**0.79**	0.16	0.16	0.09
SCXQ2	0.35	0.05	**0.60**	0.29	0.04	0.17
SCXQ3	0.26	0.19	**0.73**	0.19	-0.08	0.25
HJ1	0.44	0.12	0.40	**0.66**	0.13	0.05
HJ2	0.46	0.16	0.42	**0.58**	0.08	0.16
HJ3	0.39	0.16	0.45	**0.64**	0.14	0.05
ZYJS1	0.15	-0.10	0.22	0.15	0.33	**0.74**

续表

题目	第一因子	第二因子	第三因子	第四因子	第五因子	第六因子
ZYJS2	0.17	-0.03	0.16	0.17	0.32	**0.79**
JSZC1	0.17	-0.02	0.14	0.08	**0.80**	0.11
JSZC2	0.18	0.03	0.06	0.05	**0.65**	0.45
JSZC3	-0.04	0.02	0.11	-0.02	**0.83**	0.13
CN1	0.12	**0.84**	0.14	-0.01	0.02	0.02
CN2	0.12	**0.87**	0.08	0.05	0.03	-0.06
CN3	0.01	**0.78**	0.12	0.08	0.02	-0.08
CN4	0.19	**0.72**	-0.05	0.11	-0.12	0.21
CN5	0.10	**0.74**	0.02	0.14	0.19	-0.30
CN6	0.23	**0.60**	-0.03	0.19	-0.35	0.38
TD1	**0.82**	0.13	0.29	0.15	0.01	0.12
TD2	**0.88**	0.13	0.24	0.16	0.02	0.14
TD3	**0.76**	0.13	0.26	-0.02	0.15	0.00
TD4	**0.84**	0.11	0.21	0.20	0.01	0.14
TD5	**0.86**	0.13	0.20	0.07	0.07	0.10
TD6	**0.86**	0.09	0.18	0.25	0.09	0.07
TD7	**0.84**	0.12	0.19	0.20	0.07	0.07

注：因子载荷为原始变量与因子之间的相关系数，载荷值高的已加粗。

如表4-19所示，第一公共因子在题目HYJZ1、HYJZ2、SCXQ1、SCXQ2、SCXQ3上有较大的载荷，HYJZ1、HYJZ2反映了被调查者对行业竞争因素的看法，SCXQ1、SCXQ2、SCXQ3则反映了被调查者对市场需求的看法。因此，第一公共因子主要代表了农业企业实施电子商务过程中竞争因素的影响，可将第一公共因子命名为"竞争因子"。

第二公共因子在题目HJ1、HJ2、HJ3上有较大的载荷，这三个题目反映了被调查者对环境因素的看法。因此，第二公共因子主要代表了农业企业实施电子商务过程中环境因素的影响，可将第二公共因子命名为"环境因子"。

第三公共因子在题目ZYJS1和ZYJS2上有较大的载荷，这两个题目调查了专业技术对农业企业电子商务的影响，因此，可将第三公共因子命名为"专业技术因子"。

第四公共因子在题目JSZC1、JSZC2、JSZC3上有较大的载荷，这三个题目调查了技术支持因素对农业企业电子商务的影响，因此，可将第四公共因子命名为"技术支持因子"。

第五公共因子在题目 CN1、CN2、CN3、CN4、CN5、CN6 上有较大的载荷，这六个题目从不同方面调查了农业企业对不同电子商务活动的采纳程度，因此，可将第五公共因子命名为"采纳行为因子"。

第六公共因子在题目 TD1、TD2、TD3、TD4、TD5、TD6、TD7 上有较大的载荷，这七个题目反映了认知态度对农业企业电子商务的影响，因此，可将第六公共因子命名为"态度因子"。

显然，因子分析中获取的 6 个因子与表 4-14 中量表设计时的因素分类比较一致，除技术因素被归为两个独立因子，其余均按照理论设计实现降维，进一步验证了本文所提出的理论模型，表明本次调研所使用的问卷具有较高的结构效度。

四、结构方程模型

（一）结构方程模型概述

结构方程模型（Structure Equation Modelling，SEM）是一种包含因素分析和路径分析的统计分析技术，适用于多变量间相互关系的研究，在心理学、管理学、社会学等社会科学领域中都有应用，SEM 包含测量模型和结构模型两个基本模型。测量模型表示潜在变量与观测变量间的共变关系，可看作一个回归模型，由观测变量向潜在变量回归。结构模型部分表示潜变量间的结构关系，也可看作一个回归模型，由内生潜在变量对若干内生和外生潜在变量的线性项作回归。

结构方程模型的建模步骤如下：

（1）确定研究目的和理论基础：明确研究目的和问题，确定所要探究的变量及其理论联系。建立结构方程模型需要有一个明确的理论基础，用于指导变量的选择和假设的建立。

（2）变量测量：在结构方程模型中，变量通常被分为观察变量和潜变量两类。观察变量是直接测量的变量，而潜变量是无法直接观察到的，需通过观察变量进行间接测量。针对每个变量，需要选择合适的测量工具（如问卷、测试题等）进行数据收集，以获取观察变量的数据。

（3）模型规范化：在建立结构方程模型时，需要对模型的结构进行规范化，即确定变量之间的关系和方向。可以通过制定假设路径（path）来表示变量之间的因果关系。路径可以是直接路径（直接影响）或间接路径（通过其他变量影响）。

（4）估计模型参数：利用结构方程模型软件进行参数估计，可选择不同的估计方法，如最小二乘法（Least Squares Method）、广义最小二乘法（Generalized Least Squares Method）或最大似然法（Maximum Likelihood Estimation）。这些方法根据模型和数据的特性来估计路径系数及其他参数。

（5）模型拟合度检验：通过模型拟合度检验来评估建立的结构方程模型与实际数据的拟合程度。常用的拟合指标有 χ^2 检验（Chi-Square Test）、RMSEA（Root Mean Square Error of Approximation）、CFI（Comparative Fit Index）和 SRMSR（Standardized Root Mean Square Residual）等。这些指标用于判断模型是否适配数据，辅助决策模型修改或接受。

（6）结果解释和模型修正：根据拟合度检验结果和估计的参数，解释模型中变量之间的关系，验证理论假设。如果模型拟合度不佳，可能需要进行模型修正，例如增加、删除或修改路径、调整测量工具等。修正后重新进行模型估计和拟合度检验，直到达到预期的拟合程度。

（7）结果报告和解释：根据最终的模型结果和统计分析，撰写结构方程模型的报告，解释模型中变量之间的关系、因果效应和其他重要发现。提供详细的结果解释，支持研究结论的推断，并讨论可能的实践和研究意义。

（二）分析结果

采用 Amos24.0 软件建立结构方程模型，对本文提出的假设进行验证，模型拟合结果如表 4-20 所示。在所有的统计量中，卡方/df 小于 5，RMSEA 小于 0.1，NFI、TLI、CFI、IFI 等均大于 0.8，可认为模型拟合效果较好。

表 4-20　模型拟合结果

	卡方/df	RMSEA	NFI	TLI	CFI	IFI
初始模型	4.059	0.091	0.815	0.837	0.853	0.854

运行该模型，可得到各影响因素对电子商务采纳行为的路径系数，结果如表 4-21 所示。其中，H1a、H2a 未通过假设，说明技术支持和行业竞争对农产品电子商务采纳行为的正向影响不显著。由此说明，农产品销售企业在考虑是否采纳电子商务模式时，更多是受到内部因素影响，外部因素的影响

并不明显。其主要原因可能是：一是内部资源和能力，农产品销售企业通常先会考虑自身的资源和能力是否适合采纳电子商务模式，这包括企业的技术能力、信息技术基础设施、人力资源等。如果企业的内部资源和能力无法满足电子商务所需的技术和运营要求，那么外部因素对其采纳电子商务模式的影响就相对较小。二是经营理念和文化，如果企业一直以来注重传统的销售方式，对线下渠道经营模式有信心，并且对电子商务模式缺乏认知和了解，那么外部因素的推动作用就会相对较小。三是行业特点和竞争态势，如果该行业内竞争激烈，企业之间存在激烈的价格竞争和渠道竞争，传统销售模式已经能够满足市场需求，企业可能会更加谨慎对待采纳电子商务模式的决策。四是外部环境的不确定性，外部因素包括市场需求、政策法规、消费者态度等。然而，这些因素在农产品销售行业中可能相对不稳定，特别是在农产品供应链中的特殊性和复杂性。由于这种不稳定性，企业可能更倾向于利用内部因素来决策，以减少对外部环境的依赖。

专业技术、市场需求、环境、态度这四个影响因素在置信水平为95%的条件下，p值均小于0.05，表明这四个因素对农产品电子商务采纳行为具有显著的正向影响。根据吕丹（2020）的研究显示，客观条件是影响新型农业经营主体农产品电子商务采纳的因素，比如电子商务运营能力的人才；主观认识也是影响新型农业经营主体农产品电子商务采纳的因素，比如决策支持和电子商务主观认知。

表 4-21　路径关系和假设检验结果

路径关系	Estimate	S.E.	C.R.	P
采纳←专业技术	−0.227	0.047	−4.046	***
采纳←技术支持	0.028	0.045	0.443	0.658
采纳←行业竞争	−0.130	0.046	−1.568	0.117
采纳←市场需求	0.203	0.084	3.040	0.002**
采纳←环境	0.257	0.042	4.314	***
采纳←态度	0.169	0.039	2.959	0.003**

注：*** 表示在 0.001 的水平下显著，** 表示在 0.01 的水平下显著。

五、多元回归分析

（1）多元回归概述

用回归方程定量地刻画一个应变量与多个自变量间的线性依存关系，称为多元回归分析。回归分析的基本思想是：虽然自变量和因变量之间没有严格的、确定性的函数关系，但可以设法找出最能代表它们之间关系的数学表达形式。多元线性回归是一种基础而重要的数据分析方法，判别分析、因子分析、Logistic 回归等多变量分析方法均蕴含了线性回归思想。多元回归的基本形式为：

$$y = \beta_0 + \beta_1 x_{1i} + \beta_2 x_{2i} + ... + \beta_p x_{pi} + \varepsilon_i$$

β_0，β_1，β_2，...，β_p 是参数，ε 是被称为误差项的随机变量，y 是 $x1$，$x2$，...，xp 的线性函数加上误差项 ε，ε 说明了包含在 y 里面但不能被 p 个自变量的线性关系所解释的变异性。

多元回归要求因变量和自变量均为连续型变量，因此，本书借鉴吴明隆、杜智敏等的做法，将各维度下的题项进行加总，得到综合得分，以代表这一因素的整体水平。

（2）分析结果

如表 4-22 所示，F=9.425，P<0.05，说明至少有一个自变量解释了一部分因变量的变异，多重线性回归模型中至少有一个自变量的系数不为零，说明相较于空模型，纳入自变量有助于预测因变量，模型整体是显著的。

表 4-22　F 检验

模型	平方和	df	均方	F	Sig.
回归	548.042	6	91.340	9.425	0.000
残差	2820.226	291	9.691		
总计	3368.268	297			

如表 4-23 所示，常量、环境、专业技术、态度等四个变量在置信水平 95% 的条件下是显著的，市场需求在置信水平 90% 的条件下是显著的，表明环境因素、专业技术因素、态度因素和市场需求因素会显著影响农业企业的电子商务采纳行为。

其中，市场需求、环境、态度的系数为正，表明市场需求、环境和态度会正向影响电子商务采纳行为，即这三个因素对农产品电子商务采纳行为具有正向效应。专业技术系数为负，主要原因是专业技术因素中不懂电子商务，不会操作和企业缺少电子商务人才这两个问题的得分越高，表明专业技术水平越差。负系数表明自变量越大，则因变量越小，即专业技术水平越差，农产品电子商务的采纳行为就越不可能发生，验证了专业技术对农产品电子商务的正向效应。

根据回归模型，可得到多元回归方程为：

$$y = 9.04 + 0.28SCXQ + 0.33HJ - 0.32ZYJS + 0.10TD$$

表 4-23 多元回归模型

变量	非标准化系数	标准误差	标准系数	t	Sig.
常量	9.04	0.64	—	14.06	0.00
HYJZ	-0.29	0.18	-0.15	-1.61	0.11
SCXQ	0.28	0.16	0.19	1.76	0.08
HJ	0.33	0.13	0.24	2.46	0.01
ZYJS	-0.32	0.12	-0.18	-2.62	0.01
JSZC	0.00	0.08	0.00	-0.02	0.99
TD	0.10	0.05	0.17	2.19	0.03

第六节 研究结论

一、电商基础条件相对完备

（一）基础设施比较完善

2022 年，温州市计划投资 17 亿元，新建和改造 5G 塔 3500 个，新开通 5G 基站 4000 个，将为农产品电商的实施和发展提供良好的基础设施。此外，据调查，当前温州市绝大多数农产品企业已接入各类国内外搜索引擎，电脑设备、网络宽带费用在企业接受能力内，物流配送基本满足企业产品配送要求，电子商务网络平台安全性大大提升，物流、网络、平台等基础设施相对完善。

（二）接入平台多样发展

目前市场上有很多活跃的电商平台，包括淘宝、天猫、京东、拼多多等，不同的电商平台具有不同特点，适用于 B2B、B2C 等不同电商模式，为企业提供了多样化的匹配选择。据调查，温州市农产品企业接入的电商平台比较多样，传统的电商平台包括淘宝、阿里巴巴、天猫、京东、拼多多，抖音、微信、今日头条等新兴电商平台也逐渐受到企业青睐。

二、电商整体水平亟待提升

（一）规模化、品牌化程度较低

从调查结果来看，目前温州市农产品企业员工规模较小，员工人数以 80 人以下为主，产销能力相对较弱。电子商务活动虽然开展比较普遍，但整体来说电商化程度较低，基本只具备实施一种或两种电商活动的能力。农产品企业实施电子商务的效益普遍较低，电商销售额占企业总销售额的比重基本在 20% 以下，电商活动的规模效应较弱，也未形成具有知名度的农产品电商品牌。

（二）信息化水平相对不足

电视和广播、报纸杂志宣传单等传统媒体和涉农协会、批发市场、同行等线下渠道的使用范围仍然非常广泛，电子商务网站、农业网站的信息传递功能尚未充分发挥。虽然绝大多数企业有进驻电商平台或接入搜索引擎，但农业企业建设企业网站的意愿并不高，并且其中有些企业尚未使用互联网。此外，农业企业对于网站的应用也是非常不足的，互联网信息发布频率低，更新速度慢。

三、电商发展存在较多限制因素

（一）电商专业人才比较缺乏

专业人才对于企业电子商务采纳具有正向影响，然而，在电子商务领域，专业人才的缺口一直很大，除 IT 人员外，美工、运营、数据分析、营销等领域的用工需求也一直难以满足。农业相对于消费品和工业产品制造领域而言，在就业市场不受青睐，导致农产品电子商务人才非常紧缺。据企业反映，企业员工大多数不懂电子商务，不会电商平台的相关操作，也直接影响了企业实施电子商务活动的持续性和普及性。

（二）企业重视程度相对较低

态度对电子商务采纳具有显著正向影响，但根据调查结果，目前温州市农产品企业对电子商务的重视程度仍然不足，有大量企业还是主要采取市场零售方式、订单式销售、传统批发方式等传统营销模式，电子商务方式更多是作为一种补充手段。部分农产品企业的管理人员对发展电子商务的支持力度不足，缺乏企业变革的动力和积极性。

第五章

农产品营销体系、农村电商成本要素与市场竞争分析

第一节 农产品营销体系分析

农业是国民经济的基础和农村居民的重要收入来源,根据国家统计局的数据,2021 年我国粮食产量达到了 68285 万吨,比 2020 年增长了 2%,同时,农业农村部也发布 2021 年我国蔬菜产量为 7.75 亿吨,水果产量为 29970 万吨,与前一年相比,蔬菜产量增长了 3.5%,水果产量增长了 4.45%。农产品营销作为农业生产的重要环节,直接关系到农民的收入和农产品的市场竞争力。然而,传统农产品营销体系面临着许多问题和挑战,例如信息不对称、流通环节不畅、市场需求变化快速等。

一、农产品营销定义、主体与渠道

(一)农产品营销及营销体系的定义

农产品市场营销就是指为了满足人们的需求和欲望而实现农产品潜在交换的活动过程。农产品营销是农产品生产者或经营者,农产品发生空间转移,从农户手里最终到消费者的过程,由实现个人和社会需求目标的各种产品生产、制造、销售和售后服务等获得。农产品生产和经营的个人与群体是农产品营销的主体,农产品营销活动贯穿于农产品生产和流通、交易的全过程。农产品营销体系是包含了营销主体、营销组织、营销管理职能部门及营销环节与渠道的一个系统,它涵盖了农户的产前、产中及产后的整个经营活动过程。农产品营销及营销体系的最终目标是满足社会和人们的需求与欲望。

(二)传统农产品营销的主体

农产品营销是农业生产的延伸和补充,能够将农产品从农田中直接送达消费者手中。通过农产品营销的有效组织和运作,可以实现农产品的增值和利润最大化,提高农民的收入水平。农产品营销对于农产品市场供需平衡和价格稳定具有重要作用。通过合理的农产品营销组织和渠道,可以满足市场需求,避免农产品滞销或过剩,保持农产品市场的稳定和健康发展。农产品营销还具有推动农产品品质提升和农业结构调整的作用。通过加强农产品的品牌建设和营销策略,可以引导农民转变传统生产方式,推动农业向高效、生态、可持续发展的方向转型。

农产品营销主体是指在产前、产中、产后开展农产品经营活动的个体和组织。如负责产后工作的各类农业公司或中介组织或经济合作组织等；当然也可以是自产自销的生产者兼经营者，这种情况在我国各地广泛存在，他们既是生产者的代表，又是经销商的角色，也可以是在产品产出后进行加工、储运等活动的经营者。

美国的农业相对比较发达，其农产品主要由相关的农业企业或经济组织来完成。这些农产品营销主体主要包括农场主经营的企业、农产品收购企业、农产品批发组织、农产品零售组织和农产品运输企业、仓储企业、专卖企业等。在国内，农产品营销的主体主要包括：第一类是兼顾农产品生产和销售的个体户，这种主体在我们国家各个地区都广泛地存在，比如，郊区或山区的农民在自家的田地里种植了白菜，等成熟之后又由自己拿到销售市场上出售；第二类是从事农产品经营活动的个体户和经济合作组织，市场上专门从事农产品营销运行的中介组织、批发与零售或专卖企业等。另外由于我国市场经济体制建立较晚，还存在国家农业农村部下属机构或专门管理关系国计民生的主要农产品的部门和各级政府的农业管理部门。他们虽然不直接操作具体的经营过程，但对农产品的生产和供给产生着重要的影响。

（三）农产品营销的渠道与环节

随着市场经济发展，逐步形成以农民为主体的直销渠道、多层中间商为主体的间接营销渠道和以加工、销售为主体的营销渠道等，其营销渠道和渠道特征主要如下：

1. 以农民为主体的直销渠道

在农民为主题的直销渠道中（如图5-1所示），农民不单是生产者还是销售者，即农户自产自销，自己生产了农作物自己拿到市场上销售，扮演了生产与销售的两个角色。该营销渠道的特征是：①交易方式单一，一般由农民到自家田地采摘后直接拿到附近的交易市场完成交易，拿钱给货；②涵盖交易范围小，农民自产自销与我国农民家庭式农业小作坊有关系，农产品产量不多，为节约交易的成本，一般会将商品拿到就近的市场交易；③典型的直销模式，无中间环节，农民和消费者都能从中获取利益，然而农民的时间成本比较高。

该营销渠道中主要涉及一些初级农产品，例如：蔬菜、瓜果、畜禽等。

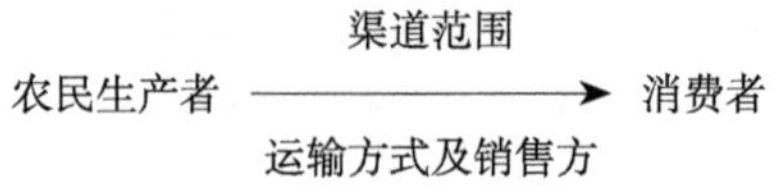

```
                        渠道范围
        农民生产者 ─────────────────▶ 消费者
                     运输方式及销售方
```

图 5-1　以农民为主体的直销渠道

2. 以多层中间商销售为主的间接营销渠道

在多层中间商销售为主的间接营销渠道（如图 5-2 所示）中最明显的特点就是中间商的存在，并且有可能是多层的中间商。这种营销渠道的主要特征如下：①间接营销渠道，农产品通过中间商推向市场，完成农产品的空间转移；②中间商占据价格谈判的主动权，在间接营销渠道中，个体农户只是中间商接触的一个基本单位，所能提供地农产品数量也很少，所以农户在这种营销渠道中只能被动的接收市场价格；③中间商以农产品的倒卖为主，一般不对农产品进行加工和包装，而仅仅是贩卖，时常还经过多层的转手，直接提高了成本，还可能造成市场的混乱，损害消费者和农户的利益；④中间商的组织不规范，季节性较强，没有可持续性的发展。

在这种营销渠道中，经常出现种菜不如卖菜，卖菜不如倒菜的奇怪现象，严重挫伤了农民的生产积极性。主要适合间接销售的产品有：大米等谷物、油脂、农业原料、畜禽及产品、林产品、渔产品、海产品、蔬菜、瓜果和花卉等。

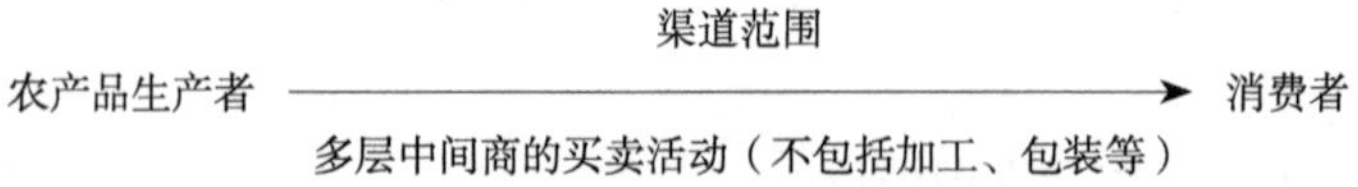

```
                            渠道范围
    农产品生产者 ──────────────────────────▶ 消费者
                  多层中间商的买卖活动（不包括加工、包装等）
```

图 5-2　以多层中间商销售为主的营销渠道

3. 以农产品加工、销售为主的营销渠道

在农产品加工、销售为主的营销渠道（如图 5-3 所示）中，农产品的加工环节被提升，这有助于农业的产业化、提高农产品的档次。这种渠道的特征是：①在这种营销渠道中的主体以加工企业、销售公司为主导地位，农户并不获取加工和销售环节的利益，主体间的交易方式简单，各个交易主体为了自身的利益不断压缩对方的利益，造成矛盾的冲突，不能实现双赢；②农产品加工业的发展能促进农业的产业化，增加农产品的附加价值，带动一方经济的发展，另外随着加工业的发展，加工企业逐步与农户建立稳定的收购和供应关系，可以逐步实现"公司+农户"的改革，实现"利益均沾、风险共担"。

在该渠道中主要涉及农产品加工环节，适合其特点的农产品主要有奶制品、食用油、腌制品等。

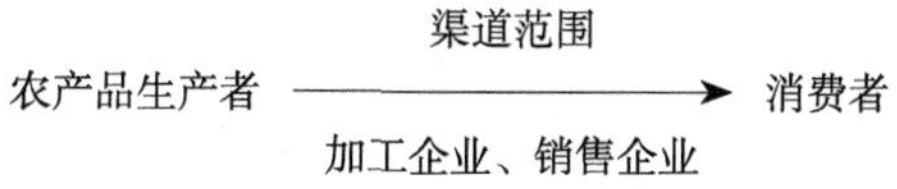

```
                    渠道范围
    农产品生产者 ─────────────▶ 消费者
                加工企业、销售企业
```

图 5-3　以农产品加工、销售为主的营销渠道

上述三种类型的农产品营销渠道反映了我国现阶段农产品营销的基本状况，总结其特征，我国现阶段的农产品营销还基本上处于以生产为导向的营销阶段，未能做到以市场为导向的现代化营销，还属于典型的"生产→市场"的推式营销模式。

二、传统农产品营销组织及作用

农产品是人们的日常基本生活所需，农产品的营销也就相对重要，在经历了发展与变革之后，一些传统的交易方式为广大的人民所接受。然而，随着社会的发展、科技的进步，一些农产品的营销也遇到了困难与挑战，传统的农产品营销方式和营销的渠道，甚至是营销的主体都可能要发生改变。目前的农产品营销组织及作用主要如下：

（一）专业市场销售

专业市场销售目前比较流行，在我国的各个地区基本都存在，比如各地的菜篮子集团就是一个专业市场，即通过建立起一个具有一定规模涵盖一定区域的农产品批发市场来集中销售各类农产品。专业市场销售的主要优点在于规模大、种类和数量多、产品集中、销量大，以批发为主零售为辅。专业市场销售对市场的供需信息反馈较快，能及时、准确地分析、反馈市场供需情况，并根据市场情况迅速地做出相应的举措，专业市场销售在一定程度上解决了市场信息收集、农户品集中运输、集中销售、储藏及产品保鲜的问题。

（二）销售公司销售

随着人们生活水平的提高，越来越多的老百姓开始追求生活的品质，对农产品的质量要求也越来越高，最好的是绿色无污染产品，相对应的农产品销售公司应运而生。首先农产品销售公司从广大的农户处收购农产品，经加工或包装，最终销售给消费者。农产品销售公司往往会与农户签订一系列产品收购协议，当然也有即时的买卖行为。销售公司销售的作用和优点主要如下：

（1）农户的生产种植经验比较丰富，但是知识和技术力量有限，对于加工、包装及销售环节拿捏不稳，有了销售公司以后农户可以比较专心地进行生产种植，销售公司也可以专心地做好加工、包装、销售及品牌的推广等工作，并可以利用自身的人力、物力、财力对市场需求进行分析、预测与总结，应该说这种方式比较有效地缓解了"小农户"与"大市场"之间的矛盾。

（2）促进农业产业化的发展。随着销售公司品牌化的发展，许多销售公司不再单一进行农产品的倒卖，而会积极地开拓自己的品牌，因此会逐步推出一些初加工或深加工的农产品，这也就为农业产业化的发展埋下一个好的地基。

（三）合作组织销售

随着科技的发展，我国农产品已从缺乏过渡到了剩余，因此各个地区也逐渐出现农产品销售不出去的情况，因此解决农户的"卖难"成为政府和百姓关注的焦点，合作组织也应运而生，其主要的任务就是解决农产品的销售问题。这类合作组织和农户之间是利益均沾和风险共担的一种关系，合作组织把分散农户的产品集合到一起，寻找买家并与其谈判，最大程度上为农户赢取主动权和赚取利益。由于合作组织将各个"小农户"集合到了一起，也就增加农户的力量和产品的集中，这有利于"小农户"和"大市场"问题的解决。

（四）销售大户销售

自我国实行家庭联产承包责任制以后，农民的生产积极性迅速提高，随着社会经济的发展，部分的农民进城从事其他行业，其土地也为其他的农户所耕作，久而久之形成了规模，也就出现了生产大户与销售大户。这部分的销售大户不一定是单纯的销售者，也可能是以销售为主体兼顾生产。销售大户首先依据自己所获得的市场供需信息从广大农户处收购农产品，然后再销往各地。销售大户的发展在一定程度上解决了农户的困难，带动了农业经济的发展。

（五）农户直接销售

农户直接销售是我国各个地区目前存在的比较普遍的一个销售方式，即农户自产自销，自己生产了农作物自己拿到市场上销售，扮演了生产与销售的两个角色，其销售的范围相对来说也比较狭窄。农户直接销售的销售形式比较灵活，可以比较自由地根据产品的成熟情况摘取农产品拿到附近的市场销售，销售完就回家。一般农产品的摘取量与一天的销售量持平，很好地为附近居民提供生活补给。另外农户直接销售绕开了层层的中间商，是一种典型的直销模式，农户和消费者都能从中获取更大的利益。随着市场的发展，农户直接销售也发生一定的变化，现在有些农户与小区的居民形成一种比较固定的供需关系，农户依据居民的需求直接将产品送至小区居民的手中，方便了居民，也很好地稳定了农户的农产品销售情况，不失为一种好的选择。

三、农产品营销体系存在问题分析

农业、农村、农民这三个问题关系到我国社会的稳定和经济的发展，要解决这三个问题首先就要解决农产的营销问题。近些年我国的农产品时常出现结构性不合理、农产品过剩，农业增产却不增收等问题，这些问题都可以归纳到农产品的营销体系问题中。传统的农产品营销体系主要存在以下几个方面的问题：

（1）市场需求和消费变化。市场需求和消费变化是影响传统农产品营销的重要因素之一。一方面市场需求的多样化和个性化使得农产品营销面临挑战。随着消费者对食品安全、品质和营养价值的关注增加，消费者对农产品的需求也越来越多元化。消费者对有机农产品、绿色农产品、特色农产品等的需求逐渐增加，传统农产品在市场上面临竞争压力。且由于缺乏市场信息的指引，农户在选择生产时具有相当的盲目性，没有针对性和计划性，农户依据经验和生产习惯来选择耕作或生产，或者是盲目跟风，导致农产品过剩以至量多价贱，给广大农户带来极大的打击与困惑。市场供需信息的传播显得尤其重要，能很好地引导农户的生产行为，及时调整生产结构，为"三农"问题的解决做好充分的服务。另一方面消费者的购买习惯和行为发生了变化。随着城市化进程的加快和生活方式的改变，消费者对农产品的购买方式也发生了变化。电商平台、社交媒体等新兴渠道的兴起，改变了消费者购买农产品的方式和渠道选择，对传统农产品营销体系提出了新的挑战。

（2）营销方式的限制。传统营销方式通常以农产品批发市场、农村集市等为主要渠道，存在一些局限性。传统营销渠道的中间环节较多，农产品的流通成本较高，降低了农产品的竞争力。在传统的农产品营销体系中，农产品主要采用农户—批发商—零售商—消费者的模式，比较固定和单一，而批发商可能还是多层的，也就导致中间环节过多，给农产品的流通带来困难，也不容易迅速反馈农产市场信息，由于中间环节多的原因甚至还造成同一产品不同价格或价格差异过大等问题，给市场带来混乱。传统营销方式难以满足消费者个性化需求，无法提供多样化的产品和服务，影响了农产品的市场拓展；一对一的现货交易，需要面对面交谈，没有利用先进的互联网和移动商务平台等工具或手段，工作效率较为低下。

另外农产品交易诚信体系不完善，给农户和农业组织带来一定风险，尤其是通过契约和合同来确立农户与公司的关系，由于契约约束性不强，而农业组织的结构又比较复杂，从而使这种关系所确立的模式具有较大风险，如出现市场价与合约价差较大时，利益的驱使下，毁约的情况便频频出现。

（3）信息不对称。农产品市场存在信息不对称的现象，农民对市场需求和价格信息的获取存在一定困难，导致农产品的定价不准确，影响了农产品的市场竞争力和农民的利益。农产品市场的信息不完全性也制约了传统营销体系的发展，消费者对农产品的生产过程、品质和安全性等信息的获取渠道有限，难以全面了解农产品的真实情况，降低了消费者对农产品的信任度和购买欲望。信息技术的快速发展也给农产品营销带来了新的挑战，农产品电子商务、物联网技术等的应用，使得农产品的信息更加透明和可追溯，传统农产品营销面临着与新技术的结合和转型的压力。

（4）缺乏风险分担机制。农产品具有生产周期长的特性，在农产的产前、产中和产后的运营过程中会遇到一系列的风险。首先，由于消费者需求偏好的转移导致了农产品市场需求的波动，给农产品的经营带来了很大的风险。其次，是自然灾害引起的风险，浙江是一个沿海地区，台风是浙江省农产品种植的最大不可抗力风险，当它登陆时中心附近风力可达12级以上，足以摧毁建筑房屋，吹倒庄稼、树木，对农业生产影响很大。近十年来，我国因台风造成的损失高达900多亿元，其中，农业上的损失就占了12.8%。在目前的营销体系下，缺乏了风险的分担机制，农产品经营的风险往往会由农户或者公司独自承担，这也不利于农业规模的拓展，不利于农业的产业化。

四、农产品营销体系的改进策略

农产品营销体系面临的问题和挑战要求采取有效的改进策略，以适应市场的需求变化，提升农产品的竞争力。本节从提升产品质量和品牌形象，开拓新的销售渠道和方式，加强农产品信息化建设三个方面展开描述。

（1）提升产品质量和品牌形象。农产品生产者应注重农业生产过程中的质量管理，采取科学的种植和养殖技术，加强疾病防控和环境管理，确保农产品的质量和安全。农产品生产者可以通过认证体系和标准化生产，提升农产品的品质和规范化程度。例如，通过有机认证、绿色认证等方式，为农产品赋予更高的附加值和市场竞争力。农产品生产者还可以加强品牌建设，打造独特的农产品品牌形象。通过品牌推广、包装设计、形象宣传等手段，提升农产品在市场中的知名度和认可度，吸引消费者的关注和购买意愿。意大利以其优质的农产品而闻名于世，其中地理标志保护制度起到了重要作用。例如，意大利的帕尔玛火腿和特级初榨橄榄油等农产品，通过地理标志的保护，确保了其品质和独特性。这种保护措施为消费者提供了可靠的认证和保障，提升了农产品的知名度和市场竞争力。

（2）开拓新的销售渠道和方式。农产品生产者可以利用电子商务平台和在线市场，拓展农产品的销售渠道。通过搭建电商平台或与电商企业合作，将农产品直接销售给消费者，减少中间环节，提高农产品的流通效率。中国农村电商平台的崛起为传统农产品营销带来了新的机遇，例如，阿里巴巴旗下的淘宝农村致富帮扶计划，通过搭建农村电商平台，帮助农民直接销售农产品，提高了农产品的流通效率和市场竞争力，该平台通过线上线下相结合的方式，解决了农产品销售和物流配送的问题，为农民增加了收入。农产品生产者可以开展农村电商、农民市场等形式的直销活动，通过与社区、农村合作，直接将农产品送到消费者手中，建立起稳定的销售渠道。农民专业合作社在中国传统农产品营销中发挥着重要作用，例如，浙江省余杭农民合作社的发展经验，该合作社通过整合农户资源，提供统一的农产品品牌和包装，实现了规模化生产和集中销售，合作社还利用互联网和移动应用技术，与消费者进行互动和交流，提供农产品的信息和购买渠道，增强了消费者对农产品的信任和认可。日本农产品营销体系注重农田直销和农产品体验的方式，例如，日本的农田直销市场和农产品体验活动吸引了大量的消费者，消费者可以亲自参与农产品的采摘、加工和品尝，增加了对农产品的认知和体验，提高了消费者的购买意愿和忠诚度。

此外，农产品生产者还可以探索"农产品+旅游""农产品+餐饮"等产业融合的销售方式。通过与旅游景区、餐饮企业合作，将农产品与相关产业结合，扩大农产品的销售范围和市场份额。

（3）加强农产品信息化建设。农产品生产者可以建立农产品追溯体系，通过技术手段对农产品的生产、加工、流通等环节进行全程监控和记录。这样可以提供农产品的溯源信息，增加消费者对农产品的信任度，提高农产品的市场竞争力。农产品生产者可以利用互联网和移动应用等信息技术手段，建立农产品信息平台，通过平台，向消费者提供农产品的种植养殖技术、营养价值、食用方法等详细信息，增强消费者对农产品的了解和认可。此外，农产品生产者还可以利用社交媒体等渠道，与消费者进行互动和沟通，及时了解消费者的需求和反馈，根据市场需求调整农产品的生产和营销策略。

通过提升产品质量和品牌形象、开拓新的销售渠道和方式，加强农产品信息化建设，传统农产品营销体系能够适应市场的需求变化，提升农产品的市场竞争力和附加值。这些改进策略有助于推动传统农产品营销的转型升级，促进农产品产业的可持续发展。

第二节　农村电商成本要素与影响因素

一、农村电商成本要素分析

（一）农业电商的运营成本

农业电商的运营成本是指在运营过程中产生的各项费用。这些成本对农业电商的盈利能力和竞争力具有重要影响。

1. 人力资源成本

人力资源成本是农业电商最基本的运营成本之一。这包括雇佣、培训和管理员工所需的费用。农业电商需要招募合适的人才来处理订单管理、客户服务、市场推广等各个环节。为了降低人力资源成本，农业电商可以采取以下策略。

- 精简组织结构：合理配置人员，避免重复职能和人力浪费。

- 培训与发展：提供培训计划，提升员工的技能和绩效，减少员工的离职率。
- 外包与合作：将某些业务环节外包给专业机构或与其他企业合作，降低成本。

2. 仓储和物流成本

仓储和物流成本是农业电商的重要成本要素，直接影响着产品的存储和交付效率。农业电商需要投入资金来建设仓储设施、购买仓储设备，并支付仓储费用和物流运输费用。为了降低仓储和物流成本，农业电商可以采取以下策略。

- 优化仓储布局：合理规划仓库的位置和结构，提高空间利用率和仓储效率。
- 采用先进技术：应用物流管理系统和仓储自动化设备，提高仓储和物流操作效率。
- 与物流公司合作：与可靠的物流合作伙伴建立长期合作关系，获得更优惠的物流价格和服务。

3. 营销和推广成本

营销和推广是农业电商获取客户和提高销售的关键环节。这些成本包括广告费用、市场调研费用、促销费用等。农业电商可以通过以下方式降低营销和推广成本。

- 精准定位目标市场：进行市场调研，准确把握目标客户的需求和偏好，避免无效的营销投入。
- 多元化营销渠道：利用互联网、社交媒体等多样化的渠道进行营销和宣传，提高覆盖面和效果。
- 个性化营销策略：通过数据分析和精准营销，提供个性化的推广和优惠活动，提升客户的购买意愿。

4. 技术和信息化成本

技术和信息化是现代农业电商不可或缺的一部分，涉及网站和应用开发、数据分析和信息技术支持等方面的成本。为了降低技术和信息化成本，农业电商可以考虑以下措施。

- 开源技术和云服务：利用开源技术和云服务平台，降低开发和维护成本。

- 数据整合和分析：通过有效的数据整合和分析，优化决策和资源分配，降低成本。
- 合理规划IT投入：根据农业电商的规模和需求，合理规划IT投入，避免过度投入或投入不足。

（二）农业电商的采购成本

农业电商的采购成本是指采购农产品和相关物资所产生的费用。采购成本的合理控制对于农业电商的盈利能力和供应链管理至关重要。

1. 采购渠道成本

采购渠道成本是指与供应商建立和维护合作关系所需的费用。农业电商需要寻找可靠的供应商并与之进行协商和采购，这涉及供应商选择、合同签订以及采购协调等环节。以下是一些降低采购渠道成本的策略。

- 寻找合适的供应商：建立长期合作关系，降低寻找供应商的时间和成本。
- 采用电子采购平台：利用互联网平台，与多个供应商进行竞争性采购，获取最佳价格和质量。

2. 产品质量把控成本

农业电商需要确保采购的农产品符合质量标准和要求，以满足客户的需求并维护品牌声誉。这涉及质量检测、抽样检验、质量控制等过程。以下是一些降低产品质量把控成本的策略。

- 建立质量标准和流程：明确产品的质量标准和要求，建立相应的质量检测流程。
- 合作农业专业机构：与农业专业机构合作，进行产品质量把控和检测，减少内部成本。

采购成本的合理控制不仅可以降低农业电商的运营成本，还可以保证产品的质量和供应的稳定性。通过建立长期合作关系、优化采购渠道、制定质量标准和流程，农业电商可以降低采购成本，并确保供应链的稳定性和可靠性。

随着农业电商的发展，一些新兴技术和模式也可以帮助降低采购成本。例如，区块链技术可以提供可追溯的供应链管理和确保产品质量的透明度。物联网技术可以实现农产品的智能监测和远程管理，提高采购过程的效率和可控性。农业电商的采购成本是指采购农产品和相关物资所需的费用。通过优化采购渠道、降低质量把控成本以及应用新兴技术和模式，农业电商可以降低采购成本，提高供应链的效率和竞争力。这将有助于提高农业电商的盈利能力，并满足客户对质量和可靠供应的要求。

（三）农业电商的售后服务成本

农业电商的售后服务成本是指在销售后为客户提供支持和解决问题所产生的费用。售后服务是保持客户满意度和忠诚度的重要因素，主要包括以下成本要素。

1. 售后人员成本

人力资源成本是农业电商提供售后服务的重要组成部分。这涉及培训、管理和招募售后服务团队的费用。以下是一些降低人力资源成本的策略。

- 售后服务团队的培训：提供系统性的培训，提升售后服务团队的专业能力和效率。
- 售后服务团队的绩效考核：建立合理的绩效考核机制，激励团队的积极性和工作效率。
- 外包售后服务：将部分售后服务外包给专业的服务供应商，降低人力资源成本。

2. 售后服务设施成本

农业电商需要建立适当的售后服务设施，以提供及时和高质量的售后服务。这可能包括售后服务中心、客服热线、在线客户支持等。以下是一些降低售后服务设施成本的策略。

- 资源共享：与其他企业合作，共享售后服务设施，降低设施建设和维护成本。
- 自动化和数字化：利用自动化和数字化技术，提高售后服务的效率，减少人力投入和成本。

3. 售后服务技术和工具成本

农业电商需要投入资金来购买和维护售后服务所需的技术和工具。这可能包括客户关系管理系统、在线支持工具、远程协助技术等。以下是一些降低售后服务技术和工具成本的策略。

- 技术供应商选择：选择成本合理且符合需求的技术供应商，避免过度投资和不必要的费用。

- 优化技术使用：合理使用和配置技术和工具，提高使用效率和降低成本。

控制售后服务成本的同时，农业电商还应关注提高售后服务的质量和效果。有效的售后服务可以提高客户满意度，增加客户忠诚度和口碑推广。农业电商还需要建立完善的售后服务流程和标准，确保服务的一致性和高质量，进行客户满意度调研和反馈收集，不断改进和优化售后服务。

农业电商的售后服务成本由人力资源、售后服务设施和技术工具等要素共同组成的。通过合理配置人力资源、共享设施资源、选择适当的技术和工具，农业电商可以降低售后服务成本，并提供满意的售后服务，增强客户的忠诚度和市场竞争力。

二、农村电商成本要素的影响因素分析

（一）规模经济和运营效率

规模经济和运营效率是影响农业电商成本的因素之一。规模经济指的是生产或经营规模扩大所带来的成本节约和效益增加。在农业电商领域，规模经济和运营效率的影响主要体现在以下几个方面：①采购成本。随着规模的扩大，农业电商可以通过集中采购、批量采购等方式获得更有竞争力的价格，从而降低采购成本。此外，规模经济还可以带来更高的采购效率和更好的供应链管理，进一步减少运营成本。②仓储物流成本。大规模运营的农业电商可以建立更大、更先进的仓储设施，降低单位商品的仓储成本。此外，规模经济也可以提高物流效率，减少库存积压和货物滞留时间，从而减少仓储物流成本。③营销推广成本。较大规模的农业电商可以分摊营销推广成本，通过大规模的广告投放、营销活动等形式提高品牌知名度和市场占有率。同时，规模经济也可以提供更多的资源和数据支持，实施个性化营销策略，提高营销效果。④技术和信息化成本。农业电商的规模扩大可以带来更多的投资资源，用于技术设备和信息化系统的更新和升级。较大规模的农业电商可以更好地应用物联网、人工智能等新兴技术，提高运营效率和创新能力，降低单位技术和信息化成本。

在实际运营中，农业电商可以通过以下方式利用规模经济和提高运营效率，降低成本。①生产与采购规模扩大：通过集中采购、批量采购等方式获得更有竞争力的价格，降低采购成本。②优化仓储物流管理：合理规划仓储

设施和物流网络，提高运输效率和仓储利用率，降低仓储物流成本。③建立合作伙伴关系：与供应商、物流公司等建立稳定的合作伙伴关系，共享资源和成本，提高运营效率。④数据驱动决策：利用大数据和数据分析技术，进行精细化的运营管理，优化资源配置和决策，提高效率和降低成本。

（二）市场竞争和定价策略

市场竞争和定价策略是影响农业电商成本的因素之一。市场竞争激烈程度和定价策略的合理性直接影响着农业电商的利润和成本水平。农业电商所处的市场竞争环境对其成本水平有着重要影响。在竞争激烈的市场中，农业电商需要降低价格以吸引客户，但这可能导致利润率下降。因此，农业电商需要在平衡价格和利润之间寻找合适的策略。农业电商的定价策略对成本有直接影响。农业电商可以选择不同的定价策略，如市场导向定价、成本导向定价、差异化定价等。合理的定价策略可以实现利润最大化，降低成本压力。在竞争激烈的市场中，农业电商可以通过产品和服务的差异化来提高竞争力。通过提供独特的产品特点和优质的售后服务，农业电商可以在竞争中脱颖而出，降低成本压力。

了解市场需求和客户需求对于制定合理的定价策略和降低成本至关重要。农业电商可以通过市场调研和客户需求分析，精确把握客户需求，减少无效的产品研发和市场推广，提高运营效率和降低成本。在实际运营中，农业电商可以通过以下方式在市场竞争和定价策略中降低成本：

优化供应链管理：建立高效的供应链系统，减少供应链环节和库存积压，提高响应速度和降低存储成本。

强化品牌建设：通过品牌建设和差异化策略提高产品竞争力，增强消费者的忠诚度和购买意愿，降低市场推广成本。

灵活的定价策略：根据市场需求、竞争情况和成本水平，灵活调整定价策略，实现利润最大化。

数据分析和市场预测：利用数据分析和市场预测技术，准确把握市场趋势和客户需求，避免过度生产和市场风险，降低成本压力。

（三）政策环境和法律法规

政策环境和法律法规是影响农业电商成本的重要因素之一。政策环境和法律法规的变化和合规要求直接影响着农业电商的运营成本和风险。政府对农业电商的支持政策和激励措施可以降低其运营成本，例如，税收减免、补贴和贷款支持等可以减轻农业电商的财务负担，降低成本。农业电商需要遵守相关的法律法规和监管要求，以确保合规经营。符合合规要求需要投入人力资源、技术设备和时间成本，增加了运营成本的压力。不同地区的政策环境和市场准入限制对农业电商的运营成本产生影响。区域差异和市场准入限制可能导致运输成本增加、供应链管理复杂化，增加了农业电商的运营成本。农业电商需要保护自己的知识产权，防止侵权行为的发生。知识产权保护需要投入专业人员和资源，增加了运营成本的压力。

在实际运营中，农业电商可以通过以下方式应对政策环境和法律法规对成本的影响。一是深入了解政策和法律法规，及时了解相关政策和法律法规的变化，做好合规准备，避免违规行为带来的成本和风险。二是主动沟通和合作，与政府相关部门和监管机构保持密切联系，主动沟通和合作，争取政策支持和减免措施，降低运营成本。三是加强知识产权保护，加强知识产权保护意识，提高自身的知识产权保护能力，降低侵权成本和法律风险。

（四）技术进步和创新

技术进步和创新是影响农业电商成本的因素之一。随着科技的不断发展，农业电商可以借助新技术和创新模式降低成本，提高运营效率。首先，农业电商可以利用信息技术，如云计算、大数据、物联网等，提高数据处理和管理效率，降低信息系统的运营成本。其次，自动化和智能化技术可以提高农业电商的生产和运营效率，降低人力成本，例如，采用自动化设备和机器人可以减少人工操作和劳动力成本。再者，农业电商可以通过创新模式和业务模型，如农产品溯源系统、农业物流平台等，提高供应链效率和产品质量，降低运营成本。与物流公司、供应商和农户等建立合作伙伴关系，共享资源和成本，提高运营效率和降低成本。

在实际运营中，农业电商可以通过以下方式应对技术进步和创新对成本的影响，比如：跟踪科技发展趋势，密切关注新技术和创新模式的发展，及时引入适合的技术和模式，提高运营效率和降低成本；技术培训和人才引进，加强员工的技术培训，提高其对新技术的应用能力，同时，吸引和引进高技能人才，推动技术创新和发展；合作创新和共享经济，与合作伙伴共同开展研发和创新，共享资源和成本，提高创新能力和降低成本压力。

规模经济和运营效率、市场竞争和定价策略、政策环境和法律法规、技术进步和创新是影响农业电商成本的重要因素。农业电商在实际运营中应充分考虑这些因素，采取相应的策略和措施，降低成本，提高运营效率，以确保可持续发展。

三、农村电商成本要素优化策略

农村电商成本优化是提高其运营效益和竞争力的关键步骤。因此，本节将从运营成本、采购成本和售后服务成本等角度，结合规模经济、运营效率、市场竞争、定价策略、政策环境、法律法规、技术进步和创新等成本影响因素，详细阐述农村电商成本优化的策略与措施。

（一）运营成本优化策略

提高规模经济效益：扩大农村电商平台的规模以降低单位产品的生产和运营成本。通过推出各种优惠活动、限时折扣、买赠活动等方式，鼓励用户购买更多商品，增加订单量和销售额。另外，与供应商合作，扩大产品SKU（库存单位），提供更多种类的商品选择，满足不同用户需求。鼓励多个农村电商平台进行合作，形成联盟或合作伙伴关系，共享资源和成本。与农产品供应商、物流公司、金融机构等建立合作伙伴关系，形成产业链上下游协同发展的联盟或合作模式。通过合作，实现资源共享、成本共担，降低整体的运营成本。

优化运营效率：分析和优化运营流程，消除冗余环节，提高工作效率。例如，建立清晰的订单处理流程，简化审核、包装和发货等环节，减少人工干预和错误率。引入信息化技术，例如订单管理系统、库存管理系统等。充分利用数据分析工具，收集、整理和分析用户行为数据、销售数据等，从中获取有价值的信息。根据数据分析结果，进行决策优化，例如优化商品推荐、调整采购策略。加强人力资源管理，培训员工，提高团队协作能力和工作效率。

物流成本控制：与可靠的物流服务提供商建立长期合作伙伴关系，通过与物流公司签订框架协议或达成优惠合作，可以获得更具竞争力的运输费用和优先配送服务。建立高效的仓储和物流体系，降低物流成本和配送周期。例如，改进仓库布局，优化货物存放和取货流程；与物流公司合作，选择合适的配送模式和路线规划，提高物流效率。根据不同需求和商品特性选择合适的运输方式。对于高价值或易碎的农产品，可以选择空运或专车运输，尽量缩短运输时间和避免损坏。对于耐久性较强的产品，可以考虑陆运或水运等更经济的运输方式。采取集中采购和集中配送的方式，将多个订单的农产品合并打包，减少单个订单的物流成本。通过提前预订物流服务，可以获取更优惠的价格，并降低物流的频次和运输成本。利用物流信息技术，对运输过程进行实时监控和管理。通过物流追踪系统，可以跟踪货物位置、运输进度等信息，及时发现问题并采取相应的补救措施，减少异常情况发生的损失。

（二）采购成本优化策略

建立稳定供应网络：与农产品生产者建立长期合作伙伴关系，并签订长期供应协议，确保供应稳定。自建或参与农产品生产基地，控制原材料的质量和成本，降低中间环节的利润和成本。建立一个信息平台，旨在连接农产品供应商和农村电商平台。该平台可以为农产品供应商提供发布商品信息、接收订单、物流配送等功能，同时也为农村电商平台提供多样化的供应源。

批量采购：搭建一个统一的农村电商采购平台，为农产品供应商和电商平台提供一个集中采购的渠道。通过该平台，供应商可以发布产品信息，而电商平台可以根据需求进行批量采购。与供应商建立长期合作伙伴关系，通过合作合同或框架协议达成一定的采购量和优惠价格。整合供应链资源，将多个供应商的产品集中采购，以实现规模效益。

标准化管理：对农产品进行标准化管理，制定统一的产品品质标准和包装要求，确保产品的质量和外观符合市场需求。通过标准化，可以提高产品的可比较性和信誉度，便于批量采购和销售。建立质量监督和验收机制，在供应链的每个环节进行严格的质量把控和验收，确保批量采购的产品符合标准要求。对不合格产品进行及时退货或补货处理。

（三）售后服务成本优化策略

建立完善的售后服务体系：制定明确的售后服务政策，包括退换货政策、质量问题处理、维修与保修等内容，确保消费者在购买农产品后享有合法的权益保障。建立完善的售后服务流程，确保问题能够得到及时处理和解决。流程包括接收投诉、问题分析、解决方案提供、记录和跟进等环节，提高服务效率和用户体验。组建专业的售后服务团队，培训他们具备良好的沟通和解决问题的能力。他们应了解产品知识，并能够迅速响应消费者的售后需求，提供准确、及时的解决方案。建立客户反馈机制，收集消费者对售后服务的评价和建议。根据客户反馈及时进行改进和优化，提高售后服务的质量和满意度。积极宣传售后服务政策和承诺，让消费者了解并信任售后服务体系。通过宣传和营销活动，强调售后服务的重要性，并增加消费者对农村电商的信心。

提供多渠道的客户服务：建立在线客服系统，通过网站或手机应用提供实时在线咨询和问题解答服务，客户可以通过文字、语音或视频与在线客服代表进行交流，快速获得帮助。设置客户服务热线，提供语音客服服务，客户可以通过拨打电话与客服代表进行沟通，咨询产品信息、订单状态、售后服务等问题。在主流社交媒体平台上建立官方账号，如微信公众号、微博、QQ等，定期发布产品信息和服务公告，并及时回复用户的留言和评论。如果有专门的手机应用，可以在应用内提供消息推送和客户留言功能，客户可以通过应用与客服人员进行沟通和解决问题，方便快捷。在农村地区设立实体服务中心，为客户提供现场咨询、投诉处理、维修服务等，服务中心可以由专门的工作人员提供帮助和支持，解决客户的问题。

（四）成本优化的外部策略

定价策略：根据市场需求和竞争情况，制定相对合理的价格，可以通过市场调研和分析，了解目标消费者对产品的需求和支付能力，进而确定价格水平。通过临时的优惠活动或促销手段，降低产品价格以吸引客户。例如，农村电商可以在特定时间段内推出折扣、满减等促销活动，提高产品的销售量。针对不同产品或服务，根据其独特的特点和价值进行定价，可以根据产品品质、功能、包装等方面的差异，将产品进行分级定价，满足不同消费者的需求。根据不同的目标市场和产品线，采取多种定价策略的组合。比如，农村电商可以在一部分高端产品上采用溢价定价策略，而在一部分基础产品上采用低价竞争策略。对于建立了良好品牌形象和口碑的农村电商，可以采用品牌溢价定价策略，以提高产品的附加值和利润率。

关注政策环境和法律法规：持续关注国家和地方政府发布的有关农村电商的政策和法规，可以通过相关政府部门的官方网站、新闻发布会以及咨询专业机构等方式获取最新的政策信息。确保农村电商企业的运营行为符合国家和地方的法律法规要求。例如，合法登记注册、合规纳税、遵循产品质量安全标准、保护消费者权益等。如果对特定的法律法规存在疑问或需要进一步解读，可以寻求专业律师或顾问的意见和建议。加入相关的行业组织或协会，通过与同行交流、学习和合作，了解行业内最新的政策动态和行业标准。在企业内部建立合规管理制度，明确员工的行为规范和操作流程，确保企业在各个环节都符合相关法律法规的要求。

投资技术进步和创新：组建专门的研发团队，招募具备相关技术背景和创新能力的人才，这些专业人员可以负责开展产品研发、技术创新和系统优化等工作。与科研院所、高校、科技企业等建立合作关系，共同开展技术创新项目。通过合作和联盟，可以共享资源、经验和技术，提升农村电商的技术水平。积极引进和采用先进的技术，如人工智能、大数据分析、物联网等，以提高农村电商的运营效率和用户体验。可以与技术供应商合作，或者参加相关技术展览和研讨会等获取最新技术信息。定期关注农村电商行业的技术发展和创新趋势。参加行业会议、研讨会，了解行业领先企业的创新实践，及时调整技术方向和战略规划。

第三节 农村电商在农产品销售中的市场定位与竞争策略

农村电商作为一种新兴商业模式，对农产品销售和农村经济发展具有重要意义。本章节旨在研究农村电商的市场定位与竞争策略，并评估其在农产品销售中的市场效果，同时探讨其创新与发展路径。通过对农村电商的概念和特点进行分析，了解农村电商的本质和独特之处；将市场定位与竞争策略有机结合，从供需、产品特点、竞争对手等多个维度分析农村电商的市场定位；对农产品销售市场进行了深入的需求分析，探讨了消费者对农产品的需求特点和趋势，揭示了农产品销售市场的现状和未来发展趋势；通过对农村电商的市场效果评估，分析了销售额与销售渠道的影响因素，揭示了用户满意度的影响因素与分析，以及农产品品牌形象与认知度的评估；对农村电商的创新与发展路径进行了探讨，提出了创新模式与业务拓展的方法，以及可持续发展策略的重要性。

一、农村电商定义与发展现状分析

农村电商是指在农村地区运用互联网和电子商务技术进行农产品销售和农村经济发展的商业模式。随着信息技术的快速发展和互联网的普及，农村电商在中国农村地区得到了迅猛的发展，对农产品销售和农村经济发展产生了重要影响。

（一）研究背景与意义

我国是世界上农业大国之一，农产品是农村经济的重要支柱。然而，农村地区的农产品销售面临着诸多挑战和困境。农产品销售渠道存在中间环节多、信息不对称、物流滞后等问题，导致农产品销售效率低下、农民收益有限。与此同时，受到信息化知识与技能水平等因素限制，农村地区的从业人员信息化水平相对较低，主观和客观因素共同限制产品的推广和销售。

农村电商的发展为农村地区产品的销售带来新机遇和新渠道。农村电商以互联网为载体与渠道，打破传统的销售模式、销售渠道和时空限制，提供了直接面向消费者的销售平台，使农产品能够更广泛地触达市场。农村电商的发展不仅有助于解决农产品销售难题，对产前、产中和产后的全链条都带来影响和改变，既提高农民的收入，也促进农业企业或农户的转型升级，推动农村发展。

（二）研究目的与问题

本研究的目的是探索农村电商在农产品销售中的发展现状、问题与趋势，并提出相应的对策和建议。具体而言，本研究将关注以下几个问题。

农村电商的发展现状：分析农村电商的发展规模、地域分布、经营模式和产品品类，了解近年全国农村电商发展的基本概况。

农村电商面临的问题与挑战：结合农村电商，讨论农产品销售中所面临的问题，包括物流配送、支付结算、信任保障、农产品质量和农民素质等方面的挑战。

农村电商的发展趋势与前景：研究农村电商的未来发展趋势，包括技术创新、商业模式创新、政策支持等方面的影响因素和发展前景。

（三）农村电商发展现状

根据第 51 次《中国互联网络发展状况统计报告》显示，截至 2022 年 12 月，我国网民规模为 10.67 亿，互联网普及率达 75.6%，其中农村网民规模为 3.08 亿，占网民整体的 28.9%，农村地区互联网普及率为 61.9%。网民的规模增长，无论在工业品下行或是农产品上行方面，都会起到重要作用，推动农村电商的发展。

农村电商在我国农村地区呈现出蓬勃发展的态势。随着互联网和移动互联网技术的普及，越来越多的农民和农产品经营者开始利用电子商务平台进行农产品的销售。各地政府也纷纷推出扶持政策，支持农村电商的发展。据商务部发布的《中国电子商务报告（2022）》显示，2022年全国农村网络零售额达2.17万亿元，同比增长3.6%，2022年全国农产品网络零售额达5313.8亿元，同比增长9.2%，增速较2021年提升6.4个百分点。2015—2022年全国农村网络零售额和同比增长率如图5-4所示。

图5-4　2015—2022年全国农村网络零售额

2022年全国农产品的网络零售额达到5313.8亿元，同比增长9.2%，高于全国网络零售额；从地区看，东部的农产品网络零售额占比最大，占据64.35%，中部和西部分别为14.63%、15.24%；按照省份统计，广东、浙江、上海、北京和山东排列全国前五，其农产品网络零售总额占全国47.7%。

二、农村电商与农产品销售市场定位

（一）农村电商的特点

农村电商是利用互联网和电子商务技术，通过线上平台和线下服务站点，将农产品从农村地区直接销售给消费者的商业模式。与传统的农产品销售模式相比，农村电商具有以下特点。

线上线下相结合：农业企业或电商公司利用互联网，建立线上电商交易平台或微信微博等社区电商程序，以自主或合作方式设立线下服务站点，实现了线上线下相结合的销售模式。消费者可以通过电商平台在线下单购买农产品，并选择线下服务站点提货或配送。

农产品多样化：农村电商涵盖了各类农产品，包括粮食、蔬菜、水果、畜禽养殖产品等。消费者可以根据自己的需求选择并购买农产品，实现个性化的购物体验。

农产品溯源保障：农村电商通过信息化技术，实现了农产品的溯源管理，包括生产环境、种植养殖过程、质量检测等信息的记录和公示，提高了消费者对农产品的信任度。

农民收益提升：农村电商的交易模式减少产品销售环节，缩短生产商与消费者之间的距离，部分流通环节利润可分配给农民或农业企业，从而提高农民收益、降低消费者支出成本。

（二）农产品销售市场的现状与需求分析

目前，农产品销售市场呈现出以下几个特点和需求：

（1）健康、安全、优质的农产品需求增加。物质生活水平的提高推动人们对食品安全的关注，对日常消费的农产品品质要求不断增加，消费者逐渐倾向于购买有机、绿色等高品质的农产品，甚至按照需求定制。

（2）农产品供应链的透明度和可追溯性要求。消费者对农产品的生产过程和供应链的透明度和可追溯性提出了更高的要求。他们希望能够了解农产品的生产环境、生产者的信息以及产品的质量检测等信息，以提高对农产品的信任度。

（3）便捷、高效的购物体验需求。消费者对于购物的便捷性和高效性有更高的要求。他们期望通过电子商务平台能够方便地购买农产品，并选择灵活的配送方式，如快递、自提等。

（三）农村电商在农产品销售中的市场定位策略

为了有效地进行农产品销售市场定位，农村电商可以从产品、客户、服务、市场等角度采用不同策略，通过有效的市场定位策略，农村电商可以更好地满足消费者的需求，提高农产品销售的市场竞争力，并推动农村电商的持续发展，如表5-1所示。

表5-1 农产品销售市场定位

序号	策略	实施内容	举例
1	产品定位策略	根据农产品的特点和市场需求，农村电商可以选择特色产品进行销售	例如，针对有机农产品的市场需求，可以定位为有机农产品专营店，提供一系列有机农产品及相关产品
2	客户定位策略	农村电商可以根据不同的客户需求，进行客户细分定位	例如，对于追求健康的消费者，可以重点推广健康食品；对于家庭主妇，可以提供方便烹饪的农产品套餐等，满足不同客户的需求

续表

序号	策略	实施内容	举例
3	服务定位策略	农村电商可以通过提供优质的服务来与竞争对手区别开来	例如，提供及时的物流配送服务、在线咨询和售后服务，提高消费者的购物体验和满意度
4	市场定位策略	根据不同地区的市场需求和竞争状况，农村电商可以选择不同的市场定位策略	例如，对于农产品供应相对充足的地区，可以注重产品品质和溯源保障；对于农产品供应相对不足的地区，可以注重产品的多样性和供应稳定性

三、农村电商竞争策略分析

（一）竞争战略的基本概念与理论

竞争战略是指企业为了在竞争激烈的市场环境中获取竞争优势，从而实现长期可持续发展的规划和行动方案。在农村电商领域，制定合适的竞争战略对于企业的成功至关重要。常见的竞争战略概念和理论有：成本领先战略，通过降低成本，提高运营效率，使企业能够以较低的价格提供产品或服务，从而获得竞争优势；差异化战略，通过独特的产品、品牌形象、服务质量等方面的差异化，满足消费者的特殊需求，建立品牌忠诚度和竞争壁垒；专注战略，企业通过专注于特定市场细分或特定产品领域，以满足特定客户群体的需求，从而实现市场份额的提升和竞争优势的获取；创新战略，通过技术创新、商业模式创新等方面的创新活动，开拓新市场、提供新产品或服务，实现竞争优势。

（二）农村电商竞争对手分析

在制定竞争策略之前，需要对农村电商的竞争对手进行深入分析，了解其优势和劣势，以及市场定位和战略重点。竞争对手分析主要包括以下几个方面。

竞争对手的规模和影响力：了解竞争对手的规模、市场份额和品牌影响力，判断其对农村电商市场的竞争压力。

竞争对手的产品和服务特点：对标并收集产品信息，从品质、价格、促销策略、营销渠道等多角度分析竞争对手的产品，寻找差异化，并对比分析优势和劣势。

竞争对手的市场定位和目标客户：企业根据自身产品特点和属性，瞄准不同的客户群体，并做好市场定位，需要充分研究竞争对手实际情况，错位发展或者提升自身产品品质与服务能力，加强企业竞争力。

竞争对手的竞争策略：分析竞争对手的竞争策略和行动，包括营销策略、促销手段、渠道发展等方面，找出其战略优势和弱点。

通过对竞争对手的全面分析，农村电商可以更好地了解市场竞争环境，发现自身的优势和不足，并制定相应的竞争策略。

（三）农村电商竞争策略的制定与实施

农村电商竞争策略的制定与实施需要考虑以下几个方面。

选择适合的竞争定位：根据企业的资源、能力和市场需求，确定竞争定位，是成本领先、差异化还是专注等策略。

建立供应链优势：农村电商可以通过与农民合作社、农产品加工企业等建立紧密的合作关系，建立稳定的供应链，确保农产品的质量和供应稳定性。

提升产品品质和服务水平：农村电商可以通过提高产品的质量标准、加强售后服务等方式，提升消费者的购物体验，增强竞争优势。

创新营销策略：农村电商可以通过创新的营销策略吸引消费者，如线上线下宣传推广活动、社交媒体营销、定制化服务等。

发展多元化的合作伙伴关系：农村电商可以与农业科研机构、物流公司、金融机构等建立合作伙伴关系，共同推动农产品销售的发展。

加强技术创新和信息化建设：农村电商需要不断加强技术创新，提升信息化建设水平，为消费者提供便捷、高效的线上购物体验。

通过制定合适的竞争策略，并有效地实施，农村电商可以在激烈的竞争中脱颖而出，取得市场份额的增长和竞争优势。

四、农村电商在农产品销售中的市场效果评估

（一）销售额与销售渠道分析

农村电商在农产品销售中的市场效果评估的一个重要方面是销售额与销售渠道的分析。通过对销售额和销售渠道的分析，可以评估农村电商在农产品销售中的市场表现和效果，并提供改进和优化的建议。

（1）在销售额分析方面，可以考虑以下几个指标。

年度销售额增长率：比较不同年度的销售额，计算增长率，评估农村电商的销售额增长趋势和潜力。

产品销售额分布：分析不同产品在销售额中的占比，找出销售额贡献最

大的产品，为产品定位和推广提供依据。

地域销售额分布：对比分析不同区域、省份的销售情况，针对性掌握不同区域消费者的消费特点，了解市场需求和潜力，进而指导销售策略和渠道布局。

（2）在销售渠道分析方面，可以考虑以下几个方面。

渠道覆盖范围：评估农村电商的销售渠道覆盖范围，包括线上平台、线下门店、社交媒体等，了解渠道的广度和深度。

渠道效益评估：比较不同销售渠道的销售额、销售量和成本等指标，评估渠道的效益和贡献，为渠道优化和资源配置提供依据。

渠道合作伙伴评估：评估与农产品供应商、物流公司、支付机构等渠道合作伙伴的合作效果，包括供应稳定性、物流配送效率和支付安全性等。

通过销售额和销售渠道的分析，农村电商可以了解自身的市场表现和竞争优势，并制定相应的销售和渠道策略，提升市场效果和竞争力。

（二）用户满意度影响因素分析

用户满意度是评估农村电商在农产品销售中市场效果的重要指标。建立合适的分析模型，调查并分析影响用户满意度的因素，进一步了解用户需求和消费偏好，提升产品品质和改进服务能力，提升用户体验，增加用户忠诚度，提高产品复购率。用户满意度影响因素可以考虑以下几个方面。

产品质量：评估农产品的品质和安全性对用户满意度的影响，包括产品新鲜度、口感、包装等方面。

服务质量：分析农村电商的售前售后服务对用户满意度的影响，包括客服响应速度、问题解决能力、退换货政策等。

物流配送：评估农村电商的物流配送效率和准时率对用户满意度的影响，包括配送速度、包装完好性、配送可追踪性等。

用户体验：考虑农村电商平台的用户界面设计、交互体验、购物便利性等方面对用户满意度的影响。

（三）农产品品牌形象与认知度评估

农产品品牌形象和认知度是影响农村电商在农产品销售中市场效果的重要因素。通过评估农产品品牌形象和认知度，可以了解品牌的知名度和用户对品牌的认知程度，进而制定品牌推广和塑造策略。

评估农产品品牌形象和认知度可以从以下几个方面进行分析。

品牌知名度：调查消费者对品牌的熟知情况，包括品牌的知名度、印象和关联度等，了解品牌在市场中的影响力。

品牌形象评估：评估农产品品牌的形象特点和关联属性，包括品牌的品质形象、创新形象、传统形象等，了解用户对品牌的感知和评价。

品牌认知度分析：通过调查用户对品牌的认知程度，包括品牌的核心价值、产品特点、品牌故事等，了解用户对品牌的认知和理解。

通过评估农产品品牌形象和认知度，农村电商可以制定品牌塑造和推广策略，提升品牌的知名度和美誉度，增加用户的购买意愿和信任度。

通过销售额与销售渠道分析、用户满意度影响因素与分析以及农产品品牌形象与认知度评估，可以全面评估农村电商在农产品销售中的市场效果，为农村电商提供改进和优化的方向和策略，提升市场竞争力和用户满意度。

五、农村电商的创新与发展路径探讨

（一）农村电商的创新模式与业务拓展

1. 农村电商的新型商业模式

互联网技术的发展和农村经济的转型升级促使农村电商逐渐形成新型的商业模式，为农产品销售带来了创新和变革。

农产品直播销售。通过淘宝、京东等电商平台或者抖音、快手等新媒体渠道进行直播实时展示农产品的品质和特点，并在线与消费者互动交流，增进消费者对产品的了解，增进信任度并激发购买欲望。直播销售具有直观、生动的特点，能够有效地推广农产品，并提供一种崭新的购物体验。

农产品众筹模式。通过众筹平台，农产品生产者可以预售农产品，从而解决销售前的资金问题。消费者可以提前支持众筹项目，获取农产品的优惠价格或其他权益。这种模式既可以帮助农产品生产者筹集资金，又能够激发消费者的参与热情。

农产品定制化服务。通过了解消费者的需求和偏好，农村电商可以提供个性化的农产品定制服务，即C2B电子商务模式，消费者可以定制或者提前预订未上市的产品，满足多样化的需求。例如，杨梅上市的时间短，贮存条件苛刻，消费者为了享受更好的产品和服务，可以在杨梅上市前向农户预定一定数量的杨梅，待杨梅成熟后，由农户采摘并提供物流配送服务，优质的产品和良好的服务可以进一步提高消费者忠诚度、复购率，转化为农户或

企业的私域流量。

2. 农村电商的多元化业务拓展

农村电商不仅可以在农产品销售领域发展，还可以拓展多元化的业务，满足消费者多样化的需求，增加农户收入，实现更大的发展潜力。

农村电商与农村旅游。我国经历美丽乡村建设后，美丽的自然风光和乡村人文融合，吸引城镇居民旅游。农村电商可以与农村旅游景点合作，提供农产品、农民特色手工艺品等相关产品，为游客提供全方位的服务，推动农村旅游业的发展。

农村电商与农产品加工。加工产生附加价值，提升产品竞争力。农村电商有效延伸产业链，促进农户或农业生产企业与农产品加工企业合作，丰富产品类型，弥补初级农产品不利于贮存与运输等缺陷，提升市场竞争力，拓宽销售渠道，满足不同消费群体的需求。

农村电商与物流。农产品的物流环节对于保证产品品质和时效性至关重要。农村电商可以建立起自己的物流体系，提供高效可靠的物流服务，确保农产品能够及时、安全地送达消费者手中。

（二）农村电商的可持续发展策略

1. 农村电商的社会责任

随着农村电商的发展，其社会责任也日益受到关注。农村电商应当承担起对农产品供应链的社会责任，包括以下几个方面：

供给与市场需求平衡。价格影响农业企业和农户的生产积极性，影响生产供给量，而销售供给量与需求决定价格。随着农村电商成熟发展，低价促销逐渐转变为产品分类分级供给，在市场经济中的农村电商也应逐步趋于合理定价，既确保农产品的价格合理，保障农民的利益，又能够满足消费者的需求。合理的定价不仅能够维持农产品市场的稳定，还能够提高消费者的购买意愿。

农产品的质量和安全。建立稳定产品供应渠道，利用质量检测和可追溯体系，对产品进行质量控制和溯源管理，充分展示给消费者，增加供应链透明度，保证产品品质，增强消费者的信任度和忠诚度，进一步促进农产品品牌的形成。

农民收入增长。电商缩短流通环节，缩减成本利于提高生产者的收入，通过与农产品生产者合作，提供合理的收购价和销售渠道，帮助农民获得合理的收益，改善他们的生活水平，促进农村经济的发展。

2. 技术创新与数字化转型

信息化发展变化迅速，农村电商的模式与技术也不断迭代，只有不断技术创新，与发展接轨，才能有效实现农产品电商可持续发展。农村电商利用大数据分析技术，对用户的购买行为和偏好进行分析，制定个性化营销策略，精准投放广告或产品推荐，提升订单与客单价。农村电商应用物联网技术实现产品溯源管理，对农产品生产过程监测与记录，并可提供信息给消费者，增强产品的透明度和信任度。探索人工智能技术在农产品销售中的应用，例如，利用人工智能技术进行图像识别和品质检测，自动筛选出优质的农产品；利用机器学习算法进行需求预测和库存管理，提高供需匹配的效率。通过技术创新和数字化转型，农村电商可以提升运营效率，降低成本，提供更优质的服务，实现可持续发展。

（三）农村电商在农产品销售中的未来发展趋势

1. 农产品品质与品牌发展

未来农村电商将更加重视农产品的品质，且需要强化品牌，提升产品附加价值。消费者收入水平提高推动对农产品品质需求的提高，农村电商需要进一步重视产品质量与安全性，稳定供销关系，建立长期合作战略，共享大数据信息，共同提升品质，打造产品品牌或电商品牌，增强消费者黏性。

2. 农村电商与农业产业融合发展

农村电商将与农业产业深度融合，形成农产品生产、加工、销售一体化的产业链。农村电商可以与农民合作社、农产品加工企业等形成联盟关系，共同打造全链条的农产品供应链，推动农业现代化和农村经济的发展。

3. 农村电商的国际化发展

随着全球市场的开放和互联网的跨境交流，农村电商将积极拓展国际市场。农村电商可以利用跨境电商平台，拓展海外销售渠道，推动农产品出口和国际贸易合作。通过与国外买家的合作，农村电商可以提高农产品的国际竞争力，推动农产品的国际化发展。农产品出口的同时也受到进口商品的冲击或补充，国内农村电商需要尽快建设优质品牌或选择错位发展。

通过探索创新模式、实施可持续发展策略，并紧跟未来的发展趋势，农村电商将继续在农产品销售领域发挥重要作用，为农民增加收入，促进农村经济的繁荣。

六、结论与启示

本节通过对农村电商在农产品销售中的市场定位与竞争策略进行研究，得出了以下主要研究结果总结。

（1）主要研究结果总结。研究揭示了农村电商的概念与特点，农村电商是指利用互联网和电子商务技术，通过线上线下相结合的方式，在农村地区进行农产品销售的商业模式。其特点包括农产品的地理属性、供应链的整合和创新、服务的个性化和定制化等。通过对农产品销售市场的现状与需求分析，研究发现农产品市场的潜力巨大，消费者对优质、安全的农产品的需求日益增长，然而，由于信息不对称、物流不畅等问题，农产品销售存在一定的挑战和难题。农村电商在农产品销售中具有重要的市场定位与竞争策略，农村电商可以通过建立良好的供应链体系、个性化服务、多元化的业务拓展等方式，满足消费者的需求，提升市场竞争力。

（2）对农村电商发展的启示与建议。基于以上研究结果，对农村电商发展提出以下启示与建议：首先，提高农产品品质和加快品牌建设，注重农产品的质量控制，稳定供销关系，建立长期合作战略，共享大数据信息，共同提升品质，打造产品品牌或电商品牌。其次，加强农村电商与农业产业的融合发展，农村电商应与农民专业合作社等新型农业经营主体形成合作关系，共同打造符合电商时代消费者需求的供应链，实现生产、加工和销售于一体，推动农村经济转型升级。再次，农村电商要积极探索创新模式和业务拓展，通过个性化的服务和多元化的业务拓展，满足消费者多样化的需求，提高用户体验，增加用户的黏性和忠诚度。此外，农村电商需要关注可持续发展，应注重社会责任，合理定价，保障农民利益，同时支持农民收入增加，积极应用新技术，提升运营效率，降低成本，实现可持续发展。最后，农村电商应紧跟未来发展趋势，把握市场机遇，注重农产品品质和安全、加强国际化发展、应用新技术等方面的发展，以适应不断变化的市场需求，实现长期稳定的发展。

农村电商在农产品销售中具有重要的市场定位，可以缩短流通环节，增加农民收入，促进农村经济的发展，服务乡村振兴。农村电商的可持续发展需要加强品质和安全管理，推动农业产业融合发展，积极探索创新模式和业务拓展，关注可持续发展，紧跟未来的发展趋势。

第六章
农业电子商务平台选择与应用模式

第一节　电子商务平台类型分析

结合电子商务发展现状，从交易主体的主导性视角来看，主要的新型农业经营主体电子商务类型分为自营电子商务平台和第三方电子商务平台，其中自营电子商务平台可再细分，比如自建网站、应用独立网店系统等，不同类型平台在资金成本、应用自由度、人力资源投入、品牌建设等方面有所区别，如表6-1所示。

表6-1　三种网店形式的比较

比较项目	利用第三方电子商务平台	应用独立网店系统	自建网站
资金成本	成本较低：购买平台增值服务，发布各类广告，平台竞价排名	成本居中：购买独立网店系统费用，空间域名、技术维护费，网店推广费	成本较高：主要有网站建设费，空间域名、技术维护费，网店推广费，专人薪酬等
应用自由度	自由度低：受到依附平台的极大限制，要严格遵守平台规则	自由度较高：自主决定店标、支付方式接口等多方面设计，受限于模板	自由度很高：自主决定网店的任何设计，以满足客户的购物需求
人力资源成本	投入较少：借助模板，省去很多推广、支付、客服管理的精力投入	投入居中：网店搭建轻而易举，需要关注网店内容更新、客户管理等	投入最多：从创建起，对网站设计、管理和运营等各方面都要全程关注
品牌建设	难树立品牌形象：不易建立起客户忠诚度，不易发生重复购买和推荐购买	较易树立品牌形象：若服务到位，较易建立起客户忠诚度甚至推荐其他客户购买	容易树立品牌形象：若服务到位，容易建立起客户忠诚度甚至推荐其他客户购买

以上类型都有广泛应用，并不存在优劣之分，新型农业经营主体需要根据自己的意愿、实际情况及未来的发展目标，结合各种形式的特点进行分析，慎重思考、整体规划，做出最适合自己的选择。

一、自营电子商务平台应用分析

农业企业自营电商平台是指由农业企业自行搭建和运营的电子商务平台，旨在为农业产品的生产者与消费者提供一个直接交流和交易的渠道。这种模式让农业企业能够绕过传统的销售渠道，直接将产品推向市场，并与消费者建立更紧密的联系。农业企业自营电商平台的发展可以追溯到互联网的普及与电子商务的兴起。随着互联网技术的迅速发展和农业行业的现代化进程，越来越多的农业企业开始意识到电商平台的潜力和机会。自21世纪初以来，农业企业自营电商平台开始逐渐涌现，并得到了广泛应用和推广。随着移动互联网的普及，农业企业自营电商平台也逐渐与移动应用相结合，进一步拓展了市场和用户群体。

自营电子商务平台具有以下优点。

（1）直接连接生产者与消费者：农业企业自营电商平台能够实现农产品的直接销售，消除了传统销售渠道中的中间环节，生产者与消费者可以直接交流、互动和交易。这种直接联系有助于提高生产者的利润空间，并提供更具竞争力的价格给消费者。

（2）品牌塑造与推广：通过自营电商平台，农业企业可以更好地塑造和推广自己的品牌形象。他们可以在平台上展示产品的质量、安全性以及生产过程，增强消费者对品牌的认知和信任度。这有助于提高产品的竞争力和市场份额。

（3）数据分析和精准营销：农业企业自营电商平台可以收集大量的用户数据，通过对数据的分析和挖掘，企业可以更好地了解消费者的需求和偏好，进行精准的市场营销和产品定位。这有助于提高销售效率和市场反应速度。

自营电子商务平台具有以下缺点。

（1）运营成本较高：农业企业自营电商平台的搭建和运营需要投入大量的人力、物力和财力。且自营自建平台知名度和消费者信任度欠缺，需要投入的推广成本高，对于一些规模较小的农业企业来说，缺乏资源和专业知识可能成为制约因素。

（2）市场竞争激烈：电商行业的竞争激烈，农业企业自营电商平台需要与其他电商平台竞争，争夺消费者的关注和市场份额。在市场推广和运营方面需要具备较高的专业能力和创新能力。

（3）物流和配送挑战：农产品的特殊性使得物流和配送环节面临一定的挑战。农业企业自营电商平台需要建立健全的物流体系，确保产品能够安全、及时地送达消费者手中。

（4）数据安全和隐私问题：自营电商平台需要处理大量用户数据，包括个人信息、支付信息等。因此，保护用户数据的安全性和隐私成为一项重要任务，并需要投入相应的资源来建立安全的数据管理系统。

（5）运营风险：自营电商平台需要负责产品上架、销售促进、订单管理等一系列运营工作。若运营不善，可能导致库存积压、销量下滑等问题，增加企业的经营风险。

农业企业自营电商平台作为农业现代化的重要组成部分，具有直接连接生产者与消费者、品牌塑造与推广以及数据分析和精准营销的优点。北京沱沱工社生态农业股份有限公司深耕有机农产品十余载，创建沱沱工社网上交易平台为消费者提供放心可口的食材，其案例如下：

生鲜 O2O 电商——沱沱工社

沱沱工社❶始创于食品安全事件频发的 2008 年。创业团队出于强烈的责任心，希望能为更多的中国人提供安全的食品，于是以有机农业为切入点，建立起从事"有机、天然、高品质"的食品销售的垂直生鲜电商平台。凭借雄厚的资金实力，沱沱工社整合了新鲜食品生产、加工、网络销售及冷链日配等各相关环节，成为中国有名的生鲜电商企业之一，满足了北京、上海等一线城市的中高端消费者对安全食品的需求。

沱沱工社初期选择生鲜 O2O 电商的理想化运营模式——贯穿全产业链模式。全产业链模式要求企业上游渗透到基地，中间控制物流，末端抓住用户群。全产业链模式从源头上需要自营农场，这在集中生产和管理上可以极大程度上保障产品质量与食品安全，统一生产管理也会降低生鲜的基础成本。同时，为了让消费者能够真切地体验到产品，沱沱工社全产业链模式也开展可以线下试吃、免费品尝、参观农基地等活动，打消了消费者对产品品质和初期试销的顾虑。这种和消费者的互动行为能最大化地黏住忠实用户。

沱沱工社在北京和上海都建有仓储。目前有两种主流配送方式：一种是沱沱工社自营配送，另一种是委托顺丰速运、圆通速递、宅急送等第三方物流公司。为了保证物流配送的安全与品质，沱沱工社投入大量资金，构建了自己的冷链配送体系。沱沱工社采用冷藏专车进行配送，并配合各种冷藏保鲜器具，确保最后一公里物流配送的食品安全。自营配送在压缩成本、提高服务质量等方面有着不可比拟的优势。自营冷链可以配送生鲜产品直达用户，有效减少中转环节，减少产品损耗。

---

❶ 资料来源：沱沱工社是干什么的？属于哪种电子商务模式？[EB/OL].[2021-12-23]. https://pinkehao.com/infor/108106.html.

目前，沱沱工社的产品分为自产和采购两部分。自产商品主要来自沱沱有机农场，采购主要针对一些品牌供应商。但无论是自产还是外采，沱沱工社都会有严格的产品检测。沱沱工社的自产产品在品控等多方面有着天然优势，更重要的是沱沱工社能够主动掌握产品定价权，便于打造核心竞争力的商品，利于产品标准化生产、经营和管理。

沱沱工社拥有自己的官方销售平台渠道，消费者可以在此平台完成采购、支付。与此同时，沱沱工社还进驻了天猫、京东等第三方平台频道。目前沱沱工社还是以自营平台客户为主。

然而，运营成本较高、市场竞争激烈以及物流和配送困难等是其面临的挑战。通过不断创新和提高运营能力，农业企业可以利用自营电商平台实现更高效的农产品销售，并为农业产业的发展注入新的活力。

二、第三方电子商务平台应用分析

农业企业第三方电子商务平台是指由独立的第三方机构或公司搭建和运营的电子商务平台，旨在为农业产品的生产者和消费者提供一个中介服务平台，连接供需双方并促进交易的进行。这种模式允许农业企业将产品上架在平台上，通过平台提供的服务来进行销售和推广。农业企业第三方电子商务平台的发展可以追溯到互联网电子商务兴起的初期，随着互联网的普及和电子商务技术的不断发展，越来越多的农业企业意识到第三方电子商务平台的潜力和优势。早期的第三方电商平台如淘宝等开始接纳农产品销售，为农业企业提供了一个新的销售渠道。随着时间的推移，越来越多的专门农业电商平台涌现出来，为农产品销售提供了更加专业化的服务。

第三方电子商务平台具有以下优点。

（1）市场覆盖广泛：农业企业第三方电子商务平台通常拥有庞大的用户群体和广泛的市场覆盖，能够吸引大量的消费者关注和流量。这使得农业企业能够更快地将产品推向市场，提高销售机会和销售额。

（2）营销推广支持：第三方电商平台通常提供专业的营销推广支持，包括广告投放、SEO优化、数据分析等，帮助农业企业提高品牌知名度和产品曝光度。这有助于增加产品的销售机会和市场份额。

（3）便捷的交易流程：第三方电商平台提供了完整的交易流程，包括支付、物流配送、售后服务等。这简化了农产品交易的过程，提高了交易的便捷性和安全性。

（4）低成本：使用第三方电子商务平台可以大大降低企业的初始投资和运营成本。企业无需承担产品采购、仓储和物流等方面的费用，只需要支付平台的服务费用。

（5）信任和安全保障：第三方电子商务平台提供用户评价和投诉处理机制，这有助于建立起买家对商家的信任。此外，平台也会对商家进行一定的审核和监管，保障消费者的权益和交易安全。

第三方电子商务平台具有以下缺点。

（1）平台依赖性：农业企业依赖第三方电商平台来进行销售，一旦平台政策或运营发生变化，可能会对企业的运营和销售产生影响。农业企业需要对平台的选择和合作进行谨慎考虑，避免单一平台风险。

（2）佣金和费用：农业企业在第三方电商平台上销售产品需要支付一定的佣金和费用。这可能增加企业的销售成本，对于规模较小的农业企业来说，费用可能会成为负担。

（3）品牌和市场竞争：在第三方电商平台上，农业企业的产品与其他竞争对手产品并列展示，消费者更容易进行比较和选择。农业企业需要通过品牌建设和差异化策略来突出自身的竞争优势。

（4）限制和政策变化：第三方平台的规则和政策可能随时发生变化，对商家造成不确定性和挑战。商家需要及时调整策略或应对新政策，以适应平台的要求和变化。

杭州艺福堂茶业有限公司充分利用各大第三方电子商务平台，实现矩阵式分布发展，其案例如下。

互联网 + 茶业——艺福堂

杭州艺福堂茶业有限公司❶（简称"艺福堂"）是杭州市 2008 年首批大学生创业企业之一，诞生于风景秀丽的"中国茶都"——杭州，是一家互联网电商领域中集生产、销售、科研为一体，经营各种名优茗茶、花草养生茶及现代创新茶产品的"互联网 + 茶业"的新型企业。艺福堂在传统的茶叶流通上去繁就简，通过互联网平台使利益链和成本减少，从而直接惠及茶农

---

❶ 资料来源：杭州艺福堂茶业有限公司简介 [EB/OL].[2022-01-06].https://www.efuton.com/aboutUs.

及消费者。

艺福堂采用"互联网＋茶业"的电商模式，销售平台遍及淘宝网、天猫商城、阿里巴巴、京东商城、唯品会、云集微店、考拉海购、小红书、亚马逊、微信商城等电商平台，拥有1650万的购买客户（含艺福堂旗下子品牌），日均发出超1.5万件包裹，是我国茶行业年销售额过5亿元的品牌之一。艺福堂品牌是2011全球十佳网商、2015国家高新技术企业、2017国家级电子商务示范企业、2017—2021年中国茶业百强企业、2020年茶业创新十强企业、首届CCTV中国品牌榜入围品牌、2017—2020年浙江省骨干农业龙头企业、2013年杭州市农业龙头企业、2018年浙江名牌产品、2013年杭州名牌产品、2018—2021年杭州准独角兽企业，还是西湖龙井茶、绿茶、红茶、代用茶等多项国家及行业标准制定者。

艺福堂现有员工300多人，平均年龄25岁，其中产品研发团队多为茶学、药学的硕士研究生和博士生。同时，艺福堂与浙江大学、安徽农业大学、中南大学、浙江农林大学、安徽科技学院等高校签订了产学研校企战略合作，结合高校与企业的各自优势，建立产学研合作关系，形成专业、产业相互促进，最终实现产学研共赢的格局。

艺福堂坚持用互联网思维做健康茶产品，以顾客为中心，不断创新，持续创业，深耕产品和服务。艺福堂旗下拥有实在好茶——艺福堂、为茶设计的美物——雅集、养生茶——以美、现代五谷食补品牌——五谷聚、精制江南茶食——西子春、欧洲第一花草水果茶——德国TEEKANNE、原产地精选茶——茶都等七大品牌，涉及各种名优茗茶、花草茶、花果茶，组方茶饮品、谷物饮品、泡茶器具等茶生活产品，建立了以茶为核心的健康产业生态圈，全方位服务消费者的生活，让消费者在艺福堂享受一站式产品与服务。

农业企业第三方电子商务平台作为农业产品销售的重要渠道，具有市场覆盖广泛、营销推广支持和便捷的交易流程等优点。然而，平台依赖性强、佣金和费用高、品牌塑造难和市场竞争大等缺点需要农业企业谨慎考虑和权衡。通过选择合适的第三方电商平台，并结合自身的品牌建设和差异化策略，农业企业可以充分利用第三方电商平台的优势，更高效地实现农产品销售和市场发展。

第二节　电子商务应用模式分析

一、按交易主体区分的电子商务模式

在电子商务模式中，企业界一致认同的是把企业和消费者作为划分标准，分别划分出企业对企业（Business To Business，B2B）、企业对消费者（Business To Consumer，B2C）、消费者对消费者（Consumer To Consumer，C2C）、政府对企业（Government To Business，G2B/B2G）和政府对公众（Government To Citizen，C2G/G2C）等电子商务模式，如图 6-1 所示。

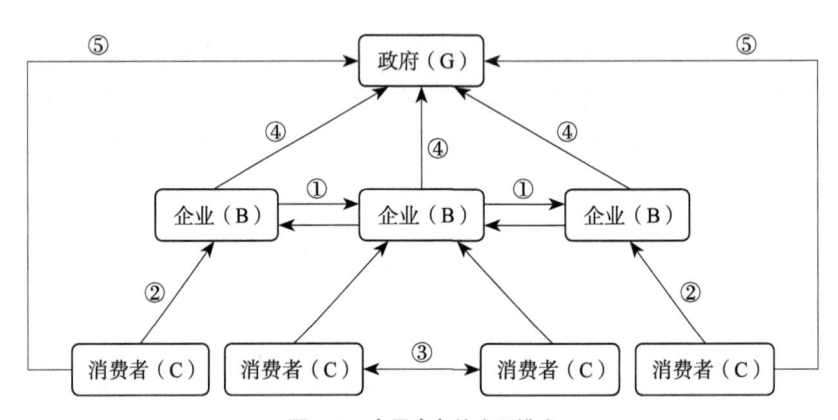

图 6-1　电子商务的应用模式

在图 6-1 中，途径①表示 B2B 电子商务模式，指企业与企业之间通过 internet 或 intranet 而建立的业务关系。传统经济中的原材料采购、商品销售等都可通过电子商务环境下的 B2B 模式完成。途径②表示 B2C 电子商务模式，通常是消费者与企业之间的交易。目前这种模式多应用于网上产品销售、网上商店，如亚马逊。途径③表示 C2C 电子商务模式，即消费者与消费者的交易，俗称"网上拍卖"。这种模式下交易双方要依托一个独立网站（第三方网站，如淘宝、eBay）建立他们的交易关系。途径④表示 G2B/B2G 电子商务模式，通常是企业通过政府网站缴纳税金、查询政策等。途径⑤表示 C2G/G2C 电子商务模式，是消费者在政府网站的行为。G2B 和 G2C 是电子政务中的一部分。

（一）B2C 电子商务

B2C 是企业与消费者之间的电子商务，它主要是以 internet 为服务手段，实现公众消费和提供服务的一种模式。人们足不出户，通过 internet 就可以购买商品或享受咨询服务，也就是人们熟悉的网上购物。B2C 中的 B 是 business，即商业供应方（泛指企业）；2 则是 to 的谐音；C 是 consumer，即消费者。B2C 电子商务是按电子商务交易主体划分的一种电子商务模式，即表示企业对消费者的电子商务，具体是指通过信息网络及电子数据信息的方式实现企业或商家机构与消费者之间的各种商务活动、交易活动、金融活动和综合服务活动，是消费者利用 internet 直接参与经济活动的形式。

B2C 电子商务商城里用户交易活跃，目前 B2C 商城平台众多，国内涌现出天猫商城、京东商城和苏宁易购等一批商城平台。B2C 电子商务模式是企业通过网络针对个体消费者，实现价值创造的商业模式，是目前电子商务发展最为成熟的商业模式之一，主要有门户网站、电子零售商、内容提供商、交易经纪人及社区服务商。

（1）门户网站。门户网站是在一个网站上向用户提供强大的 Web 搜索工具，集内容与服务为一体的提供者。

网络发展的初期，特别是在人们对网上信息的搜寻能力较低、搜寻成本较高时，门户网站为人们了解更多的网络信息提供了方便。如今，随着网络经济的不断发展，尤其是信息搜索技术的不断提高，门户网站这种商业模式已成为网络的重要终点网站，在保持了强大的网络搜索功能以外，向人们提供了一系列高度集成的信息内容与服务，如新闻、电子邮件、即时信息、购物、软件下载、视频流等。从广义上来理解，门户网站是搜索的起点，向用户提供易用的个性化界面，帮助用户找到相关的信息。目前在我国，新浪、搜狐、网易已成为门户网站成功的范例。

在门户网站的发展中，逐步形成了水平型门户网站和垂直型门户网站两种类型。水平型门户网站将市场空间定位于互联网上的所有用户，如新浪、搜狐、网易均称为水平型门户网站。垂直型门户网站的市场空间定位为某个特定的主题和特定的细分市场，如 iBoats.com 为美国划船消费市场的门户网站，该市场吸引了包括想租船或者自己拥有船的约 1600 万美国用户。中国也有很多专业的垂直型门户网站，如雅昌艺术网（artron.net），它将市场定位为大型艺术品，通过资讯、交流、交易等各方面功能的整合，将艺术机构的传统形象及服务带入互联网，建立多赢的商业模式，现在已成为一家具有领导地位的艺术品市场增值资讯服务供应商，并优先服务于中国及全球华人社群。

门户网站的盈利模式主要依靠广告费、订阅费及交易费等，网络中有大量的门户网站，但并非每个门户网站都有很好的收益。事实上，排名前10位的网站约占整个门户网站搜索引擎流量的90%。究其原因，很多排名靠前的门户网站是最早开展网上业务的，因而具有先行者的优势，从而不断积累起非常好的品牌知名度。如果要消费者信任的网络服务提供商转移到其他网络服务商的网站，他们会承担更大的转移成本，因此，消费者更为偏好品牌门户网站。

（2）电子零售商。电子零售商是在线的零售商店，其规模各异，内容相当丰富，既有像当当网一样大型的网上购物商店，也有一些只有一个Web界面的本地小商店。由于电子零售具有为消费者节省时间、为消费者提供方便、引导消费者省钱、向消费者发送信息等优点，因此，对于这种零售形式的诞生，无论国内还是国外，消费者都表现出了相当的热情。目前的电子零售商主要有两大类：一类是将传统实体商店与网络商店相结合形成的网络销售商店，人们通常称之为"鼠标加水泥"型；另一类是纯粹由网络公司经营的网络销售商店，没有离线的实体销售商店的支撑与配合。

（3）内容提供商。内容提供商是通过信息中介商向最终消费者提供信息、数字产品、服务等内容的信息生产商，或直接为专门信息需求者提供定制信息的信息生产商，它通过网络发布信息内容，如数字化新闻、音乐、流媒体等。内容提供商将市场定位在信息内容的服务上，因此，成功的信息内容是内容提供商模式的关键因素。信息内容的定义很广泛，包含知识产权的各种形式，即所有以有形媒体（如书本、光盘或者网页等）为载体的各种形式的人类表达。

内容提供商处理大量的信息，包括图像、图形、声音、文本等。由于信息安全性是第一要务，因此，信息内容提供商在存储介质和网络设施上投资较大；也因为内容提供商一般通过信息中介商让消费者享用信息内容，所以他们较少关注与消费者的关系和消费者数据。

内容提供商的盈利模式主要有内容订阅费、会员推荐费及广告费用等。

由于内容服务的竞争日趋激烈,一些内容服务商的网络内容并不收费,如一些报纸和杂志的在线版纷纷推出了免费的举措,他们主要通过网络广告或者借助网络为平台进行企业合作促销、产品销售链接及网友自助活动等获得收入。

(4)交易经纪人。交易经纪人是指通过电话或者电子邮件为消费者处理个人交易的网站,采用这种模式最多的是金融服务、旅游服务及职业介绍服务等。在我国金融服务方面,招商银行、中国工商银行等推出的网上银行服务成为金融个人服务的新亮点;在旅游服务方面,以携程网、春秋旅行网等为代表的旅游电子商务也纷纷通过电话或者邮件形式为旅游者提供便利;在职业介绍服务方面,中华英才网、前程无忧等是网上职业经纪人的代表。

交易经纪人主要通过从每次交易中收取佣金获得收入。例如,在网上股票交易中,无论是按单一费率还是按与交易规模相关的浮动费率,每进行一次股票交易,交易经纪人就获得一次收入;在旅游电子商务中,针对在线成交机票、景点门票及酒店客房的预订,旅游电子商务企业按一定比例获得提成;职业介绍网站一般是预先向招聘企业收取招聘职位排名的服务费,然后向求职者收取会员注册费用等,再对招聘企业和求职者进行撮合、配对等服务。

(5)社区服务商。社区服务商是指那些创建数字化在线环境的网站,有相似兴趣、经历及需求的人们可以在社区中交易、交流及共享信息。

网络社区服务商的构想来源于现实的社区服务,但现实的社区服务通常受到地域限制,并不能够很好地整合需求,从而无法实现个性化的服务。网络社区服务商通过构建数字化的在线环境,将有相似需求的人联系在一起,甚至利用在线身份扮演一些虚幻的角色。社区服务商的关键价值在于建立一个快速、方便、一站式的网站,使用户可以在社区里关注他们最感兴趣、最关心的事情。

社区服务商的盈利模式较为多样化,包括收取信息订阅费、获得销售收入、收取交易费用、会员推荐费用及广告费用等。从目前网络的发展来看,消费者对网络社区的兴趣不断提高,网络社区的市场机会相应增加,同时网络社区也不断增多,但面对同一个或者相似市场的社区,重复现象较为严重,网络社区的市场细分没有得以深入应用。目前,网络社区最大的挑战是如何在高质量信息内容的成本和通过各种方式获得的收入之间寻求平衡,以求得赢利空间。网络社区服务商的发展正处于探索阶段，许多网络社区面临如何稳定赢利的问题。目前大型网络社区整合小型网络社区的现象时有发生。B2C 电子商务模式的特点如表 6-2 所示。

表 6-2 B2C 电子商务模式的特点

模式类型	特点	举例	盈利模式
门户网站	提供集成的综合性服务与内容，如搜索、新闻、购物、娱乐等	www.163.com www.sina.com.cn www.sohu.com	广告费、订阅费、交易费等
电子零售商	在线的零售商店，提供在线的零售服务	www.dangdang.com	广告费、订阅费、交易费、产品销售等
内容提供商	以提供信息和娱乐服务为主，是网络中的传媒资讯提供商	www.cctv.com www.xinhuanet.com	广告费、订阅费、会员推荐费等
交易经纪人	在线的交易处理人，帮助客户完成在线交易	www.51job.com www.ctrip.com	交易费等
社区服务商	建立网上平台，集中有特定兴趣、爱好、需求的人交流、交易	tiexue.net	广告费、订阅费、会员推荐费等

B2C 电子商务交易的一般过程如下：注册、登录→查找商品→放入购物车→填写收货信息→选择配送方式→提交订单→支付货款→组织发货→确认收货与评价。在 B2C 电子商务模式中，商家首先在网站上开设网上商店，公布商品的品种、规格、价格、性能等，或者提供服务种类、价格和方式，然后由消费者个人选购，下订单，在线或离线付款，最后商家负责送货上门。这种电子商务模式中所涉及的网上商店与传统商店相比有很大的不同。网上商店不需要昂贵的店面，不需要雇用太多人员，不必有很多库存。而且当网上商品日益丰富和上网购物的人数增多以后，消费者通过网上购物可以获得更多的商业信息，买到价格较低的商品，节省购物的时间，足不出户就可以通过"货比三家"来购买商品。

（二）C2C 电子商务

C2C 即消费者与消费者之间的电子商务，俗称"网上跳蚤市场"。它是一个消费者之间交易的平台，消费者可以在完全自愿的基础上转让商品，并进行价格协商。C2C 电子商务的主要形式有一口价和网络拍卖（auction online）两种。其中，网络拍卖是以竞价、议价方式为主的在线交易模式，如 eBay、淘宝、闲鱼、转转等网站或移动端应用 App。

目前，淘宝网、拍拍网等的 C2C 交易平台上的商品数以百万计，加之 internet 方便、快捷的特点，C2C 交易平台已经为数以亿计的中国网民提供了新鲜、时尚、有趣、个性化的网络购物体验。通常 C2C 电子商务模式交易流程如图 6-2 所示。

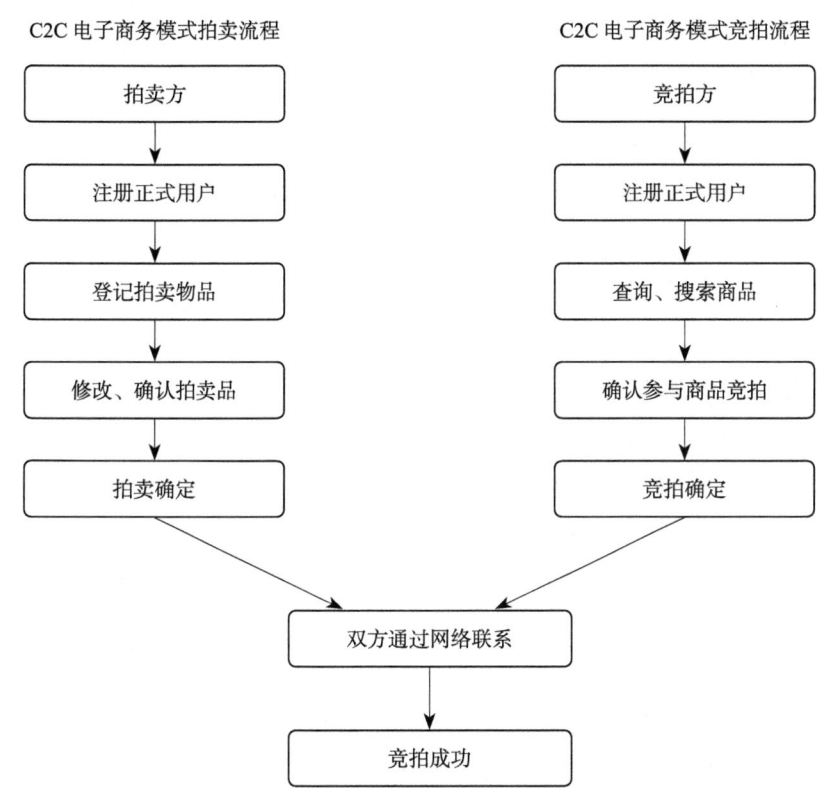

```
C2C 电子商务模式拍卖流程              C2C 电子商务模式竞拍流程

      ┌─────────┐                        ┌─────────┐
      │  拍卖方  │                        │  竞拍方  │
      └────┬────┘                        └────┬────┘
           ↓                                   ↓
      ┌─────────┐                        ┌─────────┐
      │注册正式用户│                       │注册正式用户│
      └────┬────┘                        └────┬────┘
           ↓                                   ↓
      ┌─────────┐                        ┌─────────┐
      │登记拍卖物品│                       │查询、搜索商品│
      └────┬────┘                        └────┬────┘
           ↓                                   ↓
      ┌─────────┐                        ┌─────────┐
      │修改、确认拍卖品│                   │确认参与商品竞拍│
      └────┬────┘                        └────┬────┘
           ↓                                   ↓
      ┌─────────┐                        ┌─────────┐
      │ 拍卖确定 │                        │ 竞拍确定 │
      └────┬────┘                        └────┬────┘
           └──────────┐         ┌────────────┘
                      ↓         ↓
                ┌──────────────────┐
                │  双方通过网络联系  │
                └────────┬─────────┘
                         ↓
                ┌──────────────────┐
                │     竞拍成功      │
                └──────────────────┘
```

图 6-2　C2C 电子商务模式交易流程

（三）B2B 电子商务

B2B 即企业与企业之间的电子商务，是指企业之间利用 internet 进行产品、服务及信息的交换，在网上形成的虚拟企业圈。B2B 业务主要集中在采购、分销、服务等方面。在 B2B 电子商务模式交易中，企业可以将 internet 有限度地对合作伙伴开放，即允许合作伙伴有条件地通过 internet 将订货信息直接发送到自己的企业内部网，进而自动将订单分解到生产车间，从而最大限度地实现商业信息传输和信息处理的自动化。一些专门的 B2B 网站，如阿里巴巴、慧聪网等，一般以信息发布与整合为主，是商家之间的信息桥梁。B2B 使企业之间可以通过 internet 在市场、产品或经营等方面建立互补互惠的合作关系，形成水平或垂直形式的业务整合，以更大的规模、更强的实力、更经济的运作真正达到全球运筹管理的模式。

B2B 电子商务的模式按照平台经营性质，通常又分水平平台和垂直平台：①水平（横向）平台，即综合型 B2B 电子商务模式，又称面向所有行业的 B2B 模式，它将各行业中相近的交易过程集中到一个场所，为企业的采购方和供应方提供交易的机会，为买卖双方创建一个信息和交易的平台，买方和卖方可以在此分享信息、发布广告、竞拍投标、进行交易，主要网站有阿里巴巴、中国商品交易中心、全球制造网、慧聪网等，其特点是涵盖了不同的行业和领域，服务于不同行业的从业者，追求的是"全"。②垂直（纵向）平台，即垂直型 B2B 电子商务模式，又称面向某一行业的电子商务模式，主要定位在一些特殊行业，大多是一些专业的制造业，其特点是所交易的物品是一种产品链的形式，可提供行业中所有相关产品、互补产品及服务（包括网上信息发布、交流、广告、原材料、半成品、产成品），囊括了零部件的采购及外协件的加工和定制，追求的是"专"。这种平台多是由行业中一些最具实力的企业来领军，构建一个覆盖该领域的虚拟电子交易平台，以它为核心，形成一种产业链，将特定产业的上下游厂商聚集到一起，各层级的厂商只要登上这一平台，就能很容易地找到所需要的信息或合作伙伴。

垂直型 B2B 电子商务模式可以分为上游和下游两个方向。生产商或商业零售商可以与上游的供应商之间形成供货关系，如 DELL 电脑公司与上游的芯片和主板制造商就是通过这种方式进行合作的。生产商与下游的经销商可以形成供销关系，如思科系统公司与其分销商之间进行的交易。在我国，有一些专门做某一行业信息服务的第三方 B2B 交易平台，如中国化工网、中国粮食网、中国纺织在线、中国纸网等。

从交易过程看，B2B 电子商务的业务流程可以分为以下四个阶段。

（1）交易前的准备。这一阶段主要是指买卖双方和参加交易各方在签约前的准备活动。买方根据自己要买的商品，准备购货款，制订购货计划，进行货源市场调查和市场分析，了解各个卖方国家的贸易政策，反复修改购货计划，确定和审批购货计划。在按计划确定购买商品的种类、数量、规格、价格、购货地点和交易方式等内容时，尤其要利用 internet 和各种电子商务网络寻找令自己满意的商品和商家。卖方根据自己所销售的商品，召开商品新闻发布会，制作广告进行宣传，全面进行市场调查和市场分析，制定销售策略和销售方式，了解各个买方国家的贸易政策，利用 internet 和各种电子商务网络发布商品广告，寻找贸易合作伙伴和交易机会，以扩大贸易范围和商品所占市场的份额。同时，其他参加交易各方，如中介方、银行金融机构、信用卡公司、海关系统、商检系统、保险公司、税务系统、运输公司等，也要为电子商务交易做准备。

（2）交易谈判和签订合同。这一阶段主要是指买卖双方对所有交易细节进行谈判，将双方磋商的结果以文件的形式确定下来，即以书面文件形式或电子文件形式签订贸易合同。电子商务的特点是可以签订电子商务贸易合同，交易双方可以利用现代电子通信设备和通信方法，经过谈判和磋商后，将双方在交易中的权利、所承担的义务，以及对所购买商品的种类、数量、价格、交货地点、交货期、交易方式和运输方式、违约和索赔等条件，全部以电子交易合同形式做出全面详细的规定。合同双方可以利用电子数据交换（electronic data interchange，EDI）进行签约，也可以通过数字签名等方式签约。

（3）办理交易前的手续。这一阶段主要是指买卖双方签订合同后到合同开始履行之前办理各种手续的过程，也是双方的交易准备过程。交易中可能涉及中介方、银行金融机构、信用卡公司、海关系统、商检系统、保险公司、税务系统、运输公司等有关部门，买卖双方要利用 EDI 与有关各方进行各种电子票据和电子单证的交换，直到所购商品从卖方开始向买方发货为止。

（4）交易合同的履行和索赔。这一阶段是从买卖双方办理完所有手续之后开始，卖方要备货、组货，同时办理报关、保险、取证、信用等手续，然后将商品交付给运输公司包装、起运、发货。买卖双方可以通过电子商务系统跟踪发出的货物，银行和金融机构也可以按照合同处理双方收付款，进行结算，出具相应的银行单据等，直到买方收到自己所购商品，就完成了整个交易过程。在买卖双方交易过程中出现违约时，需要进行违约处理工作，受损方可向违约方提出索赔。B2B 交易过程如图 6-3 所示。

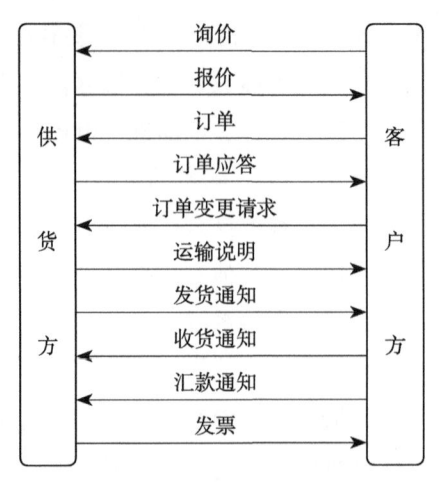

```
         询价
供  ←─────────────  客
    报价
货  ─────────────→  户
    订单
方  ─────────────→  方
    订单应答
    ←─────────────
    订单变更请求
    ─────────────→
    运输说明
    ←─────────────
    发货通知
    ─────────────→
    收货通知
    ←─────────────
    汇款通知
    ─────────────→
    发票
    ←─────────────
```

图 6-3　B2B 交易过程

（四）C2B 电子商务

C2B（consumer to business，消费者对企业的电子商务模式），即消费者向企业预定或定制模式。消费者根据自身需求定制产品和价格，或主动参与产品设计、生产和定价，产品、价格等彰显消费者的个性化需求，生产企业进行定制化生产。C2B 电子商务模式在近年各大平台的促销活动中得到广泛应用，比如"双 11"和"6·18"等电商促销节，平台中预售产品通常在产品详情页或标题中标注或显示。

按定制主体和定制内容两个维度可以将 C2B 电子商务的形式分为五类，分别是群体定制价格、个体定制价格、群体定制产品、个体定制产品和混合型。农产品尤其是生鲜类目产品，由于生产的季节性、贮存和运输条件苛刻等原因，产品损耗率较大，利用 C2B 电子商务模式，可以适当延伸产品销售期限，且能做到按需生产、采摘、配送服务，减少产品损耗，提高农户收入，并提升消费者满意度。泰顺县高岗种植专业合作社等新型农业经营主体逐渐采纳该方式，改善供应链。

泰顺县高岗种植专业合作社的 C2B 电子商务案例

泰顺县高岗种植专业合作社创立于 2012 年，位于国家生态县泰顺县百丈镇飞云湖畔半山中，种植基地面湖背山、风景秀丽、土地肥沃。截至 2023 年，种植红心猕猴桃 4000 余株、杨梅 1000 余株。种植基地获评"瓯越鲜风阳光农场"，红心猕猴桃取得绿色食品认证，杨梅获评鹿城区人民政府颁发的"2023年温州（鹿城）我为群众找好梅-金奖"荣誉。

泰顺县高岗种植专业合作社负责人夏俊生介绍，每年杨梅成熟季节是大家最辛苦的时候，种植基地根据杨梅成熟规律分品种栽种黑炭、东魁等品种，但杨梅采果期依然集中在半个月内，且成熟期恰逢梅雨天气，鲜果极不易储存，需要当天采摘当天销售，为此夏俊生先生积极寻找更好的经营和销售方式。在电子商务培训中接触C2B电子商务模式，他认为实施网络预售模式对其合作社有所促进。于是在各大电商平台上实施C2B电子商务模式，开展杨梅鲜果的预售，且为了促进销售，对预定客户实施优惠活动，杨梅成熟后客户支付尾款，杨梅成熟时按照客户下单顺序采摘和发货。

实施C2B电子商务模式后，延长了杨梅鲜果的销售时间，拓展了销售范围，吸引了全国各地消费者前来预定订单化的采摘和配送，更好地解决了杨梅鲜果不易储存的缺陷。当年杨梅产品销售后，合作社成员还对客户信息进行登记和管理，做好客户关系维护和管理，以便以后为客户提供更好的服务和产品。

C2B电子商务的业务流程如下：商家发布预售商品并设置定金→消费者提出定制需求，并支付定金→等待商家生产、备货→商家生产、备货完成，消费者支付尾款→商家组织发货→客户确认收货与评价→商家做好售后服务。C2B电子商务模式中的B（business）既可以是生产厂商，也可以是交易活动的中间商。当企业是生产厂商时，通常还表述为C2M电子商务模式。C2M（consumer-to- manufacturer，消费者直连制造）是一种新型的工业互联网电子商务的商业模式，又被称为"短路经济"，是指现代制造业中由用户驱动生产的反向生产模式，用户直连制造即消费者直达工厂，强调的是制造业与消费者的衔接。

（五）B2G电子商务

B2G电子商务即企业与政府之间通过网络进行的商业模式，包括政府通过网上服务为企业创造良好的电子商务环境和政府网上采购。

二、按交易渠道区分的电子商务模式

交易渠道的划分主要是指互联网线上和线下渠道，结合农业企业，这里主要分析O2O电子商务模式。O2O电子商务模式是指将线下的商务机会与互联网结合,让互联网成为线下交易的平台。O2O 模式较多地应用于农业采摘与观光类、餐饮、旅游等领域。与传统的消费者在商家直接消费的模式不同,在 O2O 平台商业模式中,整个消费过程由线上和线下两部分构成。线上平台为消费者提供消费指南、优惠信息、便利服务(预订、在线支付、地图等)和分享平台,而线下商户专注于提供服务。O2O 电子商务的业务流程如下:

(1)引流。线上平台作为线下消费决策的入口,能够汇聚大量有消费需求的消费者,或者引发消费者的线下消费需求。常见的 O2O 平台引流入口包括消费点评类网站(如大众点评)、电子地图(如百度地图、高德地图)、社交类网站或应用(如微信、抖音、小红书)。

(2)转化。线上平台向消费者提供商铺的详细信息、优惠(如团购、优惠券)、便利服务,方便消费者搜索、对比商户,并最终帮助消费者选择线下商户、完成消费决策。

(3)消费。消费者利用线上获得的信息到线下商户接受服务、完成消费。

(4)反馈。消费者将自己的消费体验反馈到线上平台,有助于其他消费者做出消费决策。线上平台通过梳理和分析消费者的反馈,形成更加完整的本地商户信息库,可以吸引更多的消费者使用在线平台。

(5)存留。线上平台为消费者和本地商户建立沟通渠道,可以帮助本地商户维护消费者关系,使消费者重复消费,成为商户的回头客。

三、按交易对象划分的电子商务模式

网络交易的对象主要可分为实体商品和虚拟商品两大类,实体商品涉及物流配送环节,而虚拟商品可通过网络直接传输。按照交易对象可以将电子商务模式分为直接电子商务模式和间接电子商务模式两大类。(1)直接电子商务模式,所交易的对象为虚拟商品,在整个交易活动过程中,不涉及物流配送环节,所有交易过程都可以在网上完成,如手机在线充值、虚拟点数卡交易等。(2)间接电子商务模式,所交易的对象为实体商品,需要物流配送作为传输载体,如鞋子、汽车等产品在购买后无法通过网络传输,必须依靠传统物流行业辅助完成。

四、按网络类型划分的电子商务模式

根据电子商务活动展开所利用的网络类型，可以将电子商务模式分为 EDI 电子商务模式、intranet 电子商务模式、internet 电子商务模式等。（1）EDI 电子商务模式。根据国际标准化组织的定义，EDI 是一种电子传输方法，利用这种方法，首先将商业或行政事务处理中的报文数据按照一个公认的标准，形成结构化的事务处理的报文数据格式，进而将这些结构化的报文数据经由网络，从一台计算机传输到另一台计算机。EDI 电子商务模式在 20 世纪 90 年代应用较多，现今主要使用互联网电子商务模式。（2）intranet 电子商务模式。intranet 主要指企业内部网络，通过该网络进行的企业管理、商品交易等被称为 intranet 电子商务。（3）internet 电子商务模式。internet 电子商务是指通过 internet 进行的电子商务活动，活动范围可以扩大至全球各个角落，参与人员遍布全球，市场规模巨大，是目前电子商务的主要类型。

五、区域典型农村电商模式

农村电商经历近 20 年发展，各地区逐步探索出发展经验，通常是以县域为单位，打响县域电商品牌并推广成功模式。县域电商是指以县域为基础单元发展电子商务，要求县级领导以县域的眼光布局电子商务发展路线，配置人力资源和财政资源，紧密结合本地的实际情况，探索出适合自己县域的电子商务发展模式（曾亿武等，2016）。我国部分县域涉农电子商务模式有沙集模式、遂昌模式、清河模式、沭阳模式、成县模式、武功模式、通榆模式、临安模式等。

（一）沙集模式

"沙集模式"的起源地在江苏省徐州市沙集镇东风村。沙集镇是典型的苏北农村，年年以人均不足 1 亩的盐碱地种植着水稻和玉米，收入很低。青壮年多依靠外出打工增加收入。这里曾全镇发展养猪业，却在 1998 年东南亚金融危机受到严重冲击。后来全镇发展废旧塑料回收业，有"全乡收破烂"之说，但却在 2008 年全球金融危机和我国日益严格的环保政策中受到较大影响。从 2006 年开始，以孙寒为首的"电商三剑客"开始尝试做简易家具电商。

短短四年，东风村网店生意从无到有，从小到大。从2006年到2008年，是沙集镇网商的萌芽、起步、摸索和初步成熟阶段。在这一阶段，网商的商业模式初步成型，探索出了从商品设计、网上销售、网下加工、物流配送一整套成熟的商业运作模式。从2008年开始，网店模式被村民们快速复制，呈现爆发式增长。

"沙集模式"的核心要素是"农户+网络+公司"。农户自发地使用市场化的电子商务交易平台变身为网商，直接对接市场；网销细胞裂变式复制扩张，带动制造及其他配套产业发展，各种市场元素不断跟进，塑造出以公司为主体、多物种并存共生的新商业生态；这个新生态又促进了农户网商的进一步创新乃至农民本身的全面发展。"农户+网络+公司"相互作用、滚动发展，形成信息网络时代农民的创业致富新路。

（二）遂昌模式

遂昌县位于浙江省西南部，隶属丽水市，位于钱塘江、瓯江上游，仙霞岭山脉横贯全境，山地占总面积的88.83%，全县总面积2539平方公里，总人口23万。

独特的自然环境造就了遂昌优质的农特产品，从2005年开始遂昌就有网商自发做淘宝，主要经营竹炭、烤薯、山茶油、菊米等农特产品。近些年遂昌的电子商务也逐渐发展起了服装、家具等品类，形成了朱阿姨童装等知名网络品牌。

2010年3月，遂昌网店协会成立，遂昌电子商务进入了快速发展期。2012年9月，遂昌县荣获阿里巴巴第九届全球网商大会"最佳网商城镇奖"。2012年底，协会共有卖家会员1200多家，全年共完成电子商务交易约1.5亿元。至2013年1月淘宝网遂昌馆上线，初步形成了以农特产品为特色，多品类协同发展的县域电子商务中的"遂昌模式"。

"遂昌模式"的核心是分销服务，以本地化电子商务综合服务商作为驱动，带动县域电子商务生态发展，促进地方传统产业，尤其是农业及农产品加工业实现电子商务化，"电子商务综合服务商+网商+传统产业"相互作用，在政策环境的催化下，形成信息时代的县域经济发展道路。其中，本地化电子商务综合服务商是遂昌模式的核心，网商是发展的基础，传统产业是遂昌模式的动力，而政策环境则是遂昌模式产生的催化剂。

(三)清河模式

清河县是历史名县,如今更以其强大的羊绒产业闻名世界,有"中国羊绒之都"的称号,更有"世界羊绒看中国,中国羊绒看清河"的说法。这里拥有全国 80%、全球 50% 以上的羊绒加工能力;山羊绒产量长期占到全国的 60% 以上,全球的 40% 以上的份额,具有非常雄厚的产业基础。清河电子商务正是依靠着这个专业的、传统的大市场得到了快速的发展。

清河电商的起步也与 2008 年的全球金融危机有关。受其影响,清河羊绒的出口额下滑很大。在这种情况下,清河县委县政府实施了许多举措,其中之一是大力发展电子商务,提出了"网上网下互动,有形市场与无形市场互补"的发展思路。依托传统优势产业,清河电商走出了一条独特的县域电商发展模式:专业市场+电子商务。清河羊绒电商的发展模式有强大的传统产业或专业市场作支撑,其电商供应链的效率高、商品价格低、行业竞争力强。看到领路人的示范之后,有着深厚的产业积累的传统商户和企业都迅速转型电商,网商群体和交易规模迅速放大。政府大力营造的电商生态对当地电子商务的发展起到了强大的推动作用。

(四)沭阳模式

江苏沭阳以绿色的传统苗木产业为依托,依托淘宝等电子商务平台,广大农民在政府的积极引导和帮助下,大规模开展线下培育种植线上营销的经营模式,并根据网络市场的反馈和需求,进行苗木品种的研发、品类结构的调整和品质的提升。通过近 10 年的电子商务发展,整个苗木产业全面升级。

"沭阳模式"的核心是大众创业创新,广大农户在原有产业基础上自发电商创业,实现连片发展,促进农业产业升级。截至 2015 年,沭阳全县网店数量将近 4 万户,电商交易额达 70 亿元,快递发货量达 6000 万件。全县电商直接创业和带动间接就业人员总数达 15 万人,全县上下形成了浓厚热烈的创新创业氛围和生动丰富的创新创业局面。沭阳县农村电商的生态建设工作主要体现在线上线下载体建设、硬件和软件的整合推进上。包括专业的供货市场、物流快递园、电商产业园、软件产业园、网络创业孵化基地、电子商务公共服务中心、电子商务协会等。

(五)成县模式

位于甘陕川三省交界处的甘肃省陇南市成县,素有"陇上江南""陇右粮仓"之称,是联合国非物质遗产保护组织中国分部确定的"千年古县"。

作为传统农业县，成县从 2013 年开始，走到了农业电商潮流前沿。成县的电商道路，肇始于核桃。2013 年，时任县委书记李祥注册新浪微博，发文推介成县核桃。一周时间，该微博访问量达到 50 多万，成县和成县核桃因此走向"爆火"。

近十年来，成县通过"爆品"路线、政府营销等方式，带动广大群众持续增收。如今，成县以农产品电子商务为突破口，党政部门、干部群众、市场主体、社会各界联动发力，打造电商全产业链，为巩固拓展脱贫攻坚成果同乡村振兴有效衔接注入源头活水。

"成县模式"的核心是"协会主导+微营销"，电商协会跟合作社签订供销协议，由协会开网店进行销售，每当推新品和做活动时，全县动员起来，通过微博和微信大力传播。

（六）武功模式

武功地处关中平原西部，是新疆、青海和甘肃三省区东出的重要通道。武功县东距省会西安约 70 公里，距咸阳国际机场约 50 公里；西宝高速公路、陇海铁路、西宝中线、西宝北线和省道 107 穿境而过，交通十分便利。这里地势平坦开阔，地理位置优越，是关中地区重要的交通枢纽和物资集散地。基于自己有利的区位和交通优势，武功县提出了通过电子商务"买西北、卖全国"的战略规划，也就是说在网上也做"西货东进的集散地"。以园区作载体，大力吸纳外地电商到当地注册经营。园区不仅聚集了农产品生产、加工、仓储、物流和销售等各类企业，还聚集了西北五省 30 多类 300 多种特色农产品。武功模式以人才为支撑。

"武功模式"的核心是招商引资，通过招商的形式把外部大卖家吸引进来，让这些大卖家成为本地农产品的电子销售商。"集散地"的规划充分发挥了交通便利，仓储和物流业发达的优势。以配套完善的电商园区为依托，大力吸纳外地电商到当地注册经营。整合了西北的物产资源，突破了本地物产有限的约束。

（七）通榆模式

通榆县位于吉林省西部，科尔沁草原东陲，是世界公认的优质农产品黄金产业带。通榆县作为农业大县素来就有"葵花之乡""绿豆之乡"的美誉，盛产杂粮杂豆、打瓜等特色优质农产品。为破解长期以来的农产品销售困局，2013 年 9 月底，通榆县招商引入杭州常春藤实业有限公司，该公司主营通榆特色农畜产品,这也标志着通榆县农产品电子商务项目正式启动。在经营中,逐渐形成了一条具有通榆自身特色、以农产品原产地直供为核心的电子商务发展之路。

"通榆模式"的核心是引进综合服务商,一方面由该服务商对接合作社和企业,策划实现生产标准化、产品分拣化、包装精美化和运营品牌化,另一方面在电商平台上经营专卖店,将本地农产品销售出去。

(八)临安模式

临安区位于浙江省西北部,是浙江省陆地面积最大的县级市。临安的特产中,最有名的就是山核桃,临安的山核桃产业有五百多年的历史。2014年,临安全市山核桃网络年销售额达到18亿元,占临安农村电商销售额的80%。

临安农村电商的发展特点是"一品一带一生态"。"一品"指的是以地标产品/特色农产品(山核桃)为切入,借助互联网平台,快速提升销量和品牌认知;"一带"指随着消费者需求量的提升,形成种植、生产、加工、流通、运营、营销为一体的坚果炒货特色产业带;"一生态"指政府、服务商、协会、经营主体四种角色上下联动,构建县级、镇级、村级的电商服务体系,形成完整的县域电商生态圈。

不同地区结合相应的服务内容,探索出电商与农村产业相结合的服务模式,主要如下。

(1)村级电商服务中心:在农村地区建立电商服务中心,为村民提供电子商务平台,帮助他们开设网店、展示和销售农产品和手工艺品等。

(2)农村电商合作社模式:农民组成合作社,共同运营电商平台,整合农产品资源,提供统一的销售渠道和服务,或是将农产品与加工产业相结合,农民组成合作社进行农产品加工,并通过电商渠道销售加工产品。

(3)农村电商直播模式:利用直播平台,农民可以实时展示和销售农产品,吸引消费者的关注和购买。

(4)农村电商金融服务模式:为农民提供电商金融服务,例如农产品贷款、保险、支付等,提高农民的经济活力和发展机会。

(5)农村电商农旅融合模式:将电商与乡村旅游业相结合,通过电商平台推广和销售农村旅游产品和服务,促进乡村经济发展。

(6)乡村特色电商村:在有特色产业或产品的乡村地区,打造电商村,集中展示和销售当地的特色农产品或手工艺品。

（7）农村电商物流配送中心：建立农村电商物流配送中心，将农产品从农村运送到城市，提供快速、高效的配送服务。

第三节　电子商务思维与运营分析

一、电子商务思维分析与引导

（一）电商思维概述

电商思维是指在电子商务领域中，运用特定的思考方式和战略观念来解决问题和实现目标的思维方式。它涉及对消费者、市场、技术、数据和竞争等因素的全面理解，并在此基础上制定和执行相关战略，以推动电子商务业务的发展和成功。电商思维强调以顾客为中心、数据驱动的决策、创新和持续改进、跨渠道整合以及社会责任等核心原则。

电商思维帮助企业更好地了解市场和顾客，制定有效的战略和决策，提升用户体验和销售业绩，推动企业持续创新和发展，并积极履行社会责任。

（二）顾客导向

电商思维注重通过数据分析和市场调研等手段，全面了解顾客需求和行为。这有助于企业更准确地把握市场趋势，精确定位目标受众，并提供个性化的购物体验，从而增强顾客满意度和忠诚度。通过了解顾客需求和行为、提供个性化的购物体验，并构建客户关系和忠诚度，企业可以建立长期稳定的顾客基础，实现持续增长和业务成功。

（1）了解顾客需求和行为。了解顾客需求和行为是电商思维中的关键一环。通过深入了解顾客，企业能够精确把握他们的喜好、偏好和购买动机，从而为他们提供更准确的产品和服务。以下是一些方法和策略来了解顾客需求和行为：一是数据分析，通过分析关键数据指标，如网站流量、转化率、购物篮放弃率等，可以获得对顾客行为的洞察，例如，分析网站流量来源可以了解哪些渠道带来了最多的潜在客户，从而调整营销策略。二是调研和反馈，进行定期的市场调研和顾客反馈收集。通过问卷调查、焦点小组讨论和深入访谈等方法，可以获取顾客对产品、品牌和购物体验的意见和建议，这有助于发现顾客的真实需求和痛点，从而进行相应的改进和创新。三是社交媒体监测，通过监测社交媒体平台上的讨论和反馈，可以了解顾客对产品和品牌的态度与看法，帮助企业及时发现潜在问题，并快速解决。四是用户行为分析，通过网站和应用程序的用户行为分析工具，了解用户在购物过程中的行为模式，例如，了解他们的浏览习惯、搜索关键词、点击产品的偏好等，有助于优化网站设计和购物流程，提供更符合用户期望的体验。

（2）提供个性化的购物体验。在电商思维中，个性化的购物体验是提高用户满意度和增加转化率的关键因素。通过根据顾客的喜好、历史购买记录和行为进行定制化的推荐和服务，可以提供更加个性化和精准的购物体验。以下是一些策略和方法来提供个性化的购物体验：一是个性化推荐，基于用户的购买历史、浏览习惯和兴趣，通过推荐算法向用户提供个性化的产品推荐，帮助用户发现他们可能感兴趣的产品，提高购买的可能性。二是定制化产品和服务，允许用户根据自己的需求和偏好进行产品的定制和个性化选择，例如，提供定制化的商品、个性化的包装或个人化的客户服务。三是个人化的营销活动，基于用户的特征和行为，发送个性化的促销活动和优惠券，以激发用户购买欲望和增加转化率。四是响应式网站设计，确保网站能够根据用户的设备和屏幕大小自适应调整，提供一致的购物体验，无论用户是在电脑、平板还是手机上浏览网站，都能够获得良好的视觉和操作体验。

（3）构建客户关系和忠诚度。在电商思维中，构建客户关系和忠诚度是实现长期业务成功的重要目标。忠诚的顾客倾向于重复购买、推荐给他人，并成为品牌的忠实倡导者。以下是一些策略和方法来构建客户关系和忠诚度：一是个性化沟通，通过定期发送个性化的电子邮件、短信和推送通知等方式与顾客保持沟通，提供关于新产品、促销活动和特别优惠的信息，同时展示对顾客的个性化关怀。二是售后服务和支持，提供快速响应和优质的售后服务，解决顾客的问题和需求，确保及时处理退款、退货和投诉等问题，以保持顾客满意度。三是会员计划和奖励，建立会员计划，为顾客提供特定的福利和奖励，例如，积分制度、生日优惠、独家折扣等，以激励顾客保持忠诚，并增加他们的购买频率。四是社交互动和用户参与，通过社交媒体平台、在线社区和用户评论等渠道，与顾客进行互动和参与，回复顾客的问题和评论，展示对顾客意见的重视，增强顾客对品牌的认同感。五是客户调研和反馈，定期进行客户满意度调研和反馈收集，了解顾客对产品和服务的评价与期望，根据反馈结果进行改进和调整，以提升顾客满意度和忠诚度。

（三）数据决策

电商思维倡导以数据为基础做出决策，通过收集、分析和解读关键数据指标，企业能够更好地评估业务绩效、了解市场竞争情况，从而调整战略和优化运营。数据驱动决策还可以帮助企业发现潜在的商机和问题，及时做出相应调整。

（1）采集和分析关键数据指标。在数据驱动决策中，采集和分析关键数据指标是了解业务状况和趋势的基础。企业需要确定适合其业务目标的关键数据指标，并建立有效的数据采集和分析体系。主要关键数据指标和相关方法如表6-3所示。

表6-3 数据采集与分析指标

序号	指标名称	主要内容
1	销售数据指标	通过销售系统和电子商务平台收集销售数据，并进行分析和比较，可以了解产品销售情况和趋势。包括销售额、销售数量、平均订单价值等
2	顾客数据指标	通过顾客关系管理系统和数据分析工具，收集和分析顾客数据，可以洞察顾客行为和购买习惯。包括新客户数量、重复购买率、顾客生命周期价值等
3	网站和应用程序数据指标	通过网站分析工具收集和分析这些数据指标，可以了解网站和应用程序的表现和用户行为。包括网站访问量、页面浏览量、转化率等
4	市场份额和竞争数据指标	通过市场调研和竞争情报收集这些数据，并进行分析和比较，可以评估企业在市场中的地位和竞争优势。包括市场占有率、竞争对手的销售数据等

（2）利用数据进行市场调研和竞争分析。数据驱动决策的另一个重要方面是利用数据进行市场调研和竞争分析。通过深入了解市场和竞争环境，企业可以做出更明智的决策，制定更有效的营销策略。常见的方法和技巧如表6-4所示。

表6-4 利用数据进行市场调研和竞争分析的常见方法与技巧

序号	方法与技巧名称	主要内容
1	顾客调研和反馈	通过定期的市场调研和顾客反馈收集，了解顾客对产品、品牌和购物体验的看法和需求，帮助企业发现顾客的真实需求和痛点，为产品改进和创新提供依据
2	市场趋势分析	通过收集和分析市场数据和行业报告，了解市场的发展趋势、消费习惯和竞争态势，帮助企业及时调整战略，抓住市场机会并规避潜在风险

续表

序号	方法与技巧名称	主要内容
3	竞争对手分析	通过收集和分析竞争对手的销售数据、市场份额和产品策略，了解竞争对手的优势和弱点，帮助企业制定差异化的竞争策略，并找到突破点和创新方向
4	数据挖掘和机器学习技术	利用数据挖掘和机器学习技术，发现隐藏在数据中的模式和关联关系。通过这些技术，企业可以发现市场的细分群体、用户行为模式和市场机会，为精确的市场定位和个性化营销提供支持

（3）基于数据做出战略决策和优化。数据驱动决策的最终目标是基于数据做出战略决策和优化。通过深入分析和解读数据，企业可以获得洞察力，从而制定更准确、有效的战略方案。关键步骤和方法如表6-5所示。

表6-5 基于数据做出战略决策和优化的步骤与方法

序号	步骤与方法	主要内容
1	设定明确的目标和指标	根据企业的战略目标，确定关键的业务指标和可衡量的目标，目标和指标应该与企业的愿景、使命和核心价值观保持一致
2	基于数据的决策制定	将数据和分析结果纳入决策制定的过程中，通过数据的支持，对不同方案进行评估和比较，选择最佳的决策方案
3	持续监测和优化	建立数据监测和反馈机制，定期评估和监测战略的执行效果。根据数据分析结果，及时进行调整和优化，以确保战略的有效性和适应性
4	制定预测和规划	基于数据分析和趋势预测，制定中长期的预测和规划，帮助企业做出明智的决策，应对市场变化和挑战

（四）多渠道整合

电商思维强调将线上线下渠道进行有效整合，以提供无缝的购物体验。通过跨渠道的销售和营销策略，企业能够扩大市场覆盖范围，满足不同消费者的购物偏好，提高销售额和市场份额。

（1）在线平台选择和管理。在多渠道销售中，选择适合的在线平台并进行有效的管理可以为企业提供更广泛的市场覆盖和销售机会。在线平台选择和管理主要有以下几个方面。

平台选择。根据企业的产品特点、目标市场和定位，选择适合的在线平台。常见的在线平台包括电商平台（如阿里巴巴、京东、亚马逊）、社交媒体平台（如抖音、微信）和自建网站等。每个平台都有其独特的特点和用户群体，企业需要综合考虑平台的流量、用户规模、销售政策、费用结构等因素，选择最适合自身业务的平台。

店铺管理。在选择了合适的在线平台后，企业需要进行店铺的有效管理。这包括店铺的设计和布局、产品展示、营销活动、库存管理等。通过精心的店铺管理，企业可以提升品牌形象、吸引更多顾客，并提高销售效果。

评估和优化。定期评估在线平台的表现和效果，并根据数据分析结果进行优化。这可以包括关注关键指标（如销售额、转化率、顾客评价等）、监测竞争对手的表现、改进产品描述和图片、优化关键词和搜索排名等。通过不断的评估和优化，企业可以提高在线平台的表现，并与顾客建立更紧密的联系。

（2）整合线上线下渠道。多渠道销售涉及线上线下渠道的整合，以提供无缝的购物体验和更广泛的销售渠道。整合线上线下渠道主要有以下几个方面。

一体化销售平台。整合线上线下渠道的第一步是建立一体化的销售平台。这可以通过建立统一的库存管理系统、订单管理系统和客户关系管理系统来实现。一体化平台可以帮助企业实现库存同步、订单跟踪和客户数据共享，提供一致的购物体验。

线上线下互动。通过线上线下互动，提供更全面的购物体验。例如，线上顾客可以在网站上查看产品信息和库存，然后在实体店进行试穿或体验；线下顾客可以在实体店试用产品后，使用在线平台进行购买。此外，企业还可以通过线上线下互动的方式，提供线下门店的优惠券和活动信息，促进线下销售。

数据整合与分析。整合线上线下渠道的关键在于数据的整合和分析。通过整合不同渠道的数据，企业可以更全面地了解顾客的购买行为和偏好，从而进行个性化的推荐和营销活动。数据分析也可以帮助企业评估不同渠道的销售表现，优化资源分配和决策制定。

（3）跨境电商和全球化销售。随着全球市场的开放和跨境贸易的便利化，跨境电商和全球化销售成了许多企业的重要发展方向。主要有以下关键因素。

市场选择：选择适合的跨境市场和目标国家。这需要考虑目标市场的消费习惯、文化差异、法律法规、物流配送等因素。企业需要了解目标市场的需求和竞争情况，并制定相应的营销策略和销售计划。

海外仓储和物流。建立合适的海外仓储和物流体系，以支持跨境销售。这可以包括与当地物流合作伙伴的合作、选择可靠的国际运输方式、解决关税和清关问题等。

跨境支付和风险管理。跨境电商需要考虑支付和风险管理的问题。选择合适的跨境支付方式，并采取有效的风险管理措施，以确保交易的安全性和顺利完成。

本地化营销和客户服务。在全球化销售中，企业需要进行本地化的营销和客户服务。这包括使用本地语言和货币进行营销宣传，了解目标市场的文化和习俗，并提供快速响应和优质的客户服务。

跨境电商和全球化销售可以为企业带来更大的市场机会和销售增长，通过选择合适的在线平台、整合线上线下渠道、制定跨境销售策略和提供本地化服务，企业可以拓展国际市场、实现全球化销售的目标。

（五）用户体验优化

电商思维强调关注用户体验，从网站设计、购物流程到售后服务等方方面面提供便捷、高效、个性化的体验。良好的用户体验可以增强用户满意度和口碑传播，提高转化率和重复购买率。

（1）网站和移动应用设计与优化。网站和移动应用的设计和优化对于提供良好的用户体验至关重要。主要包括以下几个方面。

用户界面设计。设计简洁、直观的用户界面，使用户能够轻松地浏览和操作网站或移动应用。信息的合理布局、清晰的导航菜单、易于理解的标识和按钮等都是有效的设计元素。

响应式设计。确保网站和移动应用在不同的设备上都能提供一致的用户体验。响应式设计可以自动适应不同屏幕尺寸和分辨率，使用户无论使用桌面电脑、平板电脑还是手机，都能获得良好的浏览和操作体验。

导航和搜索功能。提供简单易用的导航菜单和搜索功能，帮助用户快速找到所需的产品或信息。合理的分类和标签，以及智能搜索建议和过滤选项，可以提高用户的浏览效率和满意度。

内容优化。优化网站和移动应用的内容，使其信息准确、清晰，并针对目标用户进行个性化定制。关键是提供有价值的产品描述、图片和视频，以及用户评价和推荐。

（2）简化购买流程和支付体验。简化购买流程和提供良好的支付体验可以减少用户的购物阻碍，提高转化率和用户满意度。主要包括以下几个方面。

简化注册和登录。提供快速注册和登录选项，或支持第三方登录方式，减少用户的操作步骤和填写信息的烦琐性。

优化购物车。确保购物车功能简单明了，并提供清晰的商品列表、数量编辑、价格明细等功能。此外，还可以为用户提供保存购物车、分享购物车和自动恢复购物车等便利的功能。

简化支付流程。提供简单、安全的支付选项，如信用卡支付、电子钱包或第三方支付平台。避免过多的支付步骤和冗长的填写表单，提供一键支付或自动填写功能，提高支付的便捷性。

安全保障和信任建立。在支付环节强调安全保障措施，如SSL加密、支付安全标识等。同时，提供透明的退款和售后服务政策，建立用户对购物和支付过程的信任感。

（3）响应式客户服务和售后支持。优秀的客户服务和售后支持是用户体验优化的重要组成部分。主要包括以下几个方面。

多渠道客服。提供多种渠道的客户服务，如在线聊天、电话支持、电子邮件和社交媒体等。确保及时响应用户的咨询和问题，并提供高效的解决方案。

个性化客户体验。通过客户关系管理系统和用户数据分析，了解用户的需求和偏好，并提供个性化的服务和建议。个性化的客户体验可以增强用户的忠诚度和满意度。

售后支持。提供及时、专业的售后支持，包括订单跟踪、退换货服务、产品保修等。解决用户的问题和投诉，并确保用户在购买后获得满意的体验。

持续改进和反馈收集。定期评估客户服务和售后支持的表现，并收集用户反馈。通过持续改进和优化，提高客户服务水平，并不断满足用户的需求和期望。

通过优化网站和移动应用的设计，简化购买流程和支付体验，以及提供响应式的客户服务和售后支持，提升用户体验，增强用户的满意度和忠诚度，促进销售额增长，使企业在竞争激烈的电商市场中取得竞争优势。

（六）社交媒体和内容营销

电商思维认识到社交媒体在塑造品牌形象和吸引用户方面的重要性。通过利用社交媒体平台进行品牌宣传、内容营销和用户互动，企业可以扩大品牌影响力、增加用户参与度，进而促进销售和品牌忠诚度。

（1）利用社交媒体拓展品牌影响力。社交媒体已成为企业拓展品牌影响力和与目标用户互动的重要渠道。主要包括以下几个方面。

社交媒体平台选择。根据目标受众的特征和行为习惯，选择适合的社交媒体平台。不同的平台具有不同的用户群体和特点，例如抖音、小红书、微信与微博等国内社交媒体平台和 Facebook、Instagram、YouTube 等国外社交媒体平台。企业需要了解各个平台的特点和优势，并选择与目标用户最匹配的平台。国内外主要社交媒体平台对比分析如表 6-6 所示。

表 6-6　国内外社交媒体平台对比分析

序号	平台名称	呈现内容	主要用户群体	优点	缺点
1	抖音	短视频、直播、创作者内容等	年轻用户群体	视频内容丰富多样，适合创作者和娱乐行业；强大的内容推荐算法，个性化推荐用户感兴趣的内容；提供创作者支持和变现机制；社交互动和分享功能活跃	视频制作门槛较高，内容质量要求较高；竞争激烈，获取用户关注和点赞难度增加；短视频形式限制信息传达的深度
2	小红书	用户生成的内容、购物攻略、时尚美妆等	年轻女性用户群体	用户生成的内容多样化，吸引时尚美妆等领域用户；提供购物攻略和产品评价；强调用户体验和分享社区；支持社交互动和品牌合作	用户群体相对独特，受众范围相对较窄；竞争激烈，品牌曝光难度增加；广告投放形式受限，主要以品牌合作为主
3	Bilibili	动画、游戏、影音、二次元文化相关内容	年轻用户群体，特别是二次元文化	特色化的内容定位，聚焦于动画、游戏、影音等二次元文化领域；独特的社区文化和粉丝经济；提供创作者支持和变现机制；社交互动和评论功能活跃	用户群体相对独特，受众范围相对较窄；竞争激烈，吸引用户关注和点赞难度增加；特定领域内容为主
4	微信	文字、图片、视频、公众号、小程序等	广泛用户群体	用户规模庞大，是国内最主要的社交媒体平台；提供多样化的社交功能和服务，如聊天、支付、公众号、小程序等；强大的社交互动和分享功能；提供个人和企业号两种账号形式	广告投放形式受限，主要以朋友圈和公众号为主；信息传播受好友关系链限制；商业化服务门槛较高，须满足一定条件才能开通功能

续表

序号	平台名称	呈现内容	主要用户群体	优点	缺点
5	微博	文字、图片、视频、话题等	广泛用户群体，特别是年轻用户	实时性强，信息传播迅速；社交互动和话题讨论活跃；提供认证机制，有利于个人和品牌形象建设；广告投放形式多样	用户活跃度相对下降，竞争激烈；信息容量限制，文字表达受限；平台监管较严，内容审核相对严格
6	Facebook	文字、图片、视频、链接分享等	广泛用户群体	用户规模庞大，全球用户覆盖广；提供广告投放和精准定位功能；支持创建品牌页面和社群；数据分析工具丰富	用户对广告的接受度逐渐降低；竞争激烈，品牌曝光难度增加；隐私和数据安全问题
7	Instagram	图片、短视频、故事分享等	年轻用户和创意行业用户	图像导向的平台，适合视觉内容展示；用户活跃度高，与时尚、美容、摄影等领域相关；强大的社交互动和分享功能；可以利用品牌标签和合作达人增加曝光	广告显示受限，仅限于图片和短视频形式；竞争激烈，吸引用户关注的难度增加；信息传达受限，主要以视觉为主
8	Twitter	短文本、图片、视频、链接分享等	新闻、媒体和公众人物	实时性强，信息传播迅速；提供即时互动和回复功能；全球范围内的用户覆盖；有利于公众形象塑造和话题讨论	信息容量限制，文字表达受限；广告投放形式有限，展示空间有限；消息流量大，内容易被淹没
9	LinkedIn	商务资讯、职业人脉等	职业人士和企业	商务氛围浓厚，适合职业人士互动；提供求职招聘和专业知识分享平台；有利于建立专业形象和业务合作；数据分析工具完善	用户活跃度相对较低，目标受众有限；社交互动功能较其他平台有限；广告投放形式较单一，展示空间有限
10	YouTube	视频分享、创作者内容等	广泛用户群体	视频内容丰富多样，适合创作者和娱乐行业；广告投放形式多样，可实现商业变现；社交互动功能丰富，评论和分享互动活跃；支持长视频和直播功能	视频制作门槛较高，内容质量要求较高；竞争激烈，获取用户关注和订阅难度增加；广告显示可能影响用户体验

品牌形象传播。通过社交媒体平台传播品牌形象和核心价值观。创建专业且吸引人的社交媒体资料，包括品牌标识、品牌声音和品牌故事。通过发布有关品牌的内容，如产品介绍、品牌活动、用户故事和行业见解，加强品牌认知和忠诚度。

品牌故事讲述。利用社交媒体平台讲述品牌故事，吸引用户的注意力并建立情感连接。通过分享品牌的历史、愿景、使命和成就，传达品牌的价值观和文化。同时，利用多媒体内容（如图片、视频、直播）来丰富品牌故事的表达方式，增加用户的参与和互动。

（2）创建有吸引力的内容和广告。在社交媒体上创建有吸引力的内容和广告可以吸引用户的关注并促进品牌的传播。主要包括以下几个方面。

创意和故事性。在社交媒体上发布有创意和故事性的内容和广告,引起用户的兴趣和共鸣。通过情感化的故事、幽默感和引人入胜的视觉元素,吸引用户停下来阅读、观看和分享内容。

视频和直播。视频和直播是吸引用户注意力的强大工具。通过制作精彩的品牌视频和直播活动,向用户展示产品、提供教程、举办活动等,增加用户的参与和互动。

用户生成内容。鼓励用户生成内容,如用户评价、分享和参与品牌相关的活动。用户生成内容不仅增加了用户参与度,还为品牌创造了更真实和可信的声音。

(3)运用社交媒体参与用户互动。社交媒体为企业提供了与用户互动的机会,促进用户参与和品牌忠诚度的建立。主要包括以下几个方面。

社交媒体管理和监测。建立专业的社交媒体管理团队,负责与用户的互动、内容发布和品牌声誉的监测。及时回复用户的留言、评论和私信,解决用户的问题和疑虑,保持积极的互动。

社群建设。创建并管理品牌社群,鼓励用户之间的交流和互动。通过举办线上活动、提供专属优惠和奖励,激发用户的参与和忠诚度。

活动和竞赛。利用社交媒体平台举办与品牌相关的活动和竞赛,提高用户的参与度和互动性。例如,用户照片比赛、创意标语竞赛等,可以激发用户的创造力和积极性。

利用社交媒体拓展品牌影响力、创建有吸引力的内容和广告,运用社交媒体参与用户互动,企业可以增强用户对品牌的认知和情感连接,提高用户的参与度和忠诚度,有助于增加品牌曝光、扩大受众范围,并在竞争激烈的市场中取得竞争优势。

(七)物流和供应链管理

电商思维将物流和供应链视为关键的环节。通过建立高效的物流网络、优化库存管理和配送流程,企业能够实现及时的订单处理和顺畅的交付,提高顾客满意度,并降低运营成本。

(1)建立高效的物流网络。一个高效的物流网络能够确保产品能够及时、准确地送达给顾客,提升顾客满意度并增加重复购买率。为了建立高效的物流网络,企业需要做好:仓储和配送网络优化,根据销售数据和顾客分布情况，合理规划仓储和配送中心的位置，以便能够覆盖更广的地域范围并减少配送时间和成本；选择合适运输方式，根据产品属性和目标市场的特点，选择合适的运输方式，如快递、物流、航空运输等，以确保产品能够以最快速度送达给顾客；做好技术支持，利用物流科技和信息系统，提高物流运作的可视性和自动化程度，实现订单追踪、库存管理、运输路线优化等，以提升物流效率和准确性。

（2）优化库存管理和配送流程。优化库存管理和配送流程对于提供快速、准确的交付服务，做好库存规划，根据销售趋势、季节性需求和供应商交货时间等因素，制定合理的库存规划，避免库存过剩或缺货的情况发生；增强供应链可视化，通过采用供应链管理系统和技术工具，实现供应链各环节的数据共享和可视化，帮助企业实时掌握库存情况、订单状态以及交付进度等信息，以便及时调整和协调；优化配送流程，通过改进配送路线、提升配送效率、采用智能配送技术等手段，减少配送时间和成本，同时提供更准确、及时的配送服务。

（3）建立供应链合作伙伴关系。建立良好的供应链合作伙伴关系，做好供应商选择与管理、信息共享协作、协同规划创新。供应商选择与管理，选择合适的供应商，并与其建立长期的合作关系，以确保产品质量、交货时间和供应稳定性。信息共享与协作，与供应商共享销售数据、库存信息和市场趋势等重要信息，以便供应商能够更好地进行生产计划和库存管理。协同规划与创新，与供应链合作伙伴共同规划产品创新、新品开发和市场推广等活动，以提升产品竞争力和供应链的整体效率。国内市场顺丰快递等物流公司特点如表 6-7 所示。

表 6-7 国内市场物流公司特点分析

序号	物流公司名称	特点分析
1	顺丰速运	在全国具有广泛的物流网络，提供快速、可靠的快递服务；强调客户体验和服务质量，注重技术支持和信息可视性；提供多样化的物流服务，包括同城配送、仓储管理等
2	圆通速递	快递服务网络覆盖全国，具有较高的市场份额；在跨境物流领域有一定优势，提供跨境物流服务；提供冷链物流服务，适应冷链需求；价格相对较有竞争力，具有一定的市场优势
3	中通快递	快递服务覆盖全国，拥有大规模的物流网络；提供多样化的末端配送服务，满足不同客户需求；提供供应链解决方案，协助企业进行供应链管理和优化；具有较强的价格竞争力，吸引了大量用户选择合作

续表

序号	物流公司名称	特点分析
4	京东物流	与电商平台紧密合作，服务优势明显；提供全链路物流服务，覆盖订单管理、配送、售后等环节；强调技术创新和数字化运营，提供高效的物流解决方案；提供供应链解决方案，协助企业进行供应链管理和优化
5	邮政速递	具有全国性的快递服务网络，较好的覆盖范围；提供末端配送服务，满足用户的个人和商务需求；提供仓储管理服务，帮助企业管理库存和配送流程；价格相对较有竞争力，吸引了大量用户选择合作
6	EMS	EMS 是中国邮政速递物流有限公司的品牌，具有邮政特色；提供国际快递和特快专递服务，覆盖全球范围；作为国家邮政企业，拥有一定的信誉和安全性保障；在一些偏远地区具有较好的覆盖能力
7	宅急送	提供快递、仓储、配送、物流等服务，覆盖范围较广；强调快速和及时性，提供快速、高效的物流解决方案；注重客户体验和服务质量，努力提供优质的物流服务；在部分区域具有较好的服务质量和市场知名度
8	天天快递	提供快递服务，快递网络覆盖全国范围；服务速度较快，有着较高的时效性；注重用户体验，提供全程跟踪服务和信息可视性；价格相对较有竞争力，吸引了一定数量的用户选择合作
9	德邦物流	提供快递、仓储、运输等综合物流服务；具备大规模的物流网络和仓储设施；在运输领域有一定优势，提供不同运输模式的选择；提供专业的供应链管理和定制化物流解决方案；部分地区的服务质量有待提高
10	优速快递	快递服务网络覆盖全国范围，提供快速、可靠的快递服务；注重服务质量和客户体验，提供多种配送服务和增值服务；强调信息技术和数据分析，提供可视化的物流跟踪和管理；价格相对较有竞争力，吸引了一定数量的用户选择合作

（八）创新发展

电商思维强调创新和持续改进的重要性。电子商务行业快速变化，不断涌现新的技术和商业模式。通过跟踪行业趋势、关注竞争对手和用户反馈，企业能够及时创新产品和服务，保持竞争优势。

（1）跟踪行业趋势和技术创新。随着科技的不断发展和市场竞争的加剧，新的趋势和创新不断涌现，对电商企业来说，及时了解并应对这些变化至关重要。首先，了解行业趋势可以帮助企业把握市场机遇，通过跟踪消费者行为、市场需求和竞争动态，企业可以发现新的商机并及时作出调整，例如，随着移动互联网的普及，手机购物成为趋势，电商企业可以及时调整自己的战略，开发移动端应用，提供便捷的购物体验。其次，关注技术创新可以提升企业的竞争力，电商行业涉及许多关键技术，如大数据分析、人工智能、物联网等，这些技术的应用可以提升企业的运营效率、优化用户体验，并开发出创新的产品和服务。企业应该积极关注新技术的发展，并研究如何将其应用到自己的业务中，以保持在市场上的竞争优势。

（2）产品和服务改进。市场需求的变化和用户反馈的不断涌现，需要企业不断改进和优化自己的产品和服务，以满足用户的需求并提供更好的体验。首先，企业应该与用户保持紧密的沟通和反馈机制，通过用户调研、市场调查、用户反馈等方式，了解用户的需求和期望，发现产品和服务的不足之处，并进行相应的改进，例如，电商平台可以通过用户调研了解用户的购物习惯和偏好，从而优化网站或移动应用的设计和功能，提供更好的购物体验。其次，企业应该不断关注市场竞争对手的动态，通过对竞争对手的产品和服务进行分析和比较，发现差距和优势，并进行相应的改进和创新。例如，企业可以关注竞争对手的促销策略、配送服务等方面，以提供更具竞争力的产品和服务。

（3）鼓励员工创新和学习。员工是企业创新和持续改进的重要力量，为了促进创新和学习，企业应该营造积极的工作氛围和文化。鼓励员工提出新的想法和建议，并给予他们充分的支持和资源，建立创新激励机制，奖励那些提出创新方案并取得成果的员工，激发他们的创新潜能。同时，企业应该提供培训和学习机会，帮助员工不断提升自己的技能和知识，以适应快速变化的市场和技术环境。鼓励团队合作和知识共享，建立开放的沟通渠道，促进员工之间的交流和合作，以集思广益、共同推动创新和持续改进，组织内部创新活动、团队讨论和知识分享会，营造一种积极的学习和创新氛围。

二、电子商务运营分析——以淘宝网为例

（一）竞争对手分析

在日常店铺运营中，尤其是店铺起步阶段，分析和学习竞争对手，通常能使自己更快地习得开店知识。在分析竞争对手时，需要明确自身的目标需求，如竞争对手流量渠道、订单增长趋势、订单量、发展趋势、产品图片与短视频、产品价格、物流价格信息等。

1.产品分析

（1）产品差异。产品差异是指企业以某种方式改变那些基本相同的产品，以使消费者相信这些产品存在差异而产生不同的偏好。按照产业组织理论，产品差异是市场结构的一个重要因素，差异产品的成功往往在很大程度上影响着企业控制市场的程度。除了完全竞争市场（产品同质）和寡头垄断市场（产品单一），产品差异通常是普遍存在的。

（2）产品价值。产品价值是由产品的功能、特性、品种、品质与式样等所产生的价值。它是顾客需要的中心内容，也是顾客选购产品的首要因素，因而在一般情况下，它是决定顾客购买总价值大小的关键和主要因素。

产品价值是由顾客需要决定的，在分析产品价值时应注意以下两个方面。

一是在经济发展的不同时期，顾客对产品有不同的需求，构成产品价值的要素及各种要素的相对重要程度也会有所不同。例如，我国在计划经济体制下，由于产品长期短缺，人们把获得产品看得比产品的特色更为重要，顾客购买产品时更看重产品的耐用性、可靠性等性能方面的质量，而对产品的花色、式样、特色等较少考虑；在市场商品日益丰富、人们生活水平普遍提高的今天，顾客往往更为重视产品的特色质量，如要求功能齐备、质量上乘、式样新颖等。

二是在经济发展的同一时期，不同类型的顾客对产品价值也会有不同的需求，在购买行为上显示出极强的个性特点和明显的需求差异性。因此，这就要求企业必须认真分析不同经济发展时期顾客需求的共同特点，以及同一发展时期不同类型顾客需求的个性特征，并据此进行产品的开发与设计，增强产品的适应性，从而为顾客创造更大的价值。

（3）价格设置。产品价格是销售的主要影响因素之一，查看竞争对手产品的价格区间，设置合理的价格区间和人群定位，可有效帮助产品成功销售。以淘宝店铺连衣裙产品为例，通常观察两个区块：一是综合排序界面，可以清晰显示价格区间和购买用户占比，如图 6-4 所示；二是搜索结果产品展示页中相近或类似产品，并记录其价格区间。

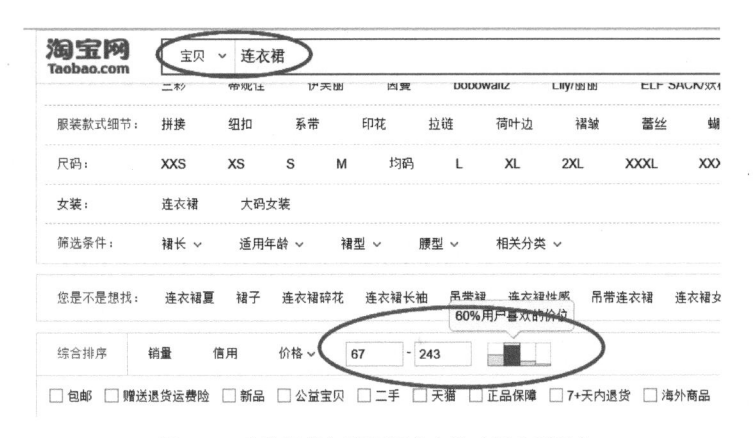

图 6-4　价格区间与购买用户占比（圈中所示）

2. 转化率提高分析

（1）产品主图。以淘宝为例，在产品详情页中有五张主图，每张主图表现不同的卖点和特点，需要在视觉、文案方面区别于竞争对手。可以把产品的主图和竞争对手的主图进行对比，找出竞争对手未关注的点，加到自己的产品主图中。

（2）主图视频。主图视频是卖家争夺点击和转化的战略要地，消费者偏爱通过主图视频了解产品卖点。可以采用与竞争对手不同的拍摄方法，把产品卖点通过视频的方式展现出来，提高转化率。

（3）详情页。详情页是卖家详细说明产品卖点的板块，主图的卖点是产品的主要卖点，其余的卖点或者对于卖点的补充可以在详情页补充说明。例如，女装类目的产品需要在详情页添加产品细节图、产品尺码表等，这些必要的细节可以在详情页补充描述。

为减少跳失率、提高店铺停留时间、提升店铺转化率，卖家通常在详情页中链接店铺其他款式产品，吸引顾客点击或购买。

（4）发货地。可以查看竞争对手的发货地，以及这个类目的产品在哪个地区的销量高，进行对比和数据分析后结合自己的仓库填写发货地址。

（5）SKU 设置。SKU（stock keeping unit，库存量单位）即库存进出计量的基本单元，可以以件、盒、托盘等为单位。如果同一款产品有 N 种颜色，通常称为 N 个 SKU。分析竞争对手的 SKU 设置情况，如竞争对手对于 SKU 的描述是黑色、黄色、白色、粉色，可以在自己产品的 SKU 中增加材质的表述（如黑色 - 棉麻、黄色 - 棉麻、粉色 - 棉麻），根据实际情况设置差异化 SKU。

（6）客服水平。通过与竞争对手的客服进行沟通，参考学习竞争对手的自动回复话术设置，分析竞争对手客服人员的反应速度、人工回复话术等，更改并运用到自己的产品客服中。

3. 产品流量分析

竞争对手产品流量分析，可以通过观察产品页面获得基础信息，如产品月销售量、累计评价数等。如须获得更多信息，则可以通过单击"千牛卖家中心"页面中的"生意参谋"→"市场"链接进行分析，目前部分功能需要购买后才能使用。

（二）店铺权重与单品权重

流量是网络店铺的生存基础，如何提升搜索引擎对店铺或产品的收录与排名是广大电子商务运营人员的重要工作之一，而权重是影响搜索引擎排名的依据之一，在具体表述中通常将权重分为店铺权重和单品权重。下面以淘宝店铺为例，分析店铺权重和单品权重的影响因素。

1. 店铺权重

简而言之，店铺权重是店铺的综合能力考核评估，主要影响因素包括店铺类型、店铺层级、店铺DSR、店铺稳定性和店铺违规情况等。

（1）店铺类型。店铺类型主要分为天猫店铺、企业店铺和个人店铺三种类型，是影响店铺权重的因素之一，影响程度根据不同的主营产品有一定差异。若选择个人店铺经营，则需考虑价格数据统计中个人店铺占比较多的价格区间来上传产品，并设置价格。

（2）店铺层级。淘宝系统根据销售金额将店铺分为若干层级，店铺层级可以通过单击"千牛卖家中心"页面中的"数据中心"→"生意参谋"链接查看，如图6-5所示，大部分类目分为七个层级。通常来说，第一层级与第二层级归属于低阶卖家，第三层级到第五层级归属于中阶卖家，第六层级和第七层级归属于高阶卖家。针对低阶卖家，提高层级可以直接带动更多流量；针对中阶卖家，提高层级才能合理地摆脱流量瓶颈。简单地说，店铺层级越高，权重越高，淘宝网给的流量就越大。层级是依据店铺30天内的交易额而定的，每个类目的额度不同。

在店铺运营中，要争取提升店铺层级，一般应保持店铺层级在三层及以上，以便获得更好的店铺权重和流量支持。

（3）店铺DSR。DSR评分是指买家在交易完结后针对店铺的"描述相符""服务态度""发货速度"三项的评估，动态评分测算最近180天的数据。DSR评分作为考量店铺服务水平的关键指标，影响自然搜索中的权重，高评分让店铺排名更靠前，进而带来大量流量，提高店铺销量。店铺DSR评分可以从店铺首页查看，如图6-6所示。或通过单击"千牛卖家中心"页面中的"数据"→"生意参谋"首页→"评价看板"分析评价情况。

图 6-5　淘宝店铺层级　　　　　　　图 6-6　店铺 DSR 评分

（4）店铺稳定性。这里的店铺稳定性主要指产品上新、动销率和滞销率三个方面。通常来说，在网络店铺运营中会定期上传新产品，上传新产品的时间可以固定为每周或每月的某个时间段。网店动销率为有销量的产品数在店铺总产品数中的占比，即网络动销率 = 有销量的产品数 / 店铺总产品数 × 100%。网店动销率通常以近 30 天数据进行统计分析，30 天内没有任何销售的产品，可以考虑更换或更新后重新上架。滞销率是动销率的相对面，即滞销率 =1- 动销率。一般而言，滞销率越低越好。

（5）店铺违规情况。店铺违规会降低店铺权重，违规类型分为警告、扣分、处罚等。因此，店铺运营人员要密切关注店铺动态，及时处理违规信息。

2. 单品权重

单品权重也称宝贝权重，是一个产品的相关因素，影响搜索排名和客户流量，主要包括新品权重、数据权重和非数据权重等。下面以淘宝店铺为例进行分析与描述。

（1）新品权重。对于店铺新上架的产品，系统给予一定的新品权重。通常来说，随着时间的推移，系统配备的新品权重会逐渐下降，新品上架后需要及时做好收藏、加购，提升转化率。

（2）数据权重。数据权重是指产品销量、转化率、加购率、收藏率和加购收藏转化率等数据指标的高低带来的权重评分。转化率是单品权重的重要影响因素，产品转化率可以以行业平均值作为参考数据。

（3）非数据权重。非数据权重主要指详情页跳失率、单品退款率、单品投诉率、单品负面评价数和单品详情页的停留时长等方面的权重，前四项的数值越低越好。

（三）产品标题优化分析

为了使网店运营工作提升搜索引擎的收录排名，易于被消费者检索，产品标题的撰写占据重要的角色。产品标题撰写需站在消费者检索偏好的角度，并考虑搜索引擎的检索规则。消费者通过产品标题能大致了解产品特点，产品标题设置得当能帮助产品获得较好的展现量与排名，消费者通过搜索标题关键词了解产品特点，进而对产品产生兴趣，并形成点击、收藏、购买等行为。下面以淘宝店铺为例分析产品标题。

1. 标题概述

产品标题显示在搜索结果和详情页顶端，占据重要的页面位置，以吸引消费者的目光。标题不是完整的句子，而是由若干关键词组合而成，淘宝店铺规定产品标题字数限制为60个字符（30个汉字）。标题撰写应在字符限制内充分做好关键词编排，每个关键词意味着一部分流量的引入，因此，要尽可能写满60个字符（30个汉字）。

由于每位网店运营人员的关键词撰写思路和操作方法不同，标题通常具有唯一性，但部分店铺为代销类型，标题、主图与详情页描述均为合作企业提供，也有部分店家在上架产品时未及时更改标题等内容。

产品标题的撰写要符合淘宝店铺规则，不能违反相关国家法律法规，要从产品实际出发，不堆砌关键词、盲目使用大词和热词，更不能抄袭他人的产品标题。

2. 关键词分类

产品标题中心关键词可分为核心关键词、促销关键词和属性关键词，也可以按照关键词级别分为一级关键词、二级关键词和长尾词，这三种类型关键词的构成、特点如表6-8所示。

表6-8 关键词分类

类别	构成	特点	举例
一级关键词	产品名	搜索的人最多，用这个词的商品数量也最多	连衣裙、女装、裙子、创可贴
二级关键词	一个属性/特性/材质等+产品名	搜索的人较多，用这个词的商品数量也较多	修身连衣裙、雪纺连衣裙、防水创可贴
长尾词	两个及以上属性/特性/材质等+产品名	搜索的人较少，用这个词的商品数量也较少	修身雪纺夏季连衣裙、防水卡通创可贴

3. 关键词选取

（1）关键词的相关度。关键词选取需要与产品本身具有高相关度，不可为更多的展现机会而堆砌大词和热词，以至于忽略产品本身的特性，否则即使提升展现机会，后期也难以转化。

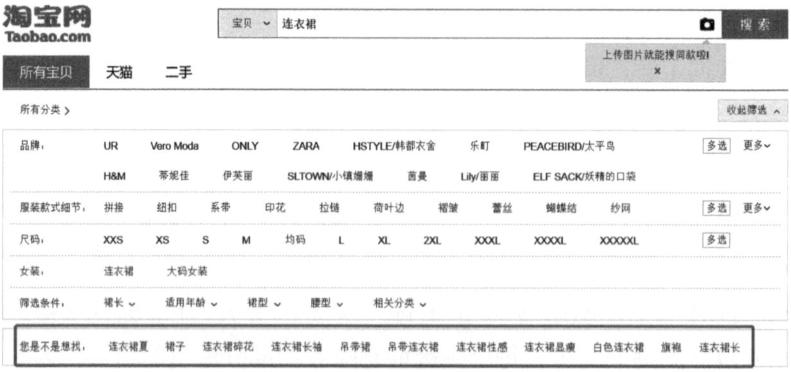

图 6-7 淘宝搜索结果关联词

（2）选词渠道。选取关键词时，要从产品本身入手，充分利用淘宝搜索联想关键词、直通车和生意参谋等工具。充分了解产品本身，包括宝贝的属性、特点、SKU 等情况，避免出现词不对品的情况。收集淘宝搜索联想关键词。在淘宝网搜索框中输入产品关键词，下拉框会显示系统统计的关联热搜关键词，如图 6-7 所示，可对关键词进行记录和甄选，选取合适的关键词作为备选。收集搜索结果"您是不是想找"显示关键词。输入关键词后，在搜索结果的"您是不是想找"一栏显示系统推荐的关键词，如图 6-7 所示，可对关键词进行记录和甄选，选取合适的关键词作为备选。

利用直通车收集关键词。直通车是淘宝店铺的营销工具之一，通过关键词竞价方式获得排名展示机会。直通车的应用内容将在项目五中加以介绍，本小节只介绍关键词获取部分。

通过单击"千牛卖家中心"页面中的"营销中心"→"直通车"进入直通车，单击导航栏中的"推广"按钮进入操作界面，在"标准推广"中新建推广计划，并选择某款产品。

选定产品后，单击"下一步，设置推广方案"按钮，即显示"更多关键词"，单击"更多关键词"后，系统显示产品相关关键词。显示的关键词有相关性、展现指数、竞争度、市场平均出价、点击率和点击转化率等指标。网店运营人员可以复制下载关键词到表格处理工具中进行数据分析，选取合适的关键词作为备选。

利用生意参谋收集关键词。通过单击"千牛卖家中心"页面中的"生意参谋"→"市场"，查看市场热搜关键词，通过观察搜索人气、点击率、交易指数、支付转化率、在线商品数等指标选取合适的关键词作为备选。

4.标题关键词选取原则

在选取标题关键词时，通常有以下几项原则。

（1）可读性原则：60个字符的产品标题，排列时要注意标题的通顺性和可读性以及可拆分性。

（2）首尾原则：将核心关键词放置在权重较大的首尾位置。

（3）紧密排列原则：关键词之间不采取空格等，如女士连衣裙和女士修身连衣裙，这两个词的权重不同。

（4）避免重复原则：标题应避免使用大量重复或类似的关键词。

第七章
新型农业经营主体电子商务组织建设研究

第一节　新型农业经营主体电子商务组织现状分析

新型农业经营主体电子商务的发展可以追溯到互联网的普及和电子商务的兴起。随着互联网技术的不断发展和农业产业的现代化转型，传统的农业经营者逐渐意识到利用电子商务平台可以扩大市场、提高效率和增加收益。在过去的几年中，许多新型农业经营主体，如农民合作社、农产品种植大户、农业企业等，开始利用电子商务渠道进行农产品的销售和推广，为消费者提供了更加便捷和多样化的农产品购买方式，并促进了农产品供应链的升级和优化。

新型农业经营主体电子商务的组织构成包括农业经营主体、电子商务平台和物流配送服务。其中：农业经营主体主要包括农民合作社、农产品种植大户、农业企业等，是农产品的生产者和供应方，且利用电子商务平台进行产品销售和宣传；电子商务平台包括大型综合电商平台和专门的农产品电商平台，大型综合电商平台如阿里巴巴、京东等，提供了农产品的线上销售渠道，此外还有一些专门的农产品电商平台，如辰颐物语、沱沱工社等，专注于农产品的销售和推广；物流配送企业，为农产品的运输和配送提供支持，物流公司和第三方配送平台在电子商务环境下发挥着重要作用，确保农产品能够及时、安全地送达消费者手中。

新型农业经营主体电子商务正处于快速发展阶段，平台建设、农产品品牌、农产品供应链优化、农产品多元化销售、农产品交易模式创新等方面同步发展与提升。主要情况如下：

（1）平台建设。各级政府积极推动农产品电商的发展，通过投入资金和资源，支持新型农业经营主体参与电子商务，例如平阳县全力打造"瓯越美农"电商服务站，发展"1个平台＋1个中心＋3级物流＋N个O2O数字化门店＋M个社区团长"的运营体系。同时，电商平台也加大了对农产品电商的扶持力度，提供技术、培训和营销支持，例如一亩田推出"灯塔计划"在山西60余个县域落地，为山西提供电商人才培养、农产品销售体系建设和农业区域品牌推广等服务，助力山西特色产业发展和乡村振兴。

（2）农产品品牌化。越来越多的农业经营主体开始注重品牌建设和产品质量，通过电子商务平台向消费者传递品牌形象和产品优势，部分地方性农产品品牌逐渐崭露头角，成为消费者的首选，比如温州"瓯越鲜风"通过品牌定位、标识和形象设计、产品质量、营销推广、用户关系和合作伙伴等多个方面的努力，逐步实现品牌化的目标，提升了品牌价值和市场竞争力。

（3）农产品供应链优化。电子商务平台的引入促使农产品供应链的优化和升级，农业经营主体能够更好地与电商平台、物流配送公司和消费者进行对接，提高供应链的效率和可追溯性。

（4）农产品多元化销售。通过电子商务平台，农业经营主体可以实现农产品的多元化销售，除了传统的线下销售渠道，他们还能通过直播销售、社交媒体营销等方式拓展市场，吸引更多的消费者。

（5）农产品交易模式创新。一些新型农业经营主体通过创新的交易模式，如农产品预售、定制化种植、农产品合作社等，与消费者建立更紧密的关系，不仅能够提前获取销售订单，还能够更好地满足消费者个性化需求。

尽管新型农业经营主体电子商务发展迅速，但研究人员在实际调查中发现，单一的农户或中小经营主体缺乏专业电子商务知识、团队或资金，不足以支持电子商务的运营。经营主体对实施电子商务的主观意愿强烈，却受到各种主观、客观因素限制，电子商务的实施程度较低，部分企业或农户处于电子商务信息发布阶段。因此，电子商务化的组织建设在现阶段显得迫切，在数字化改革中，需要进一步优化资源、加强组织间合作，共同建设新型农业经营主体的产业链条。

第二节 不同新型农业经营主体电子商务组织对比分析

一、农民专业合作社电子商务

农民专业合作社电子商务是指农民专业合作社利用电子商务技术和平台，以合作社为组织架构，开展农产品的线上销售、营销和供应链管理等活动。农民专业合作社是由农民自愿组成的、以互助合作为原则，共同经营农业生产和农产品流通的组织形式。而农民专业合作社电子商务则是指这些合作社利用互联网和电子商务平台，通过线上渠道进行产品销售、宣传和供应链管理的商业模式。其主要组织结构通常包括以下几个层次。

（1）农民会员。合作社的成员，也是农产品的生产者，他们通过合作社共同参与经营和管理，并提供农产品资源。

（2）合作社理事会。由农民会员选举组成，负责合作社的决策和管理。理事会成员通常代表了不同的农产品种类或地理区域。

（3）电子商务团队。由合作社内部或外部专业人员组成，负责电子商务平台的运营和管理，包括产品上架、订单处理、物流配送等。

农民专业合作社电子商务具有集体经营、农产品优势、社区互动和供应链整合等特征：以农民合作社为核心，通过集体经营的方式进行农产品的销售和供应链管理；合作社电子商务注重宣传和销售农产品的优势，如绿色有机、地理标志、品牌溯源等，通过电子商务平台向消费者传递产品的品质和特色；鼓励农民会员和消费者之间的互动和交流，通过社区论坛、在线直播等形式建立紧密的联系，增加消费者对农产品的信任感和忠诚度；合作社电子商务通过整合农产品供应链各个环节，包括农产品生产、加工、包装、物流等，提高供应链的效率和可控性。

农民专业合作社电子商务的组织建设面临技术能力、信息化设施、组织管理、产品质量保证、市场拓展和品牌建设等方面的问题。主要情况如下。

（1）技术能力和意识。许多农民专业合作社成员在电子商务领域缺乏必要的技术能力和意识，可能缺乏对电子商务平台的了解和使用技巧，不熟悉电子商务的操作和管理。因此，培训和教育成为必要的环节，以提升合作社成员的电子商务技术能力和意识。

（2）信息化设施和技术支持。农民专业合作社电子商务的发展需要一定的信息化设施和技术支持，包括网络设备、电子商务平台、数据管理系统等。然而，许多农村地区缺乏稳定的互联网连接和信息技术支持，这限制了农民专业合作社电子商务的发展。因此，政府和相关部门应加强对农村地区的信息基础设施建设和技术支持，提供更好的条件和环境。

（3）组织管理和协作机制。农民专业合作社电子商务涉及组织管理和协作机制的建立，合作社成员需要明确各自的责任和角色，建立良好的内部协作机制，协调农产品的生产、销售和配送等环节。此外，管理层面上也需要建立科学的组织结构和运营流程，确保电子商务活动的顺利进行。

（4）农产品质量和安全保证。农民专业合作社电子商务需要对农产品的质量和安全进行保证，包括农产品的种植和养殖过程的标准化管理、农产品的检测和认证等。同时，农产品的包装、运输和配送等环节也需要严格控制，以确保产品在电子商务过程中的质量和安全。

（5）市场拓展和品牌建设。农民专业合作社电子商务在市场拓展和品牌建设方面也面临一定的问题，许多合作社缺乏市场信息和营销手段，对市场需求和消费者偏好的了解有限。同时，农产品的品牌建设和推广也是一个挑战，需要合作社加强品牌意识和营销能力的培养，借助电子商务平台提升品牌知名度和影响力。

解决上述问题需要政府、合作社管理层和相关部门的共同努力，提供培训和技术支持，改善信息基础设施，建立良好的组织管理机制，加强产品质量监管和市场营销，以推动农民专业合作社电子商务的健康发展。

二、农业产业化龙头企业电子商务

农业产业化龙头企业电子商务是指农业产业化龙头企业利用电子商务技术和平台，通过线上渠道进行农产品的销售、营销和供应链管理等活动。农业产业化龙头企业是在农业产业化进程中，以规模化、现代化的经营方式，整合农业资源、推动农产品加工、销售和品牌建设的领军企业。而农业产业化龙头企业电子商务则是指这些企业利用互联网和电子商务平台，通过线上渠道进行农产品的销售、宣传和供应链管理的商业模式。其主要组织结构通常包括以下几个层次。

（1）企业总部。农业产业化龙头企业的总部设立决策和战略规划，包括市场拓展、产品定位、渠道布局等方面。负责整体的企业运营和管理，通过对市场趋势、竞争环境和消费者需求等的分析，为农业产业化龙头企业电子商务制定合理的发展战略，确保企业在电子商务领域的竞争优势。

（2）电商事业部。企业内设立专门的电商事业部，负责电子商务平台的运营和管理，包括产品上架、订单处理、营销推广等。电商事业部负责将农业产业化龙头企业的产品进行上架和运营，收集产品信息、拍摄产品图片、编写产品描述等，并按照销售策略进行分类和展示，以吸引用户的关注和购买。通过线上线下的宣传活动、促销优惠等方式，提高产品的曝光度和市场影响力，吸引更多的用户关注和购买。处理用户的订单，确保订单及时准确地处理和配送，与仓储物流部门进行协调，以确保产品能够按时送达用户手中，并提供良好的售后服务。

（3）农产品供应链团队。企业内设立供应链团队，负责农产品的生产、采购、加工和物流配送等环节，确保产品能够及时送达消费者手中。农产品供应链团队负责与农户、种植基地等供应方进行联系和沟通，进行农产品的采购和选择工作，在合理的价格范围内选择高质量、符合要求的农产品。确保农产品的质量和安全，保证产品能够按时准确地交付给电商事业部，以满足用户的需求。与物流公司进行合作，制定合理的物流方案，确保农产品能够及时、高效地送达用户手中，同时降低运输成本和风险。

农业产业化龙头企业电子商务的经营模式通常包括以下几个环节。

- 农产品上架：企业通过电子商务平台将农产品信息、价格和相关证明资料上架，使消费者可以在线浏览和购买。
- 营销推广：企业通过线上渠道进行农产品的营销推广，如展示产品特点、品牌故事、营养价值等，吸引消费者的关注和购买欲望。
- 订单处理：消费者通过电子商务平台下单购买农产品，企业的电商事业部负责处理订单、确认付款和配送信息。
- 物流配送：企业与物流公司合作，负责将农产品从企业或农户处运送至消费者手中，确保产品的及时送达。
- 售后服务：企业提供售后服务，包括退换货处理、投诉解决和产品质量保证等。

农业产业化龙头企业电子商务主要有规模化经营、供应链整合、品牌建设、多元化营销、数据分析与精细化管理等特征。规模化经营是指农业产业化龙头企业电子商务以规模化经营为特点，拥有较大的生产规模和销售网络，能够提供丰富的农产品品种和稳定的供应。供应链整合是指农业产业化龙头企业电子商务通过整合农产品供应链各个环节，包括农产品生产、加工、包装、物流等，提高供应链的效率和可控性。品牌建设是指农业产业化龙头企业电子商务注重品牌建设，通过线上渠道向消费者传递产品的品质和特色，树立企业的品牌形象和信誉。多元化营销是指农业产业化龙头企业电子商务通过多元化的营销手段，如电商平台推广、社交媒体营销、直播销售等，吸引消费者的关注和购买。数据分析与精细化管理是指农业产业化龙头企业电子商务借助数据分析和信息技术，实现对销售数据、消费者偏好和供应链的精细化管理，提高经营决策的准确性和效率。

农业产业化龙头企业电子商务的组织建设面临技术能力、组织架构、供应链管理、产品质量保障、市场营销和品牌建设等方面的问题。主要情况如下。

（1）技术能力和培训需求。农业产业化龙头企业电子商务需要相关技术能力的支持，包括电商平台的搭建和管理、数据分析和运营等，然而许多农业产业化龙头企业的管理层和员工可能缺乏必要的技术能力。为了解决这一问题，农业产业化龙头企业需要加强培训和教育，提升员工的技术水平和意识。

（2）组织架构和协作机制。农业产业化龙头企业电子商务需要建立合适的组织架构和协作机制，以确保各部门之间的协调和合作，由于电子商务涉及销售、营销、供应链管理等多个环节，需要明确各个部门的职责和协作方式，同时加强跨部门的沟通和协调。

（3）供应链管理和物流配送。农业产业化龙头企业电子商务涉及产品的供应链管理和物流配送，农产品的及时配送对于保持产品新鲜和质量至关重要。因此，农业产业化龙头企业需要建立高效的供应链管理系统，包括订单处理、库存管理和物流配送等，以确保产品能够及时送达消费者手中。

（4）农产品质量和安全保障。农产品的质量和安全是农业产业化龙头企业电子商务的关键问题，电子商务平台需要能够提供农产品的质量和安全认证信息，让消费者能够信任和购买农产品。农业产业化龙头企业需要加强产品质量监管和控制，确保农产品符合质量标准和安全要求。

（5）市场营销和品牌建设。农业产业化龙头企业电子商务需要注重市场营销和品牌建设，随着电子商务的兴起，市场竞争激烈，农业产业化龙头企业需要制定合适的营销策略，提升产品的市场竞争力。同时，建立和推广企业品牌也是重要的一环，通过品牌认知和口碑传播，吸引更多消费者的关注和认可。

解决上述问题需要农业产业化龙头企业加强技术培训，建立合适的组织架构和协作机制，优化供应链管理和物流配送，加强产品质量监管和安全保障，制定有效的市场营销策略，同时注重品牌建设和推广。政府、企业管理层和相关部门应共同努力，提供支持和资源，为农业产业化龙头企业电子商务的组织建设创造良好的环境和条件。

三、专业大户电子商务

专业大户电子商务是指那些以规模化经营为特点、拥有大规模农业生产基地的企业或个体户，利用电子商务技术和平台，通过线上渠道进行农产品的销售、营销和供应链管理等活动。专业大户拥有大规模农业生产基地，采用现代化的农业技术和管理模式进行经营的农业经营主体。其主要组织结构通常包括以下几个层次。

（1）专业大户团队。由专业农业经营者和农业技术人员组成的团队，负责农业生产和管理，他们拥有大规模的农业生产基地，进行种植、养殖等农业活动。

（2）电子商务团队。由企业内部或外部专业人员组成的团队，负责电子商务平台的运营和管理，包括产品上架、订单处理、物流配送等。

专业大户电子商务的经营模式通常包括以下几个环节。

- 农产品上架：专业大户将自己生产的农产品信息、价格和相关证明资料通过电子商务平台上架，使消费者可以在线浏览和购买。
- 营销推广：专业大户电子商务注重产品的营销推广，通过线上渠道宣传产品的特点、品质和来源，吸引消费者的关注和购买意愿。
- 订单处理：消费者通过电子商务平台下单购买农产品，专业大户的电子商务团队负责处理订单、确认付款和配送信息。
- 物流配送：专业大户与物流公司合作，负责将农产品从生产基地运送至消费者手中，确保产品的及时送达。
- 售后服务：专业大户提供售后服务，包括退换货处理、投诉解决和产品质量保证等。

专业大户电子商务主要有规模化经营、产品多样化、供应链整合、农产品品质保证、农产品溯源和认证等特征。专业大户电子商务以规模化经营为特点，拥有大规模农业生产基地和生产能力，能够提供大量的农产品供应，通过电子商务平台提供多样化的农产品，涵盖蔬菜、水果、畜禽肉类等多个品类，满足消费者的需求。专业大户电子商务通过整合农产品供应链各个环节，包括种植、养殖、加工、包装和物流等，提高供应链的效率和可控性，且其注重农产品的品质保证，通过严格的质量控制和标准化生产流程，确保产品的安全、新鲜和高品质。另外，专业大户电子商务注重农产品的溯源和认证，通过信息化技术和证明材料，向消费者传递产品的来源、生产过程和质量保证。

专业大户与农业产业化龙头企业类似，也同样面临技术能力、组织架构、供应链管理、产品质量保障、市场营销和品牌建设等方面的问题。专业大户和农民专业合作社在电子商务的组织建设上存在以下不同问题。

（1）组织结构和治理模式。专业大户通常是由个人或家庭所有，并且在决策和管理方面拥有较大的自主权，因此，专业大户的电子商务组织结构相对简单，决策效率较高。而农民专业合作社作为集体经济组织，涉及多个成员的参与和利益协调，需要建立合理的治理机制和决策流程，以确保成员的利益平衡和决策的民主性。

（2）供应链管理和产品质量控制。专业大户电子商务由于规模较大、资源充足，通常具备更好的供应链管理和产品质量控制能力，可以直接控制和监督产品的生产过程，确保产品的质量和安全性。而农民专业合作社电子商务面临着更多的成员参与和产品来源的多样性，需要建立有效的供应链管理体系和质量控制标准，确保产品的一致性和品质。

（3）成员参与和利益分配。农民专业合作社电子商务的组织建设需要更多地关注成员的参与和利益分配问题，由于合作社涉及多个农户的参与，需要建立公平的利益分配机制，确保成员的参与积极性和利益平衡。而专业大户电子商务由于规模较大、由个人或家庭所有，成员间的利益分配相对较为简单。

四、家庭农场电子商务

家庭农场电子商务是指家庭农场运营者通过利用互联网和电子商务平台，以家庭农场为基础，实现农产品的线上销售、宣传和供应链管理的商业模式。家庭农场以小规模经营为特点，注重可持续农业和本土农产品的生产，而电子商务为家庭农场提供了一个便捷、高效的销售和宣传渠道。其组织结构比较简单，主要包括以下几个层次。

（1）家庭农场经营者。家庭农场的所有者或经营者，负责农产品的种植、养殖、收获等农业生产活动。

（2）电子商务团队。家庭农场可以自行组建或外包给第三方电商团队，负责电子商务平台的运营和管理，包括产品上架、订单处理、物流配送等。

家庭农场电子商务的经营模式通常包括以下几个环节。

- 农产品上架：家庭农场将自己生产的农产品信息、价格和相关证明资料通过电子商务平台上架，使消费者可以在线浏览和购买。

- 营销推广：家庭农场电子商务注重产品的营销推广，通过线上渠道宣传产品的特点、品质和来源，吸引消费者的关注和购买意愿。
- 订单处理：消费者通过电子商务平台下单购买农产品，电子商务团队负责处理订单、确认付款和配送信息。
- 物流配送：家庭农场可以与物流公司合作，也可以自行组织物流配送，负责将农产品从生产地运送至消费者手中，确保产品的及时送达。
- 售后服务：家庭农场提供售后服务，包括退换货处理、投诉解决和产品质量保证等。

家庭农场电子商务主要有小规模经营、本土特色、农产品单一等特征。家庭农场电子商务以小规模经营为特点，通常由家庭经营，生产农产品的数量有限，但注重产品的质量和品质。其注重本土农产品的生产和销售，推广本地农业特色，满足消费者对健康、绿色、有机农产品的需求，但由于家庭农场规模限制，生产种植农产品相对缺乏多样性，产品溯源和品牌建设难度相对较大。

家庭农场和专业大户电子商务在组织建设上存在一些不同的问题。家庭农场需要关注规模扩张和资源管理，强调产品品质和本土特色，建立与消费者的紧密联系，而专业大户电子商务需要更复杂的组织架构和管理模式，应对更大规模的供应和市场拓展，注重品牌建设和广告宣传。两者之间主要差异如下。

（1）规模和资源差异。家庭农场通常是小规模经营，资源有限，主要由家庭经营和劳动力支持。因此，家庭农场电子商务在组织建设方面面临着规模扩张的挑战，像如何应对订单增加、物流配送的提升和库存管理等。而专业大户电子商务通常具有较大的规模和更丰富的资源，需要更多关注供应链管理和市场拓展等问题。

（2）组织架构和管理模式。家庭农场电子商务通常以家庭为单位，组织架构较为简单，决策和管理主要由家庭成员参与，而专业大户电子商务则涉及更复杂的组织架构和管理模式，可能包括不同部门和团队的协作，需要建立相应的层级和沟通机制。

（3）农产品供应和质量保障。家庭农场电子商务的农产品通常以小批量、本土特色为主，更注重产品的品质和特色，需要建立与消费者直接互动的渠道，提供个性化的产品和服务。而专业大户电子商务由于规模较大，可能面临更多的供应和质量控制的挑战，比如如何保证产品质量的一致性和稳定性。

（4）市场营销和品牌建设。由于农产品的特殊性，家庭农场电子商务通常更注重本地市场的开发和本土品牌的建设，需要与当地社区建立紧密的联系，通过口碑传播和地方媒体的宣传来吸引消费者。而专业大户电子商务通常具有更强的市场拓展能力和品牌建设资金，可能会采取更广泛的市场推广手段，如线上广告、跨区域销售和品牌合作等。

针对上述差异问题，家庭农场和专业大户可以根据自身特点和资源情况，制定相应的策略和措施，以推动电子商务的组织建设和发展。

第三节 电子商务组织优化研究

一、公司+农户+电子商务

（一）"公司+农户+电子商务"概述

"公司+农户"的运营模式是农产品流通由计划经济向市场经济转变的必然结果，让很多的企业也尝到了甜头。将电子商务与传统的产品相结合，积极掌握供需的双向信息，延长交易时间，扩大销售渠道获取更多的交易对象，给企业带来巨大的销售空间，构建"公司+农户+电子商务"的营销体系。"公司+农户+电子商务"是一种整合了公司、农户和电子商务的商业模式，旨在通过合作、共赢的方式，促进农产品的生产、销售和营销，提高农户的收入水平。这种模式充分发挥了公司和农户各自的优势，通过电子商务平台进行信息共享和合作，实现农产品的高效流通和市场拓展。在"公司+农户+电子商务"模式中，公司可以是垂直类企业，比如农产品加工企业，农户通过与加工企业合作，将自己的农产品提供给加工企业进行加工和包装，然后由加工企业销售，这可以增加农产品的附加值，拓展销售渠道，提高农产品的市场竞争力。

在这种模式中，公司作为一个中介平台或合作伙伴，与农户建立合作关系。公司通过电子商务平台提供销售和营销渠道，帮助农户将农产品推向市场。同时，公司还提供技术支持、品牌建设、物流配送等服务，提高农产品的质量和市场竞争力。其主要特征如下。

（1）合作关系。公司与农户之间建立合作关系，形成共赢合作的模式，公司提供销售渠道和服务支持，农户负责生产和供应农产品。

（2）电子商务平台。公司依托电子商务平台，为农产品提供在线销售和营销渠道，通过电子商务平台，公司与消费者直接沟通和交易，实现线上线下的整合。

（3）品牌建设。公司在电子商务平台上进行品牌建设，通过塑造品牌形象和提供优质产品，吸引消费者的关注和认可。

（4）技术支持。公司提供技术支持，包括农业生产技术、产品加工技术和质量控制等方面，帮助农户提高农产品的质量和附加值。

（二）"公司＋农户＋电子商务"的经营模式

"公司＋农户＋电子商务"的经营模式主要如图7-1所示：

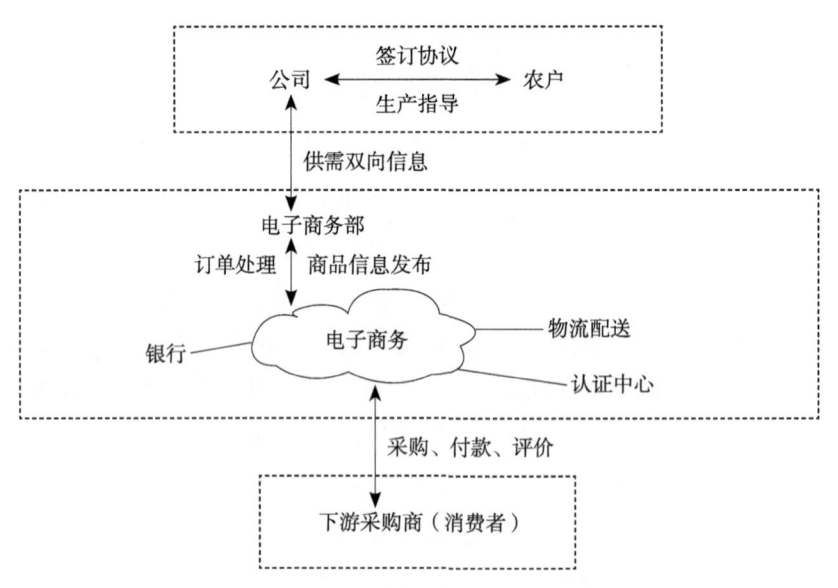

图7-1 "公司＋农户＋电子商务"经营模式

农户受知识和技术能力的限制，在这个营销渠道中并未直接参与电子商务，而是与农业龙头等企业进行接触，进入"公司＋农户"体系；由公司负责农产品的电子商务化运作，负责电子商务平台上的交易信息发布、交易订单处理等；最终，通过电子商务平台，公司将农产品销售给采购商（消费者），而采购商（消费者）利用网络银行将款项付给公司，完成交易。

(三)"公司+农户+电子商务"的优缺点分析

"公司+农户+电子商务"优点主要包括市场拓展、合作关系、技术支持、品牌建设、质量控制、收入增长以及信息共享等方面,这些优点使得农户能够通过合作与公司共享资源和服务,提高农产品的市场竞争力和附加值,实现收入增长。然而,商业模式也存在一些缺点,如市场竞争加剧、存在合作协调和沟通成本、需要适应新技术和管理方式的挑战、需要投入更多资源进行品牌建设、符合公司的质量标准和要求、电子商务平台可能存在佣金或服务费用、需要适应和学习新的信息技术等。主要对比分析如表7-1所示。

表7-1 "公司+农户+电子商务"模式的优缺点

序号	对比项目	优点	缺点
1	市场拓展	公司通过电子商务平台扩大农产品的销售渠道	农户可能面临市场竞争加剧的风险
2	合作关系	公司与农户建立合作关系,共同实现利益最大化	双方合作关系可能存在合作协调和沟通成本的挑战
3	技术支持	公司提供农业生产技术和市场营销等方面的支持	农户可能需要适应新的技术和管理方式
4	品牌建设	公司通过电子商务平台建立农产品的品牌形象	农户可能需要投入更多资源进行品牌建设
5	质量控制	公司提供产品溯源和质量控制等服务	农户需要符合公司的质量标准和要求
6	收入增长	农户通过销售农产品实现收入增长	电子商务平台可能存在佣金或服务费用
7	信息共享	公司和农户通过平台实现信息的共享和互动	农户可能需要适应和学习新的信息技术

二、农产品中介组织+农户+电子商务

(一)"农产品中介组织+农户+电子商务"概述

随着市场经济的变化及农业的发展,需要更多的中介组织介入农产品网络营销渠道,替代政府组织的部分功能。"农产品中介组织+农户+电子商务"即把农户集合到农产品中介组织,由该中介组织提供技术支持来实施农产品营销的电子商务化。"农产品中介组织+农户+电子商务"是一种商业模式,旨在通过中介组织、农户和电子商务的结合,促进农产品的流通和销售,提高农户的收入水平。在这个模式中,农产品中介组织扮演着连接农户

和市场的角色，通过电子商务平台实现农产品的线上销售和市场拓展。其主要特征如下。

（1）市场整合和拓展。农产品中介组织通过整合市场资源和渠道，将农产品连接到更广阔的市场，通过电子商务平台，它能够将农产品的信息和销售渠道扩展到全国甚至全球范围。

（2）供应链管理。农产品中介组织负责整个农产品供应链的管理，包括农产品的收购、储存、加工和物流配送等环节，通过优化供应链，可以提高农产品的品质和保持其新鲜度。

（3）电子商务平台。农产品中介组织通过建立自有的电子商务平台或与第三方电商合作，为农产品提供在线销售和营销渠道，使得农产品能够通过互联网直接与消费者进行交流和交易。

（4）品质控制和认证。农产品中介组织注重农产品的品质控制，通过产品溯源、认证和质量检测等手段，提供给消费者可靠的农产品信息和质量保证。

（二）"农产品中介组织+农户+电子商务"的经营模式

"农产品中介组织+农户+电子商务"的模式如图7-2所示：

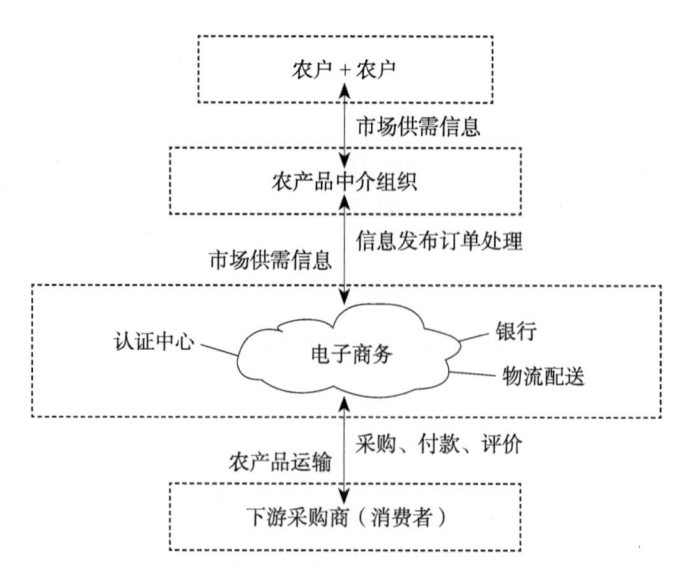

图7-2 "农产品中介组织+农户+电子商务"经营模式

在该模式中，中介组织负责电子商务平台的开发、维护、农产品交易信息发布，并向农户反馈市场动态信息，负责收购、储存、加工和销售农产品，并通过电子商务平台实现农产品的线上销售。农户通过与农产品中介组织的合作，将农产品供给给中介组织，并获得销售收入。

（三）"农产品中介组织+农户+电子商务"优缺点分析

"农产品中介组织+农户+电子商务"的商业模式具有许多优点，如拓展市场、优化供应链、提供电子商务平台和品质控制等，通过有效的管理和协调，可以减少缺点的影响，实现农产品的高效流通和农户收入的提升。

主要优点如下。

（1）拓展市场。农产品中介组织能够将农产品连接到更广阔的市场，提高农产品的销售渠道和市场可及性。

（2）供应链优化。通过中介组织的专业管理，农产品供应链可以更加高效和可靠，提高农产品的品质和新鲜度。

（3）电子商务平台。借助电子商务平台，农产品中介组织可以更好地与消费者互动，提供在线购买和配送服务，方便消费者的购买体验。

（4）品质控制。农产品中介组织注重农产品的品质控制和认证，提供给消费者可靠的产品信息和质量保证。

主要缺点如下。

（1）利益分配不均。农产品中介组织作为中间环节，可能会削弱农户的利润空间，导致农户收入的分配不均。

（2）依赖性增加。农户在与农产品中介组织合作的过程中，可能会依赖中介组织的销售渠道和市场资源，缺乏独立经营的能力。

（3）信息不对称。由于农产品中介组织在市场环节的介入，农户对于市场信息的获取和了解可能不够充分，导致信息不对称的问题。

（4）电子商务技术存在门槛。对于一些农户而言，使用和适应电子商务平台的技术可能存在一定的难度，需要进行相关培训和支持。

三、农户+农户+电子商务

（一）"农户+农户+电子商务"概述

农户可以自寻销路拓展营销的渠道，然而单一农户的力量是非常有限的，所以可以采用"农户+农户"的模式，无论是资金还是技术都扩充了实力。"农户+农户+电子商务"是一种基于农户间合作的电子商务商业模式，旨在通过农户之间的互助合作，借助电子商务平台，实现农产品的联合销售和市场拓展,从而提高农产品的流通效率和市场竞争力。这种模式突破了传统农户之间的独立经营模式,通过合作和资源共享,通过电子商务实现信息的交流、24 小时不间断的运营,扩大销售渠道,获得更多的销售对象,同样能给农户自身带来更多的利益,实现农产品的共同销售和市场拓展。

在"农户+农户+电子商务"模式中,农户通过联合组织或合作社等形式建立合作关系,共同运营一个农产品电子商务平台。农户将自己的农产品上架到电子商务平台上进行销售,共同承担平台运营和推广的责任,同时,农户之间可以共享信息、资源和市场渠道,提高农产品的市场竞争力。其主要特征如下:

(1)农户合作关系。农户之间建立合作关系,共同经营一个农产品电子商务平台,形成互助合作的模式。

(2)电子商务平台。农户通过电子商务平台进行农产品的线上销售和市场拓展,通过平台提供的功能进行产品展示、订单管理、支付和物流配送等操作。

(3)资源共享。农户之间共享信息、资源和市场渠道,提高农产品的市场竞争力,例如,合作社可以共同采购、共享物流和仓储设施等。

(4)品质控制。农户通过合作共同承担农产品的品质控制和质量保证责任,提供给消费者可靠的产品质量。

(二)"农户+农户+电子商务"的经营模式

"农户+农户+电子商务"的模式结构图如图 7-3 所示:

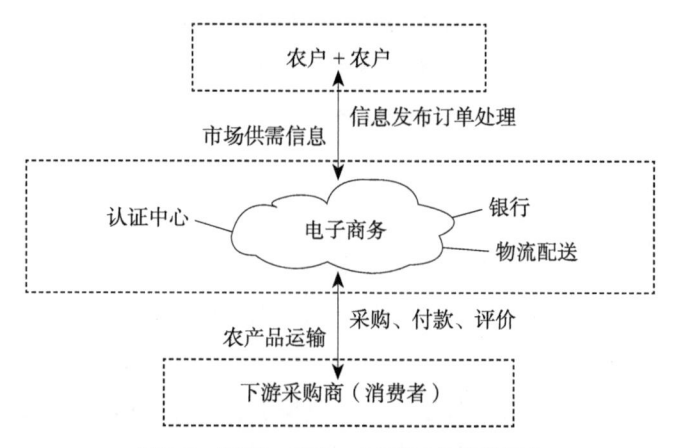

图 7–3 "农户+农户+电子商务"经营模式

在该模式中，农户与农户之间相互合作，抱团行动，降低了农产品营销的风险与成本，在"农户+农户"的集体中推出能应用电子商务的人员具体负责农产品营销的电子商务化，掌握市场动态，发布农产品供给信息，通过电子商务平台将商品销售给采购商（消费者），采购商（消费者）付清款项，完成交易。

（三）"农户+农户+电子商务"优缺点分析

"农户+农户+电子商务"模式在市场拓展、资源共享、电子商务平台、品质控制等方面的优缺点如表7-2所示。

表7-2 "农户+农户+电子商务"模式优缺点

序号	对比项目	优点	缺点
1	市场拓展	农户通过合作拓展市场，共同提高农产品的销售渠道和市场可及性	农户之间合作关系管理和协调成本较高，合作意愿和效果存在差异
2	资源共享	农户可以共享信息、资源和市场渠道，提高农产品的市场竞争力	农户之间可能存在资源分配不均衡、合作意愿不一致等问题，影响资源的有效共享
3	电子商务平台	农户通过电子商务平台实现农产品的线上销售和市场拓展，提高销售效率和便捷性	农户参与电子商务平台需要适应和学习新的技术和管理方式，培训成本较高
4	品质控制	农户通过合作共同承担农产品的品质控制和质量保证责任，提供给消费者可靠的产品质量	需要确保农户具备品质控制的能力和意识，否则可能影响产品质量和信誉

通过这个模式，农户之间可以通过合作共享资源和市场渠道，提高农产品的市场竞争力。借助电子商务平台，农户可以实现农产品的线上销售和市场拓展，提高销售效率和便捷性。另外，农户之间通过合作共同承担农产品的品质控制和质量保证责任，提供给消费者可靠的产品质量。

"农户+农户+电子商务"模式也存在一些挑战和限制。其中：农户之间合作关系的管理和协调成本较高，合作意愿和效果可能存在差异；资源的分配不均衡和合作意愿的不一致也可能影响资源的有效共享；农户参与电子商务平台需要适应和学习新的技术和管理方式，培训成本较高。同时，农户也需要具备品质控制的能力和意识，否则可能影响产品质量和信誉。因此，在实施"农户+农户+电子商务"模式时，需要考虑解决合作关系管理和协调成本高的问题，建立有效的合作机制和沟通渠道，同时需要确保资源的公平分配和合作意愿的一致性，通过协商和合作协议等方式解决资源共享的问题。此外，为农户提供相关的培训和支持，提升他们在电子商务平台上的技术和管理能力，农户也需要加强品质控制意识，确保产品质量和信誉。

四、政府组织+农户+电子商务

（一）"政府组织+农户+电子商务"概述

"政府组织+农户+电子商务"是一种商业模式，旨在通过政府组织、农户和电子商务的结合，推动农产品的流通和销售，促进农村经济的发展，这种模式借助政府的支持和引导，通过电子商务平台提供农产品的在线销售渠道，帮助农户拓展市场，提高收入水平。政府组织在农业的发展中扮演了不可或缺的角色，在农业发展中起到了极大的推动作用。在电子商务发展的背景下，政府组织可以借助新型的手段来推动农业的发展、推动农产品的营销。"政府组织+农户+电子商务"即农户借助政府组织的技术、物力和财力等来实施农产品营销的电子商务化。相关政府组织大致有：农业农村局、商务局（电子商务处）、农产品质量监管部门、农业科学研究院等行政管理或服务协调部门。

农业农村部门负责农业政策制定、农业资源管理和农业发展规划等工作。在"政府组织+农户+电子商务的商业模式"中，可以提供政策支持、技术培训和市场导向，协助农户参与电子商务平台，拓展农产品销售渠道，提高农产品质量和市场竞争力。商务局的电子商务部门负责电子商务发展和管理的政府组织，在"政府组织+农户+电子商务的商业模式"中扮演着重要角色，通过提供电子商务平台、技术支持和培训等，协助农户进入电子商务领域，推动农产品的线上销售和市场拓展。农产品质量监管部门负责监督和管理农产品的质量和安全，在"政府组织+农户+电子商务的商业模式"中，这些部门可以提供产品质量认证、溯源系统建设、质量监督和检测等支持，确保农产品的质量和可信度，提高消费者对农产品的信任和购买意愿。农业科学研究院为农户提供生产种植技术支持，提高生产质量与产出，调整和优化生产种植结构，起着强有力的技术支撑作用。

在这个模式中，政府组织引导农户制定销售计划，并提供政策支持。政府组织通过电子商务平台提供农产品的在线销售渠道，帮助农户将农产品直接销售给终端消费者。政府组织还提供农业技术培训、品牌建设、物流配送等支持，提升农产品的质量和市场竞争力。其主要特征如下。

（1）政府支持与引导：政府组织在这个模式中发挥重要作用，通过政策支持和引导，为农产品的生产、销售和电子商务发展提供支持。

（2）农户合作关系：政府组织引导农户制定销售计划、政策支持和技术培训等措施，促进农产品的生产和销售。

（3）电子商务平台：政府组织通过建立或支持农产品电子商务平台，为农户提供在线销售和营销渠道，连接农产品生产者和消费者。

（4）品质控制和认证：政府组织注重农产品的品质控制，通过产品溯源、认证和质量检测等手段，提供给消费者可靠的农产品信息和质量保证。

（二）"政府组织＋农户＋电子商务"的经营模式

"政府组织＋农户＋电子商务"的经营模式如图7-4所示：

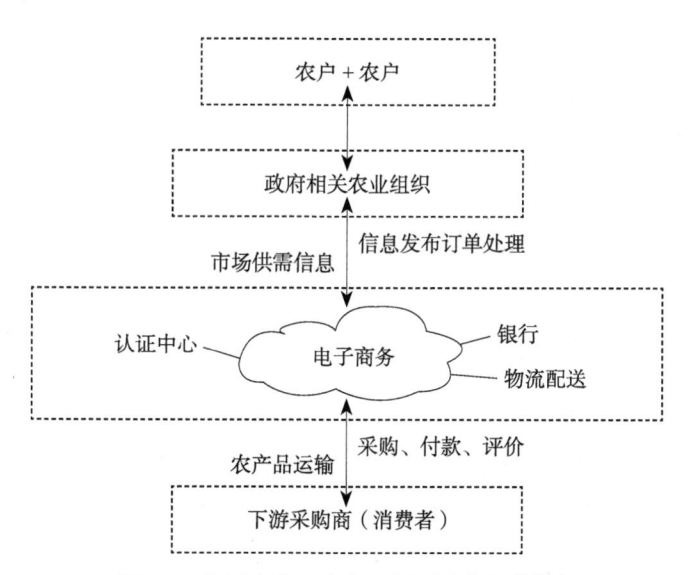

图7-4 "政府组织＋农户＋电子商务"经营模式

应用"政府组织＋农户＋电子商务"的模式后，农户将各自的供应或需求信息告知政府的相关农业组织，由组织的技术人员负责将农户的供需信息发布到电子商务平台，向农户反馈市场动态信息，并负责与采购商沟通、处理农户的订单，直至交易的最终完成。政府组织在这里起到了承上启下的作用。

（三）"政府组织＋农户＋电子商务"优缺点分析

"政府组织＋农户＋电子商务"的商业模式具有许多优点，如市场拓展、政策支持、技术培训、品牌建设、信息共享以及市场定价和政策保护等，这些优点有助于推动农产品的流通和销售，提高农户的收入水平。然而，该模式也存在一些缺点，如政府组织资源和能力的限制、政策执行和效果监测的挑战、技术培训成本较高、品牌建设的时间和资源投入、适应新技术和数据分析能力的需求，以及政府干预可能导致的市场扭曲和资源分配效率低下。主要优缺点如表7-3所示。

表7-3 "政府组织＋农户＋电子商务"模式的优缺点

序号	对比项目	优点	缺点
1	市场拓展	政府支持和引导有助于农产品市场的拓展和覆盖范围扩大	政府组织可能受限于资源和能力，难以全面覆盖所有农产品和地区
2	政策支持	政府组织可以通过政策支持和补贴措施，促进农产品电商发展	政府组织可能面临政策执行的难度和效果监测的挑战
3	技术培训	政府组织可以提供农业技术培训和信息分享，提高农户的生产能力	农户可能需要适应新的技术和管理方式，培训成本可能较高
4	品牌建设	政府组织可以协助农户进行品牌建设和市场推广，提升农产品知名度	农户可能需要投入更多资源进行品牌建设，品牌效应可能需要时间
5	信息共享	政府组织通过信息共享和数据支持，提升农产品供需匹配和市场预测	农户可能需要适应和学习新的信息技术和数据分析能力
6	市场定价和政策保护	政府组织可以通过政策干预和定价支持，保护农产品的利益和价格稳定	政府组织干预可能导致市场扭曲和资源分配效率低下

五、农产品专业市场＋电子商务

（一）"农产品专业市场＋电子商务"概述

"农产品专业市场＋电子商务"是指将传统的农产品专业市场与电子商务相结合的商业模式，农产品专业市场作为线下实体市场，提供农产品的集中交易和销售场所，而电子商务则通过在线平台提供农产品的线上销售和市场拓展。主要农产品专业市场类型如表7-4所示。

表7-4 农产品专业市场类型

序号	类型	描述
1	批发市场	集中批发和交易农产品，供应给零售商、餐饮业和其他批发商
2	综合市场	集合多种农产品的市场，提供一站式购物和交易体验
3	特色市场	以某种特定类型的农产品为主题，如水果市场、海鲜市场、花卉市场等
4	农产品加工市场	面向农产品的深加工和加工企业，提供加工、包装和分销服务
5	进出口贸易市场	促进农产品的进出口贸易，侧重于进出口贸易和跨境交易
6	农村集市	农村地区常见的农产品交易场所，供农民和买家交易与销售各类农产品

"农产品专业市场+电子商务"模式的经营方式主要包括三个方面：一是农产品专业市场，农产品专业市场作为线下实体市场，集中销售各类农产品，该市场提供农产品的集中交易、展示和销售服务，为农户和买家提供便捷的交易场所。二是电子商务平台，通过建立或与现有电子商务平台合作，将农产品专业市场的商品上架在线上平台进行销售。电子商务平台为农产品提供在线销售、订单管理、支付和物流配送等功能。三是农户参与，农户将自己的农产品上架到电子商务平台，通过农产品专业市场进行线下交易和供应，农户可以通过专业市场将自己的农产品推广到更广泛的市场，并与买家进行线上线下的交易。其主要特征如下。

（1）线上线下结合。"农产品专业市场+电子商务"模式将传统的线下农产品市场与电子商务相结合，通过线上平台为农产品提供更广阔的市场和销售机会。

（2）多元化产品。"农产品专业市场+电子商务"模式涵盖各类农产品，包括生鲜农产品、农副产品和特色农产品等。

（3）线下交易场所。农产品专业市场提供实体交易场所，为农产品的集中销售和交易提供便利。

（4）线上销售渠道。通过电子商务平台，农产品可以在线上进行销售，拓展更广阔的市场覆盖范围。

（二）"农产品专业市场+电子商务"的必要性

随着信息技术的发展和人们对电子商务的熟识，电子商务给传统专业市场交易带来一定的冲击。对于众多专业市场而言，电子商务的发展既是挑战更是一种机遇，专业市场应重视交易群体的意愿，加紧步伐迈进网络商圈，逐步与电子商务融合，提升其两大功能——信息集散和交易功能，实现变革与发展。农产品专业市场电子商务模式有其必要性。

首先，市场客户交易方式的意愿转移。与传统专业市场相比，电子商务将商务活动空间从现实生活延伸到互联网络，冲破了时间和空间的限制，且电子商务具有交易的虚拟性、便利性、交易成本低、节约时间、交易效率高等特点，消费者逐步将交易目光转向互联网市场，转向电子商务交易平台。专业市场的进一步发展需要紧随消费群体的意愿，逐步发展电子商务，提升信息集散和交易的功能。

其次，电子商务快速发展推动专业市场转型。根据CNNIC发布的第51

次《中国互联网络发展状况统计报告》显示，截至 2022 年 12 月，我国网民规模达 10.67 亿，其中，网络支付用户规模达 9.11 亿，网络购物用户规模达 8.45 亿。而根据商务部发布的 2022 年《中国电子商务报告》显示，2022 年全国电子商务交易额达 43.83 万亿元，农产品网络零售额达到 5313.8 亿元，主要农产品品类网络零售额占比和同比增速如图 7-5 所示。由此可见，我国网络支付和网络购物普及程度高，用户需求推动农产品专业市场转型升级，加快数字化转型进程。

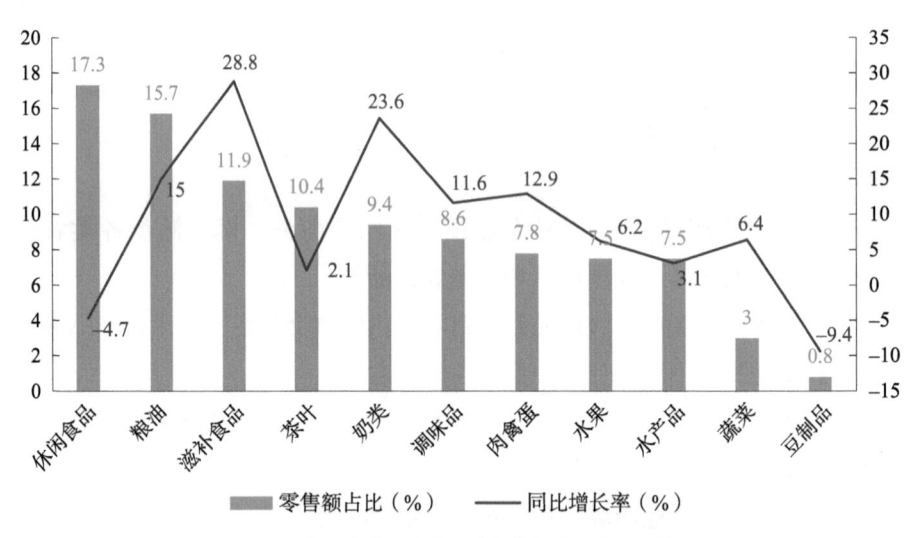

图 7-5 主要农产品品类网络零售额占比和同比增速

最后，电子商务提升专业市场的竞争力。电子商务打破时间和空间的限制，消费群体可以不受经营时间和地理空间的限制，极大地拓展消费群体，激发潜在交易机会。电子商务通过网络加强专业市场信息集散功能，方便消费者精准搜寻交易信息，提升交易效率。电子商务促进专业市场外向拓展后，提升自身知名度，吸引商家入驻，提升市场供给能力。

（三）"农产品专业市场＋电子商务"优缺点分析

"农产品专业市场＋电子商务"模式的优点在于可以通过线上线下结合拓展市场、增加销售机会，提高农产品的市场竞争力和知名度，该模式还可以提高农产品的信息透明度和可信度，优化供应链，提高效率和配送能力。

该模式也存在一些挑战和限制。其中，需要协调和管理线上线下两个销售渠道，涉及两个渠道的物流配送和售后服务等问题，农户需要适应和学习电子商务平台的运营和管理，可能需要投入较高的培训成本。同时，农户也需要适应和学习新的信息技术和平台操作，技术门槛较高，供应链的整合和协同也需要解决相关问题。其优缺点对比分析如表7-5所示。

表7-5 "农产品专业市场+电子商务"模式的优缺点

序号	对比项目	优点	缺点
1	市场拓展	结合线下农产品专业市场和线上电子商务，扩大销售渠道和市场范围	涉及线上线下两个渠道，需要协调和管理两个销售渠道
2	销售机会	提供线下实体市场和线上电子商务平台，为农户提供多样化的销售机会	线上销售可能面临物流配送、售后服务等问题，需要解决相关挑战
3	市场竞争力	提高农产品的市场竞争力，增强品牌影响力和知名度	需要适应和学习电子商务平台的运营和管理，培训成本可能较高
4	信息透明	通过电子商务平台提供的信息，增加农产品的透明度和可信度	农户可能需要适应和学习新的信息技术和平台操作，技术门槛较高
5	供应链优化	通过线上线下的结合，优化农产品供应链，提高效率和配送能力	涉及线上线下物流和库存管理的协调，需要解决供应链的整合和协同问题

（四）"农产品专业市场+电子商务"阻碍因素与对策

农产品专业市场实施电子商务存在主观认识、专业运营技能和交易模式选择等困难，主要如下。

首先，专业市场对电子商务认识不到位。专业市场的发展与快速发展的电子商务并未同步，专业市场对传统交易方式与渠道的思维未能及时地跟进发展，专业市场把更多的竞争焦点定位于线下交易，没有充分意识到网络对于赢得市场未来竞争优势的必要性和紧迫性。

其次，专业市场商户缺乏电子商务运营技能。传统专业市场的交易以"现金、现货、现场"为特征，而电子商务以其交易的虚拟性为特点，需要商户改变传统交易方式，改现金交易为网络支付，改现货交易为线上虚拟交易、线下物流配送，改现场交易为电子市场交易。这个过程需要商户学会网络店铺的操作，需要掌握电子商务运营的技巧，并要熟悉网络营销，以便增加交易的机会。

最后，专业市场选择电子商务模式困难。专业市场在选择电子商务时首先要确立是选择以信息发布型为主的电子商务模式或是以网络交易型为主的电子商务模式；其次需要选择电子商务平台，专业市场需要根据实际情况，选择自建平台或依托第三方平台；最后商户需要完成电子商务类型的定位，选择企业对企业电子商务（B2B）、企业对消费者电子商务（B2C）、线上对线下电子商务（O2O）、消费者定制电子商务模式（C2B）或者是综合应用的模式。

专业市场实施电子商务可以从政府引导、人才培养、专业市场发展三个方面展开：

首先，政府加强环境优化，引导专业市场电子商务良性发展。一方面，加强引导，激发专业市场融合发展电子商务的意识。政府加强宣传，专业市场需要更多地了解与接触电子商务，改变专业市场的传统营销观念，让其充分了解并逐步接受电子商务的新观点，了解网络时代的经济发展现状，认识电子商务相比于传统营销方式的优势；掌握在网络信息经济时代下的市场经济运行法则，掌握信息时代下的网络技术、通信技术和商务技术等技能；引导和促进专业市场与电子商务的融合发展。另一方面，规范市场，打造专业市场电商品牌。为更好地可持续地发展专业市场电子商务，需要赢得消费者的口碑，需要积累网络人气与客户资源，更需要经营者对自身的经营行为进行规范。电子商务是买方市场，消费者掌握充分的交易信息且电子商务平台与市场众多，为更好地发展专业市场电子商务就必须消除消费者的顾虑，提升售前、售中和售后服务，打造有产品特色的电子商务平台，打响专业市场品牌。为更好发展专业市场电子商务，各地方可树立专业市场典型，给予重点扶持，推动电子商务的发展，引导专业市场以点带线、以线带面地稳步发展。

其次，高校加强社会服务，输送电子商务人才。一方面，政府购买培训服务，高校开展从业人员业务培训，由电子商务协会、农产品经纪人协会或农民专业合作社统计和分析培训需求，依托高校资源定期开展电子商务知识培训，解析电子商务前沿动态，培训电子商务操作技能，会同企业一起有计划地组织网商交流会、互学互比、外出学习、企业考察等活动。另一方面，加强校企深度合作，联合培养专业市场电子商务人才，专业市场加强与高校合作，根据需要建立短期和长期合作机制。短期而言，由各协会牵头对接相关高校，开展短期培训、实习生实训、招聘毕业生等合作；长期而言，开展订单培养，以市场需求来规划电子商务、物流配送等专业建设，实现专业市场与学校信息双向互动,互利共赢。此外,高校服务社会产业,输送高端技术人才,高校中有较多高层次电子商务专业师资,能很好地解决专业市场的电子商务发展问题,为地方专业市场与电子商务融合发展建言献策。学校与政府联合,以"科技特派员"或"地方挂职锻炼干部"等方式为地方、为企业输送高端技术人才,缓解人才压力。

最后,夯实电商基础,加快专业市场电子商务转型升级。一方面,加强知识学习,主动与电子商务接轨,电子商务的发展变化非常快,其运营模式、销售方式日新月异,从业人员须及时更新知识,与电子商务的高速发展同步,主动与电子商务接轨。例如今年的移动电子商务、跨境电子商务、生鲜电子商务的发展等。只有与发展同步、与消费者消费方式同步,才能更好地打开市场、占领市场。另一方面,完善组织机构,加快企业转型升级,只有较为完善的组织保障,才能更好、更快地加速企业电子商务转型升级。专业市场可以根据实际情况筹建公司电子商务部,也可将电子商务业务外包给其他组织运营或与其他组织合作发展电子商务,可依据实际情况发展"专业市场自建平台+商户+电子商务""第三方平台+商户+电子商务"或选择较浅层次的以信息发布为主的电子商务模式等。鉴于独立电子商务平台建设需要投入大量人力、物力、财力,且需要较为专业的推广团队运营,因此在电子商务发展初期,建议有实力的专业市场自建平台,而更多的专业市场可依托第三方平台发展电子商务,努力建设"小而美"的电子商务企业。此外,精确运营定位,良性发展电子商务,专业市场根据自身经营性质与特点,选择合适的电子商务模式,以上下游企业间业务为主的专业市场选择B2B电子商务,直接面向终端客户的专业市场选择B2C电子商务,为赢得消费者青睐,以线下商务交易为主的专业市场可选择O2O电子商务模式。为增加用户"黏性",专业市场可推出C2B定制形式的电子商务模式;专业市场需避免重"电"不重"商",不能本末倒置,运营过程中应突出商务活动,不可忽视网络营销和客户服务;专业市场需要精准定位目标客户,熟悉消费群体,根据目标客户的特点建立相应的电子商务交易、沟通等方式。

在互联网与电子商务高速发展时代,将农产品专业市场与电子商务融合发展面临着机遇和挑战。只有紧跟时代步伐,不断创新,融入新的营销体系,才能更好地解决专业市场的转型升级,才能更好地以电商换市场,才能更好地提升其专业市场的信息集散和交易功能,实现更好的升级变革。

六、社区农产品团购 + 电子商务

(一)"社区农产品团购 + 电子商务"概述

"社区农产品团购 + 电子商务"将社区团购和电子商务相结合,旨在通过线上平台组织社区居民集中采购农产品,社区农产品团购通过电子商务平台为社区居民提供便捷的购买渠道,并与农户或农产品供应商直接合作,推动农产品的销售和流通。其主要特征如下。

(1)社区居民参与。"社区农产品团购 + 电子商务"模式侧重于社区居民的参与,鼓励他们通过电子商务平台集中采购农产品,增强了社区居民的购买力和议价能力,并形成社区共同体的合作意识。

(2)农产品供应链短化。通过社区农产品团购,消除了传统供应链中的中间环节,实现农产品供应链的短化,农产品直接从农户或农产品供应商到达社区居民手中,减少了环节和时间,保证了农产品的新鲜度和品质。

(3)购买便捷性。"社区农产品团购 + 电子商务"模式提供了在线上进行商品浏览、下单和支付的便捷性,同时也提供了线下的配送服务,使社区居民无需离开家门就能购买到农产品。

(4)价格优势。通过社区农产品团购,社区居民可以享受到更优惠的价格。团购数量增加,减少了中间环节和销售成本,使得农产品的价格更具竞争力。

(二)"社区农产品团购 + 电子商务"的经营模式

社区农产品团购可以根据不同的组织形式和目标定位,分为社区居民自发组织团购、社区合作社团购和第三方平台组织团购等类型。社区居民自发组织团购是由社区居民自发组织的团购活动,旨在通过集中采购来获得优惠价格和高品质的农产品,这种形式通常由社区居民组织发起,通过线上或线下的方式进行团购活动。社区合作社团购是由农民合作社或农产品合作社发起的团购活动,通过农民合作社与社区居民的合作,提供农产品的供应和团购服务,同时促进农民的农产品销售和增收。第三方平台组织团购由第三方电商平台或团购平台组织和提供团购服务,通过线上平台提供农产品的展示、下单和支付功能,与农户或农产品供应商合作,组织社区居民进行团购。

"社区农产品团购 + 电子商务"的经营模式主要包括以下几个环节。

(1)电子商务平台:建立或利用现有的电子商务平台,提供商品展示、订单管理、支付和物流配送等功能。平台上的农产品供应商可以上架产品，并与社区居民进行交易。

（2）社区团购组织：在社区内建立团购组织，负责组织居民的集中采购和配送。该组织可以由社区居民自发组成，也可以由相关机构或企业发起。

（3）农产品供应商合作：平台与农户或农产品供应商合作，确保供应充足且品质可靠。农产品供应商可以提供农产品的种植或养殖，并配合团购组织的要求进行采摘、加工和配送。

（三）"社区农产品团购＋电子商务"优缺点分析

通过"社区农产品团购＋电子商务"模式，社区居民可以享受到更多优质农产品的便利和优惠，同时也促进了社区共同体的发展。然而，该模式也需要解决社区居民的信任和参与度问题，以及建立供应商和社区居民之间的配送和沟通机制。综合利弊，"社区农产品团购＋电子商务"模式在提供便利和价格优势的同时，需要建立合理的组织和管理机制，以实现长期的可持续发展。主要优缺点如表7-6所示。

表7-6 "社区农产品团购＋电子商务"模式的优缺点

序号	对比项目	优点	缺点
1	市场覆盖	扩大了农产品的市场覆盖范围，吸引了更多社区居民购买农产品	需要建立和维护社区居民的信任和参与度
2	农产品质量	可以确保农产品的新鲜度和品质，减少中间环节带来的质量问题	需要建立供应商和社区居民之间的配送和交流机制
3	价格优势	通过增加团购数量，社区居民可以享受到更优惠的价格	需要平衡农产品供应商的利润和社区居民的价格需求
4	社区共同体	增强了社区居民之间的合作意识和社区共同体的凝聚力	需要建立团购组织和社区居民之间的协作和沟通机制
5	农产品多样性	提供了更多农产品的选择和品种，满足社区居民的多样化需求	需要平衡农产品供应商的规模和种类的丰富程度

第四节 新型农业经营主体电商组织发展影响因素分析

一、影响因素分析

新型农业经营主体的电子商务组织发展受到技术和数字化能力、市场需求和消费者习惯、政策支持和法律环境、供应链和物流配送能力、资金和资源支持，以及企业管理和组织能力等多种因素的影响。这些因素互相作用，共同塑造了电子商务组织的发展环境和机遇。主要影响因素如下。

（1）经营主体观念。高速发展的互联网并没有和广大农户与农业企业对电子商务认识同步发展，市场的供需双向信息流通依然存在很大的障碍，绝大部分企业还只把竞争焦点定位于实体市场和实体交易，没有充分意识到网络对赢得企业未来竞争优势的必要性与紧迫性。农业企业更多地注重实体市场，认为电子商务的风险大、投资周期长、技术程度高，持观望和怀疑态度。

（2）技术和数字化能力。新型农业经营主体需要具备相关的技术和数字化能力来适应和利用电子商务平台。这包括对电子商务技术和工具的了解，以及数字化营销、订单管理、物流配送等方面的能力。技术和数字化能力的提升可以帮助农业经营主体更好地开展电子商务活动。

（3）市场需求和消费者习惯。电子商务组织的发展受市场需求和消费者习惯的影响。随着消费者对农产品线上购买的需求增加，以及对便捷、安全和高品质农产品的需求，新型农业经营主体借助电子商务平台可以更好地满足市场需求。

（4）政策支持和法律环境。政府的政策支持和法律环境对新型农业经营主体的电子商务组织发展起到重要的推动作用。政策措施如金融支持、税收优惠、电子商务平台的建设和规范等可以促进电子商务组织的发展。同时，相关的法律法规和规范性文件的制定和实施也对电子商务活动的合法性和可持续发展起到引导作用。另外，政策支持在农作物的生产技术指导层面较多，对农产品的销售体系关注不够，且政府农业组织中电子商务人才较为缺乏，对农产品网络营销的指导力量不足。

（5）供应链和物流配送能力。新型农业经营主体的电子商务组织需要具备强大的供应链和物流配送能力。高效的供应链管理和物流配送系统可以确保农产品的及时交付和品质保证，提升客户体验和信任度。供应链合作伙伴的选择和合作关系的建立也对电子商务组织的发展至关重要。

（6）资金和资源支持。电子商务组织的发展需要足够的资金和资源支持。新型农业经营主体需要投入资金用于电子商务平台的建设、产品宣传推广、仓储物流等方面。同时，对于一些规模较小的农业经营主体，资源和技术的共享合作也可以提供支持。

（7）企业管理和组织能力。电子商务组织的发展需要良好的企业管理和组织能力。新型农业经营主体需要具备有效的组织架构、人员管理和营销策略等方面的能力，以便在电子商务领域中取得竞争优势。

二、对策建议

针对新型农业经营主体的电子商务组织发展所面临的影响因素，以下是一些对策建议。

（1）经营主体电子商务思维。加强宣传教育，改变农产品经营者的传统营销观念，让农产品经营者了解并逐步接受农产品的电子商务的新观点。通过宣传与教育网络营销的知识，使农产品经营者了解当前网络信息经济发展的现状，认识网络营销与传统营销方式相比的优势。掌握在网络信息经济时代下的市场经济运行法则，积极了解农产品电商领域的最新发展动态和技术创新。关注行业会议、展览、论坛等活动，与同行业从业者交流经验，学习他们的成功案例和最佳实践。同时，及时掌握相关的新技术和工具，如大数据分析、人工智能、区块链等，以提升电子商务思维的能力。

（2）技术和数字化能力。一方面，提供培训和教育，政府和行业组织可以提供培训和教育计划，帮助农业经营主体提升技术和数字化能力，了解电子商务平台的操作和利用。另一方面，加强合作和共享，建立合作伙伴关系，与技术专家和数字化服务提供商合作，共享技术和资源，减轻个体农户的技术负担。

（3）市场需求和消费者习惯。做好品牌建设和市场营销，建立农产品品牌形象，通过市场营销策略和推广活动吸引消费者，满足市场需求。将用户体验放在首位，通过优化服务、提高产品质量、简化购买流程等方式，满足用户的需求，提高用户的满意度和忠诚度。关注用户反馈和评价，不断改进和优化电商平台与服务，提高用户的购物体验和感知价值。

（4）政策支持和法律环境。制定支持政策，支持电子商务发展的政策，包括金融扶持、税收优惠和减少电子商务平台的准入壁垒等，以鼓励和促进新型农业经营主体的电子商务组织发展。进一步完善法律法规，建立相关的法律法规和规范性文件，保护电子商务活动的合法性和消费者权益，为电子商务组织提供稳定和可持续的发展环境。政府相关农业组织应积极为农户和农业企业做好引导与服务工作，在政府相关农业组织中（比如农业科学研究院、电子商务部门或是引导行业组织)设立联络专员,为农户解决技术上的困难,为农户提供市场动态信息,发布销售渠道,为农业企业和农户做引导与服务。在农民经常聚集或培训的地点设立信息超市,帮助农民收集、发布信息,解决从乡镇到农民的信息传递"最后一公里问题"。

(5)供应链和物流配送能力。建立合作伙伴关系,与物流公司和供应链管理机构建立合作伙伴关系,共同优化供应链和物流配送系统,提高效率和服务质量。对仓储设施进行优化,确保产品存储条件良好,减少损耗和质量问题。对物流管理进行优化,采用先进的仓储管理系统和物流管理系统,提高物流效率和准确性。学习并采用先进技术和工具,利用物流管理软件和技术,提升物流配送的可视化和跟踪能力,实现实时信息交流和快速响应。与供应商、物流服务提供商、仓储企业等建立信息共享和协同机制,实现供应链各环节的信息流畅和协调。通过信息技术平台,实现订单、库存、运输等信息的实时监控和共享,提高供应链的透明度和运作效率。

(6)资金和资源支持。银行和金融机构可以推出专门用于支持农产品电商的贷款产品,这些贷款可以用于资金周转、平台建设、市场推广等方面。针对农产品电商提供低息贷款、优惠利率等金融服务,降低融资成本。此外,根据农产品电商的信用评估和运营情况,给予更高的授信额度和更灵活的还款方式,提升其获得融资的能力。针对农产品电商的特点和需求,创新金融产品。例如,发行供应链金融产品,解决农产品电商的供应链融资问题;推出保险产品,为农产品电商的库存和物流风险提供保障;开展线上支付、结算服务,降低农产品电商的交易成本。做好合作与资源共享,建立合作机制,促进农业经营主体之间的资源共享,包括技术、仓储物流等,降低资源成本。

(7)企业管理和组织能力。培养管理能力,提供管理培训和咨询服务,帮助农业经营主体提升组织和管理能力,包括团队建设、决策制定和市场营销等方面。强化行业协作与经验分享,鼓励农业经营主体之间的合作和经验分享,通过行业协会和合作社等组织形式,提供经验交流和学习的平台。

# 第八章

农业电子商务人才分析与建议

第一节　新型职业农民电子商务创业培训的路径

2012年中央一号文件《中共中央 国务院关于加快推进农业科技创新持续增强农产品供给保障能力的若干意见》提出要以提高科技素质、职业技能、经营能力为核心，大规模开展农村实用人才培训，大力培育新型职业农民。新型职业农民须具备科学文化素质，具有现代农业生产技能和经营管理能力，以农业生产、经营或服务作为主要职业的农业从业人员，主要分农村发展带头人、技能服务型职业农民和生产经营型职业农民等三类群体。

2016年，《中共中央 国务院关于落实发展新理念加快农业现代化实现全面小康目标的若干意见》提出："将职业农民培育纳入国家教育培训发展规划，基本形成职业农民培训体系，把职业农民培养成建设农业的主导力量。"农业高质量发展和提高国际竞争力，必须依赖科技进步和高素质农业生产者。只有培养一大批爱农业、懂技术、善经营的高素质新型职业农民，才能真正实现农业发展转型升级，从根本上解决"谁来种地"这个困扰农业发展的问题。

2017年，为贯彻落实党中央、国务院决策部署，加快培育新型职业农民，造就高素质农业生产经营者队伍，强化人才对现代农业发展和新农村建设的支撑作用，农业部编制了《"十三五"全国新型职业农民培育发展规划》。

2023年中央一号文件《中共中央 国务院关于做好2023年全面推进乡村振兴重点工作的意见》要求实施高素质农民培育计划，开展农村创业带头人培育行动，提高培训实效。且对农产品电商发展提出新目标，要求深入实施"数商兴农"和"互联网+"农产品出村进城工程，鼓励发展农产品电商直采、定制生产等模式，建设农副产品直播电商基地。然而，电子商务的快速发展却不与农业从业人员电子商务知识技能同步，农业电子商务的发展相对落后，为更好达到线上线下融合和农产品进城，让电子商务为"三农"服务，对新型职业农民的电子商务培训有其必要性和迫切性。

一、新型职业农民开展电子商务培训的可行性

（一）政府对电子商务创新创业培训支持

中央一号文件多次提出培育新型职业农民，加快农村电子商务的发展，

促进农产品进城（即农产品上行），《国务院关于大力发展电子商务加快培育经济新动力的意见》和《国务院关于积极推进"互联网+"行动的指导意见》提出要发挥电子商务在培育经济新动力方面的重要作用，农业农村部、国家发改委、商务部共同制定《推进农业电子商务发展行动计划》提出要积极培育农业电子商务市场主体，各个省份、地区制定相应培训任务，探索政府购买服务等办法，发挥企业主体培训，提高农民工技能培训针对性和实效性。

针对新型职业农民电子商务创新创业培训主要分为政府主导、政企配合和市场运作三个类别，在具体实践中多以政府购买服务形式开展，以减轻农民的学习成本，或给予农民培训补贴，鼓励农民参加培训，力求以新知识的学习更新生成、运营方式。如温州地区以温州科技职业学院（温州市农业科学研究院）为载体，成立温州农民学院，开展新型职业农民培训，以学历提升或职业技能培训为主体，开展高素质农民培训，每年举办乡村振兴特色培训班100多期，培训家庭农场主等农业从业人员上万人次，为新型职业农民职业能力和职业素养提升作出了努力和贡献。

（二）新型职业农民自主发展的内在需求

电子商务巨大的市场需求成为新型职业农民学习电子商务知识的内在需求。根据 CNNIC 发布的第 51 次《中国互联网络发展状况统计报告》显示，截至 2022 年 12 月，我国网民规模达 10.67 亿，其中网络支付用户规模达 9.11 亿，网络购物用户规模达 8.45 亿。而根据商务部发布的 2022 年《中国电子商务报告》显示，2022 年全国电子商务交易额达 43.83 万亿元，农产品网络零售额达到 5313.8 亿元。"互联网+"传统产业融合进一步加速，农业企业对接"互联网+"迫在眉睫。

当前我国电子商务用户数量大，使用基础良好，普及率也比较高。电子商务的快速发展、消费者的电子商务购物习惯与发展趋势等市场反应要求新型职业农民接轨电子商务。随着电子商务的普及，农民主观上愿意且迫切希望学习电子商务知识，对接互联网，利用互联网工具和思维发展农业，电子商务创新创业培训已成为自主发展的内在迫切需求。

（三）农村电子商务发展的外部环境优化

电子商务发展包含电子商务主体、电子商务平台、交易事物和物流配送等关键因素。电子商务的主体数量增长迅猛，消费者需求和规模及交易市场的逐年快速扩大也促使经营主体和商户向电子商务转型；近年中央鼓励大型电商平台企业开展农村电商服务，阿里巴巴系列的各大农产品电子商务交易平台的开设与推广、京东商城的生鲜频道等都有力推进农产品电子商务平台的建设，而且阿里巴巴和京东商城等大型电商企业积极推进农村电子商务，设立农村电子商务服务点，更加"接地气"地推动农产品电子商务软硬件平台的建设；电子商务的发展离不开物流行业的发展，如今中国邮政、顺丰快递等物流公司深入农村，为生鲜农产品的运输提供有力的保障。电子商务环境的匹配发展有利于农产品电子商务的运营，也让新型职业农民更加便利地搭载电子商务快速前进的列车，让新型职业农民参加电子商务的培训的现实性和必要性进一步凸显。

二、新型职业农民电子商务创新创业培训的路径

新型职业农民创新创业培训主要遵循培训对象的分析（"培训谁"）、培训内容的设计（"培训什么"）、培训模式的选择（"如何培训"）路径，并在培训中注重培训的有效性。

（一）培训对象的分析

（1）培训对象的类型。新型职业农民，对象主要包括村干部、农民专业合作社负责人、到村任职大学生等农村发展带头人，农民植保员、防疫员、水利员、信息员、沼气工等农村技能服务型人才，种养大户、农机大户、经纪人等农村生产经营型人才等三类新型职业农民，同时包含有志投身现代农业建设的农村青年、返乡农民工、农技推广人员、农村大中专毕业生和退役军人等。

（2）培训对象的教育程度。现有农业劳动力的受教育程度普遍很低且年龄偏大。以浙江省为例，第二次农业普查数据显示，浙江省从事农业生产的509万劳动力中，初中及以下学历占97%，大专及以上学历仅占0.1%，50岁以上的占53%。电子商务的培训面向现有农业劳动力，也面向新型职业农民或有意将来从事农业的人员。

（3）培训对象的学习动机。新型职业农民参加电商创新创业培训的动机主要是为了拓宽收入渠道、提升经营效益、适应市场需求、提高农产品质量与安全以及掌握新技术和趋势。这些动机使他们能够更好地融入农产品电子商务行业，提升自身竞争力，并实现可持续的农业发展。

（二）培训内容的设计

依据培训对象和受教育程度的人员类型，制定不同的培训内容，选择对应的培训模式。

（1）农村发展带头人的培训。引导其把握电子商务发展的动态，适时制定策略引导新型职业农民开展电子商务活动，在产前、产中和产后各环节中充分利用电子商务的特点和优势，掌握电子商务的运营模式，根据企业自身特点选择 B2B、B2C、C2B 等电子商务模式。多参加大型电子商务企业工作人员开展的电子商务培训，把握行业、企业发展动向，例如通过大数据分析的内容，把握农产品电子商务市场分布等。

（2）技能服务型的新型职业农民培训。技能服务型的新型职业农民除了信息员，还应包括目前农村电子商务示范点的工作人员，对这一群体的培训须偏向电子商务实践操作和服务理念的建立。电子商务是现代服务业，无论是售前、售中还是售后，提高客户的满意度至关重要，直接关系到转化率和复购率的高低，而转化率和复购率是电子商务企业生存和发展的重要指标，因此电子商务服务理念的建立对农业电子商务的发展就显得很重要。对温州市农业企业调研的结果显示，农业企业急需的电子商务岗位人才主要集中在网站建设、网络营销、图形图像美工等方面，占被调研企业的 75.68%。对技能服务型人员的电子商务创新创业培训设计如图 8-1 所示：

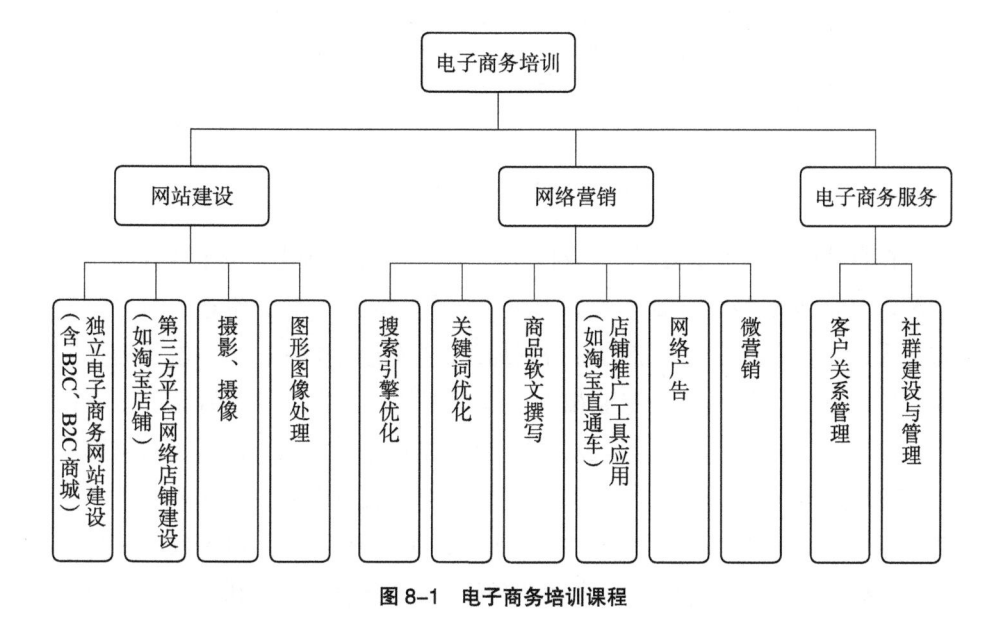

图 8-1 电子商务培训课程

（3）生产经营型的新型职业农民培训。在培训现场与这一群体的交谈过程中，发现该群体对企业的发展壮大有强烈的意愿，对电子商务的运用、传统企业电子商务转型升级有浓厚的兴趣，也寄予很大的希望。对这一群体的培训，侧重对电子商务行业动态的把握，互联网＋的思维模式，指导其在不同的阶段选择合适的电子商务运作模式。主要的电子商务运作模式有企业自营、与电子商务公司合作运营、电子商务外包等，合作关系方式如图8-2所示：

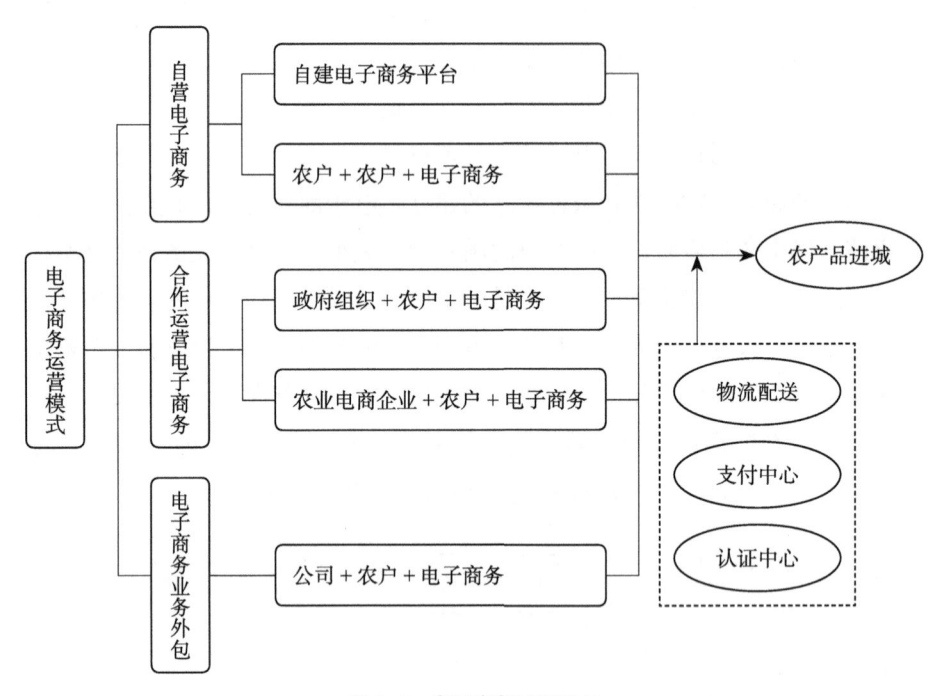

图 8-2 电子商务运营模式

在自营电子商务的方式中，自建电子商务平台包括建立电子商务商城网站和入驻淘宝网等第三方平台，采用"农户＋农户＋电子商务"的运营模式，无论是资金还是技术能力都得到加强。"政府组织＋农户＋电子商务"模式中的政府组织可以是农业相关行政管理部门、农业科学研究院、农技站、农村电子商务示范点等单位，这些单位的电子商务人才配备相对雄厚。"农产品中介组织＋农户＋电子商务"模式中，农业电商企业介入农产品的营销，为农户提供了技术支持，并收取一定的服务费。"公司＋农户＋电子商务"模式中，农户将以一定的价格将农产品或服务项目提供给公司，电子商务活动由公司运营，农户专心完成自己擅长的生产种植等传统业务。

在实际培训中发现较多高年龄、低学历的农民学习电子商务存在较大难度，分工协作能有效提升工作效率，企业或农民可以充分发挥自己所擅长的生产种植技术，努力提升产品的质量与产量，而电子商务业务可以选择外包、合作等模式。随着企业发展、新型职业农民自身角色转变和互联网的进步，培训内容也应适时更新。

（三）培训课程选择方式的改革

新型职业农民电子商务培训中常用两类课程选择方式：一是根据电子商务知识的深浅程度，划分出知识普及班、入门班、技术提升班、经营管理班等，提供给培训人员进行选择；二是依据培训人员从事的细分行业或岗位划分，选择各类培训课程。上述两种培训方式具有同一缺陷，即培训课程由培训的主办单位设定，培训人员被动接受培训课程，两者之间存在需求差异，一定程度上降低了培训的有效性。

温州农民学院在开展新型职业农民培训时，对课程的选择做了改革。改革课程选择方式主要有两类：一是针对短期项目培训的新型职业农民开展"菜单式"课程选择方式，温州农民学院从2013年起就开始把新型职业农民培训内容整合成项目菜单，共设立农产品电子商务培训班等230项培训菜单，至2016年9月已开出170余项，经历近3年的培训经验积累，近年更是整理出特色项目，通过在线课程、精品微课程、线下教学与现场实践等多种形式，且利用各联络店、公众微信号、农民信箱等发布培训信息，让真正有需求、感兴趣的农民参加培训。二是针对新型职业农民学历提升的"课程超市"课程选择方式，根据新型职业农民知识与技能的需求，开设"课程超市"，学员可自由选择所感兴趣、所需课程，达到一定选课人数后即可开班上课，每一门课程设置相应学分，达到规定学分即可取得专科学历。这两种课程选择的方式中，受培训人员具有选择的主动权，使培训更具有针对性，有效提高培训的质量。

三、新型职业农民电子商务创新创业培训的模式

（一）订单化培训模式

以政府、行业、企业为主导，以产业、企业和农村为需求载体，开展订单式培养。根据实际需要，政府、行业、企业和学校联合制定人才培养方

案，选拔农业企业、农民专业合作社、种植大户等单位的业务骨干或具备新型职业农民潜质的人员作为订单培养的对象，培养完成后落实至各工作岗位，既能解决就业，又能促使新型职业农民掌握电子商务技能，更好地服务产业、服务企业、服务地方。

（二）高校人才培养模式

高等院校尤其是涉农高职院校，应加快农业电子商务复合人才的培养，培养高素质技术技能型人才，积极教授在校学生农业、电子商务的知识与技能，支持其农业创业、农业电子商务创新创业，转型新型职业农民，促进一、二、三产业的融合发展。

温州科技职业学院在人才培养中针对三年级学生推出为期一年的"家庭农场主培养班"培养模式，采用自愿报名、择优选拔的方式选取学员，将有家庭农场、种植大户或有意向进行农业创业、成为职业经理人作为优先选拔的条件。培养主要分为四个阶段：职业规划阶段、专业提升阶段、农场实践阶段和专家跟踪阶段。"家庭农场主培养班"是引导大学生在校创新创业的一种尝试，也是探索解决未来谁来种地的一个开始，该班级通过跨系跨专业组建，通过设立专项资金、组建专家团队、选派创业导师、派人专人指导、出台优惠政策等方面鼓励、吸纳学生参与，学生通过校内外学习、国内境外游学，认识到现代农业是阳光事业，是能赚钱的体面事业，不断提高创新创业实战能力，逐渐成长为家庭农场主等新型职业农民。

（三）分类分层培养模式

不同岗位的新型职业农民对电子商务知识和技能的需求也不同，因此在培训中须依不同类别、层次群体开展分类分层的培养模式，使电子商务的培训更具有针对性和实效性。同时坚持缺什么补什么的原则，转被动设计为主动设计，针对不同类别培训人员开展分类分层培训模式。一般可以分成基础入门层、进阶技能层、专业领域层、管理与创业层。基础入门层这一层次的培训主要面向初学者和没有相关经验的学员。培训内容包括电子商务的基本概念、市场环境、常用平台和工具介绍等。进阶技能层的培训面向已经具备一定基础知识的学员，帮助他们深入学习和掌握电子商务的核心技能。培训内容可能包括电商平台的搭建与管理、产品运营与推广、数字营销策略等方面的内容。专业领域层的培训针对特定的专业领域或行业，培训内容将更加专业化和具体化，包括针对性的市场分析、供应链管理、产品定位与创新等。管理与创业层的培训面向有一定经验和目标的学员,帮助他们提升团队管理能力和创业能力。培训内容可能包括电商企业运营管理、团队管理与激励、创业战略和风险管理等方面的内容。

(四)互联网+教育模式

现场培训受时间和空间的限制,而"互联网+"的教育模式能弥补该缺陷,使其在新型职业农民培训中具有独特的优势,温州农民学院的"课程超市"若能转向互联网,开设"网络课程超市",将能极大方便新型职业农民的学习。"网络课程超市"的开设以农民需要的课程和知识为出发点,加入政府的引导、财政投入和各高校优质教学资源,最终建立视频资源库,供新型职业农民主动学习使用。

四、跟踪管理提高培训实效性机制

知识的记忆遵循遗忘规律,为保证培训的有效性和长效性,培训完成后亟须后续的跟踪管理,将培训知识和技能有效落实到农民的生产经营中,其中由谁来负责跟踪管理是关键所在。高校具有人才培养、科学研究和社会服务等三大职能,尤其是涉农高等院校,在新型职业农民创新创业培训方面,高校肩负着培养人才和为社会服务的使命。

在农民培训跟踪管理和服务方面,温州科技职业学院(温州市农业科学研究院)始终坚守岗位,学院要求教师主动服务区域经济发展,积极开展"立地式"研发服务,实现教师从"双师型"向能教学、能科研、能为社会服务的"三能型"转变。学院教师常年服务在"田间地头",积极开展校地合作,积累了良好的实践经验,在持续跟踪管理方面主要有以下做法:一是设立"三农"服务中心,为"三农"工作献计献策,农业企业或农民在生产经营中有任何困难均可通过该中心咨询,中心将协调学院师资或设备等资源帮助其解决问题,起到"三农"服务的总体设计与协调等功能;二是成立流动农业总医院,该医院不定期奔赴地方开展服务工作,为"三农"工作"诊治病情",转化农业科技成果,推广农业新品种、新技术。服务农业企业(专业合作社、家庭农场),下乡培训指导农业从业人员,解决农业技术难题。三是实行科技特派员、农村指导员的派员制度,学院每年派遣骨干教师赴企业或地方担任科技特派员和农村指导员,且派出时间一般不少于2年,2022年派出50余位教师赴各乡村支持地方产业发展和技术攻关,学院曾多次荣获市科技特派员工作先进单位，多人次获省市优秀科技特派员称号。四是"导师＋项目＋团队"管理模式，温州科技职业学院设立15个研究所，依托研究所工作人员结对农业企业或农民，开展针对性项目的研究或难题的对策分析，有效攻克各项难题，实现培训后的有效管理和服务。

第二节　高职院校学生直播电商人才培养路径

继农业经济、工业经济，数字经济成为第三次发展浪潮，是新一轮科技变革和产业发展的方向。数字化赋能传统产业转型升级，直播电商成为重要手段，直播电商应用普及、用户规模快速增长，据2022年8月中国互联网络信息中心发布的第51次《中国互联网络发展状况统计报告》显示，截至2022年12月，我国网民规模达10.67亿，其中网络直播用户达7.51亿，较2021年12月增长4278万，占网民整体的70.3%。网络直播以用户规模排序，直播电商占据首位，用户规模为5.15亿。短视频与直播电商融合发展，"内容＋电商"的种草变现模式已深度影响用户消费习惯。直播电商庞大的用户规模，加快产业"人、货、场"变革，促使网红职员向职员网红转变、直播场景向场景直播转变、直播店铺向店铺直播转变。

直播电商产业有序发展，人才是根基。职业教育作为一种类型教育，为国家提供人才和技能支撑，根据2022年4月新修订的《职业教育法》要求推动企业深度参与职业教育，建立健全适应经济社会发展需要的职业教育。直播电商不仅培养主播，还要培养直播电商产业链各环节的人才，需要以"成建制团队"模式进行培养，亦需要产教深度融合，加强高校人才培养与产业需求的适应性，实现人才的供需契合，促进新型农业经营主体发展与电子商务人才培养的相对应。

一、相关文献回顾

高职院校在培养直播电商人才中，基于社会人才需求和职业岗位分析，撰写和论证人才培养方案，在方案制定和实施中充分融合课程教学、技能竞赛和创业训练，有利于直播电商人才培养质量的提升。

（1）课程改革研究。直播电商人才培养不是单一的主播培养，是针对直播电商产业链各环节人才的培养，"成建制团队"职业素质的培养，可以更好地加强电商直播人才与各行业企业需求的适应性，实现人才的供需契合。高职院校课程内容设置时，应重视胜任力素质培养，即学习能力、社交能力、团队精神、成功欲望、创新能力、个人影响和人际理解力以及基于7种要素所建立起的直播电商人才培养体系。努力拓展自主发展课程群，调动学生创业的主观能动性，从而适应学生生存与发展的需要。重视学生职业技能和职业素养培养，在专业课的基础上融入以创业能力培养为导向的课程，并以"实用技能"为原则对相关课程的内容进行提炼和重组，构建"模块＋平台"的课程体系。直播电商能力的培养中，学生的自主性和积极性尤其重要，通过情景教学法、案例教学法、角色扮演法、任务驱动法等多样化教学方法有效激发学生学习兴趣。对于直播电商而言，教师的实践能力尤其重要，应积极引进或培育具有创业理论和创业实践经验的"双师型"师资队伍指导学生进行网络创业，课程直接依托于实务进行，教材作为教学的补充。

（2）技能竞赛研究。专业人才培养方案是学生培养的重要依据，将人才培养方案中的职业岗位技能培养与竞赛项目对应岗位考核紧密对接，以赛促改、调整课程设置，根据不同学期将大赛内容植入课程。在教学与评价中，可以引入基于真实项目实战和创业竞赛的行动导向教学，构建基于行动导向的课程体系、实施方式和评价机制。

（3）网络创业研究。我国直播电商用户群体庞大，网络规模对创业行为的创新因素有显著的正向影响，网络规模越大，企业能获得的信息和资源的可能性就越大，这不仅为企业迅速识别和捕捉创业机会提供了帮助，也为企业进行创新提供了资源的保障。鼓励学生直播电商创业，投入经济成本相对而言较小，在创业过程中培养自己机会识别、信息收集分析及统筹管理等能力，创业者在学习的过程中能够不断地捕获到新的机会，并根据自身情况结合资源状况捕捉机会，促进创业成功。学生网络创业效果可以从学生创新创业类竞赛的参与度和获奖情况、学生模拟创业过程中的收益情况、学生自主创业的比例和对社会的影响力三个维度进行观察或评价。

由于事物发展时间规律，相对大学生创业研究，国内外学者在直播电商方面研究相对缺乏，且当前研究主要集中在直播电商现状分析、主要平台与模式、直播电商应用等方面，对于直播电商人才培养研究近两年逐步增多，但依旧较少，以课程—竞赛—创业视角研究高职院校直播电商人才培养更为缺乏。

二、直播电商是产业发展的需求

（1）流量经济促使产业直播化。电商是流量经济，直播电商用户规模快速增长催促产业发展与转型升级，大量企业采纳直播电商开展商务活动，以直播形式开展产品营销与推广，并以粉丝关注、社群等形式将公域流量转为私域流量，增加产品复购率、减少流量获取成本，实现用户的沉淀与反复触达。根据艾瑞咨询发布的《2022年中国企业直播行业发展趋势研究报告》显示，有近七成的企业表示开展直播的频率进一步上升，且有49.0%的企业表示其直播频率的提升幅度较大。不仅企业积极主动融入直播电商，各地政府、行业协会等也积极接触、鼓励或带领本土企业开展直播电商活动，如部分地区市长、县长或镇长的"长长直播"，供销社、农民专业合作社等机构联合直播等形式进一步促使产业直播化。

（2）快递业发展助力电商直播。快递业的发展为电商行业发展奠定基础。近年来，快递行业高速发展，催生了众多大规模快递公司。2021年，全国快递服务企业业务量累计完成1083.0亿件，同比增长29.9%。在快递行业高速发展的大背景下，电商行业也迎来了前所未有的繁荣。消费者在互联网上下单商品，厂商配合快递保证商品的快速送达，为顾客带来了更好的消费体验，并且也促成了下一次消费达成。在这样的条件支持下，电商行业的规模不断扩大，电商人才储备也出现较大缺口。

（3）人才培育支持产业发展。人才培养是直播电商发展的关键环节，也是各直播电商品牌的核心竞争力。近年来，随着生产直播化发展，互联网孕育出了诸多具有代表性的带货主播，他们在销售环节以及运营环节所发挥的作用是无法替代的。首先，在销售环节中，具有销售专业技能的人才是激发消费者消费欲望从而购买商品的关键。部分消费者之所以购买商品并不是因为对该商品有刚性需求，而是因为通过主播对商品基本信息的介绍以及推销从而产生消费欲望，所以主播对于商品的了解程度以及推销手段是提高营销利润的关键。其次，在运营环节中，运营环节人才是电商品牌制定以及调整营销策略的关键。运营环节人才的基本工作包含店铺维护以及活动数据分析等。在结束直播后，他们需要对直播的数据进行即时分析，从而调整销售策略。其中包括上架商品选择、优惠活动调整等，所以运营环节人才须具有数据分析等专业技能。因此，人才支持对于电商品牌效益有着决定性影响。然而，当前直播电商人才储备仍有大面积缺口现象，如何补上该缺口是亟须解决的问题。

（4）产教融合成就校企双赢。为规范直播电商行业、提升从业人员职业素养、加强人才培养质量，人力资源和社会保障部发布《互联网营销师国家职业技能标准（2021年版）》，各地有序开展互联网营销师（直播销售员）培训与认证工作。直播电商产业发展引发社会对人才培养的重视，浙江、广东、江苏等地先后出台直播电商人才相关政策，吸引直播电商产业链从业人员，引导校企双方加快人才培养。一方面，企业充分发挥自身产业链优势，加快人才培养，如阿里巴巴、巨量引擎等先后开展题库建设，并启动职业资格培训与认定工作；另一方面，高职院校践行人才培养使命，发挥人才培养体系优势，加强直播电商专业人才培养。高校与企业加强合作，高校引进企业供应链、企业实训设备、产业导师，结合自身师资与课程教学优势，提高人才培养质量；高校高质量人才输送反哺企业需求，缩短用工适应期并降低企业人才培养成本，校企互惠互利成就双赢。

（5）政策支持激发产业活力。我国政府历来高度重视电子商务和数字经济的发展。自从2020年以来，政府就电子商务的发展作出重要指示，对发展农村电商、跨境电商、丝路电商等提出要求，明确指出电子商务大有可为，并且推出了诸多电商行业扶植政策，推动电商行业高速发展。2021年印发实施的《"十四五"电子商务发展规划》明确了创新驱动、消费升级、商产融合、乡村振兴、开放共赢、效率变革和发展安全共七个方面的发展思路和重要举措，也是政府高度重视和积极引导电商行业健康发展的表现。由于政策的推动，电商行业迎来了前所未有的发展，对于专业技术人才的需求量也持续增长。过去的电商人才育人模式以及规模已经无法满足当前发展形势的需要，调整育人模式以及方法势在必行。

三、高职学生直播电商培养调查

直播电商是农产品电子商务发展的一个必然阶段，直播电商人才是关键环节，培养一批"学院派"直播电商正规军显得非常急迫，研究人员于2022年4月利用问卷星收集357名高职院校学生数据，以调查"高职院校学生直播电商创业的影响因素"。主要数据统计如下：

第1题　你的性别是？　（单选题）

选项	小计	比例
A 男	164	45.94%
B 女	193	54.06%
本题有效填写人次	357	

第2题　你的年级是？　（单选题）

选项	小计	比例
A 大一	210	58.82%
B 大二	115	32.21%
C 大三	32	8.96%
本题有效填写人次	357	

第3题　你的户籍是？　（单选题）

选项	小计	比例
A 农村	297	83.19%
B 城市	60	16.81%
本题有效填写人次	357	

第4题　你觉得自己社交能力如何？　（单选题）

选项	小计	比例
A 无社交	12	3.36%
B 弱	68	19.05%
C 中等	205	57.42%
D 较强	52	14.57%
E 非常强	20	5.6%
本题有效填写人次	357	

第5题　你的专业大类属于哪一类？　（单选题）

选项	小计	比例
A 理工类	134	37.54%
B 经管类	187	52.38%
C 社科类	14	3.92%
D 艺术类	5	1.4%
E 医学类	17	4.76%
本题有效填写人次	357	

第 6 题　你的专业和直播电商关联度大吗？　（单选题）

选项	小计	比例
A 非常不相关	83	23.25%
B 较不相关	104	29.13%
C 一般	104	29.13%
D 较相关	49	13.73%
E 非常相关	17	4.76%
本题有效填写人次	357	

第 7 题　您是否有过直播电商（直播带货）经历？　（单选题）

选项	小计	比例
A 有，正在进行	14	3.92%
B 曾经有	29	8.12%
C 没有	314	87.96%
本题有效填写人次	357	

第 8 题　你是否有直播电商（直播带货）的意愿或者计划？　（单选题）

选项	小计	比例
A 否	246	68.91%
B 是	111	31.09%
本题有效填写人次	357	

第 9 题　与拥有一份稳定的工作相比，您是否更愿意创业？　（单选题）

选项	小计	比例
A 否	196	54.9%
B 是	161	45.1%
本题有效填写人次	357	

第 10 题　你身边较多亲友拥有创业经历吗？　（单选题）

选项	小计	比例
A 非常少	58	16.25%
B 较少	115	32.21%
C 一般	127	35.57%
D 较多	50	14.01%
E 非常多	7	1.96%
本题有效填写人次	357	

第 11 题　你的家庭支持你创业吗？　　（单选题）

选项	小计	比例
A 非常不支持	19	5.32%
B 较不支持	26	7.28%
C 一般	212	59.38%
D 较支持	69	19.33%
E 非常支持	31	8.68%
本题有效填写人次	357	

第 12 题　你喜欢农村还是城市生活？　　（单选题）

选项	小计	比例
A 农村	39	10.92%
B 都可以	217	60.78%
C 城市	101	28.29%
本题有效填写人次	357	

第 13 题　你学过直播电商相关课程吗？　　（单选题）

选项	小计	比例
A 否	249	69.75%
B 是	108	30.25%
本题有效填写人次	357	

第 14 题　你认为学校直播电商的培养内容（是否只侧重主播培养）全面吗？（单选题）

选项	小计	比例
A 非常不全面	21	5.88%
B 较不全面	46	12.89%
C 一般	195	54.62%
D 较全面	74	20.73%
E 非常全面	21	5.88%
本题有效填写人次	357	

第 15 题　你对学校关于电商直播的培养成效满意吗？　　（单选题）

选项	小计	比例
A 非常不满意	15	4.2%
B 较不满意	20	5.6%

续表

选项	小计	比例
C 一般	211	59.1%
D 较满意	80	22.41%
E 非常满意	31	8.68%
本题有效填写人次	357	

第16题　你对学校的直播电商的实训条件（场地数量、设施）满意吗？（单选题）

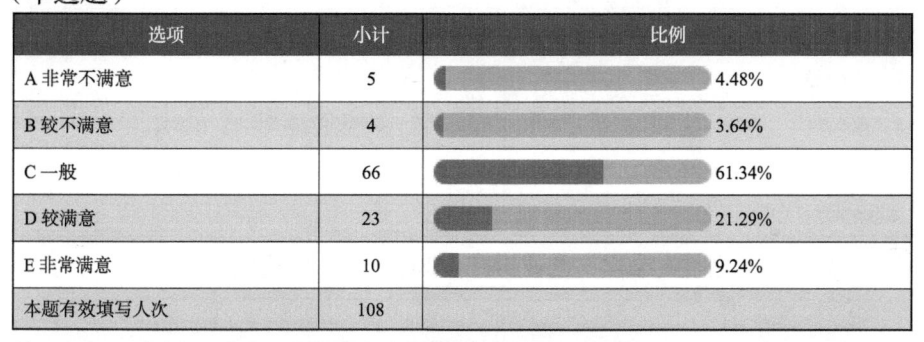

选项	小计	比例
A 非常不满意	5	4.48%
B 较不满意	4	3.64%
C 一般	66	61.34%
D 较满意	23	21.29%
E 非常满意	10	9.24%
本题有效填写人次	108	

第17题　直播电商实训过程中是否有导师手把手教导？（单选题）

选项	小计	比例
A 没有	53	49.02%
B 有	55	50.98%
本题有效填写人次	108	

第18题　直播电商实训过程中是否有企业真实创业项目和真实产品加入？（单选题）

选项	小计	比例
A 没有	179	50.14%
B 有	178	49.86%
本题有效填写人次	357	

第19题　直播电商实训中对团队组建的重视程度是？（单选题）

选项	小计	比例
A 非常不重视	16	4.48%
B 不重视	9	2.52%
C 一般	184	51.54%
D 重视	115	32.21%

续表

选项	小计	比例
E 非常重视	33	9.24%
本题有效填写人次	357	

第20题 你通常选择直播电商训练或真实带货的场所是？（多选题）

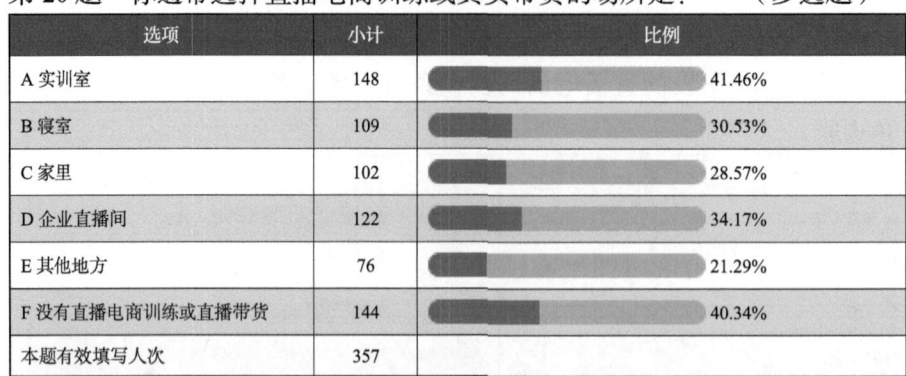

选项	小计	比例
A 实训室	148	41.46%
B 寝室	109	30.53%
C 家里	102	28.57%
D 企业直播间	122	34.17%
E 其他地方	76	21.29%
F 没有直播电商训练或直播带货	144	40.34%
本题有效填写人次	357	

第21题 学校的创业课程、创业讲座多吗？（单选题）

选项	小计	比例
A 非常少	18	5.04%
B 较少	47	13.17%
C 一般	197	55.18%
D 较多	75	21.01%
E 非常多	20	5.6%
本题有效填写人次	357	

第22题 你参加过直播电商或创业的相关比赛吗？（单选题）

选项	小计	比例
A 参加过	55	15.41%
B 没参加但想参加	143	40.06%
C 不想参加	159	44.54%
本题有效填写人次	357	

第23题 你对目前的直播电商市场了解程度如何？（单选题）

选项	小计	比例
A 非常不熟悉	41	11.48%
B 较不熟悉	53	14.85%
C 一般	216	60.5%

续表

选项	小计	比例
D 较熟悉	36	10.08%
E 非常熟悉	11	3.08%
本题有效填写人次	357	

第24题 你认为你的家乡经济发展程度如何？（单选题）

选项	小计	比例
A 非常差	8	2.24%
B 较差	39	10.92%
C 一般	207	57.98%
D 较好	80	22.41%
E 非常好	23	6.44%
本题有效填写人次	357	

第25题 你认为你的家乡地理区位如何？（单选题）

选项	小计	比例
A 非常差	13	3.64%
B 较差	31	8.68%
C 一般	193	54.06%
D 较好	91	25.49%
E 非常好	29	8.12%
本题有效填写人次	357	

第26题 你认为你的家乡产业发展如何？（单选题）

选项	小计	比例
A 非常差	8	2.24%
B 较差	27	7.56%
C 一般	203	56.86%
D 较好	91	25.49%
E 非常好	28	7.84%
本题有效填写人次	357	

第27题 你对大学生创业的税收优惠申请熟悉吗？（单选题）

选项	小计	比例
A 非常不熟悉	53	14.85%

续表

选项	小计	比例
B 较不熟悉	74	20.73%
C 一般	190	53.22%
D 较熟悉	32	8.96%
E 非常熟悉	8	2.24%
本题有效填写人次	357	

第28题　你对大学生创业贷款资金援助申请熟悉吗？　（单选题）

选项	小计	比例
A 非常不熟悉	56	15.69%
B 较不熟悉	76	21.29%
C 一般	185	51.82%
D 较熟悉	30	8.4%
E 非常熟悉	10	2.8%
本题有效填写人次	357	

第29题　你对现在大学生创业审批流程满意吗？　（单选题）

选项	小计	比例
A 非常不满意	14	3.92%
B 较不满意	14	3.92%
C 一般	243	68.07%
D 较满意	65	18.21%
E 非常满意	21	5.88%
本题有效填写人次	357	

第30题　你对现行的直播电商政府的配套服务水平满意吗？　（单选题）

选项	小计	比例
A 非常不满意	13	3.64%
B 较不满意	12	3.36%
C 一般	232	64.99%
D 较满意	79	22.13%
E 非常满意	21	5.88%
本题有效填写人次	357	

第31题　你是否愿意返乡直播电商创业？　　（单选题）

选项	小计	比例
A. 不愿意	170	47.62%
B. 愿意	187	52.38%
本题有效填写人次	357	

根据以上调查结果，可得到如下调查结论。

（1）背景信息：参与此次调查的样本代表性较高。性别比例相对均衡，男性占45.94%，女性占54.06%；大一学生占比最高，占58.82%，大二和大三学生分别占比32.21%和8.96%；大多数参与调查的人户籍为农村，占比83.19%；社交能力方面，中等程度的占比最高，达57.42%；大部分人认为家乡经济发展一般（57.98%），地理区位和产业发展也以一般（54.06%和56.86%）为主，少部分人认为较好或非常好。

（2）专业关联：经管类专业占比最高，占52.38%，其次是理工类专业，占37.54%。学生所学习的专业与直播电商的专业关联性不强。多数人认为自己的专业与直播电商关联度较低，非常不相关和较不相关的占比分别为23.25%和29.13%。

（3）创业意愿：整体来看，有直播电商创业意愿的占比较少。大多数人没有过直播电商经历，占比87.96%；有直播电商意愿或计划的占比为31.09%；不愿意创业的人略多于愿意创业的人，占比为54.9%和45.1%；大多数人身边亲友拥有创业经历的程度一般，占比35.57%；家庭对创业的支持程度以一般为主，占比59.38%；大多数人表示愿意返乡从事直播电商创业（52.38%），但也有相当比例的人表示不愿意（47.62%）。

（4）课程设置：当前课程设置与直播电商需求不是很匹配。大多数人没有学过直播电商相关课程，占比69.75%；学校关于直播电商的培养内容被认为一般，占比54.62%；对学校关于电商直播的培养成效，一般和较满意的人数较多，分别占比59.1%和22.41%。

（5）实训条件。当前实训条件和实训项目比较符合直播电商的发展需求。对学校的直播电商实训条件，一般和较满意的人数较多，分别占比61.34%和21.29%；在直播电商实训过程中，有导师手把手教导的比例略大于没有的比例，分别占比50.98%和49.02%；大多数人选择在实训室（41.46%）或寝室（30.53%）进行训练或带货。

（6）人才培养：学生对参与直播电商创新创业意愿较强，但参与感较弱。大部分人表示学校的创业课程和创业讲座数量一般（55.18%），较少人表示较多（21.01%）或非常多（5.6%）；较多人表示没有参加过直播电商或创业的比赛（44.54%），但有相当比例的人表示有意参加这类比赛（40.06%），只有少部分人表示不想参加（15.4%）。

（7）直播电商了解程度：学生对直播电商了解程度较低。大部分人对直播电商市场的了解程度一般（60.5%），相对而言，较不熟悉（14.85%）和非常不熟悉（11.48%）的人数较少；对税收优惠申请和贷款资金援助申请的了解程度一般（53.22%和51.82%），较不熟悉和非常不熟悉的人数较少；大部分人对创业审批流程持一般态度（68.07%），对直播电商政府配套服务水平的满意程度也以一般（64.99%）为主。

四、直播电商人才培养的困境

（1）产业发展与人才供给短缺。人才是产业直播化的刚性需求，直播电商产业快速发展引发人才培养输出与人才需求增长间的矛盾。据巨量引擎《2021中国短视频和直播电商行业人才发展报告》显示，到2023年我国短视频和直播电商领域从业人员规模达1067万人，缺口574万人，对直播电商人才的学历要求以本科和高职高专为主，其中高职高专占比32.5%，大于本科的24.2%。高职院校注重应用型人才培养，契合直播电商产业发展需求，《职业教育专业目录（2021年）》显示网络营销专业数量由2015年的27所增至2022年的221所，且主要集中在2021年和2022年，如图8-3所示，近年网络营销专业更名为网络营销与直播电商专业，高职院校该专业数量又增140所，高职院校培养期通常为3年，存在人才输出滞后性。

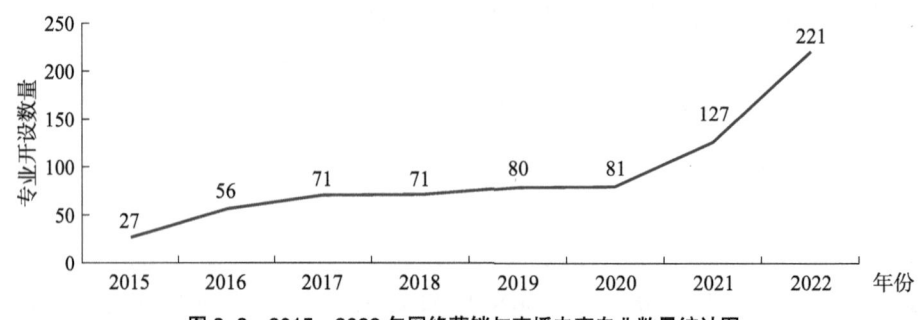

图8-3　2015—2022年网络营销与直播电商专业数量统计图

资料来源：全国职业院校专业设置管理与公共信息服务平台。

（2）产业需求与人才培养错位。依据企业岗位需求，直播电商产业核心岗位有主播、直播选品、直播运营和流量投放。主播主要是指在直播间直接向公众介绍、推销商品或服务的人员，以直播带货为主要工作内容；直播运营指负责直播间日常运营人员，主要工作内容包括：策划直播流程、协调推进直播工作、把控直播流程及整体数据，参与平台直播活动、数据复盘，做好客户关系管理，挖掘客户需求等；流量运营主要负责在直播过程中实时跟踪投放数据，制定和优化广告投放策略，提升用户转化率等；直播选品则负责与上游产业对接，对拟采购商品进行评估、甄别、筛选，协助主播及团队理解商品，为直播活动提供优质产品位。主播、直播选品、直播运营和流量投放等核心岗位的主要职业能力如图8-4所示。

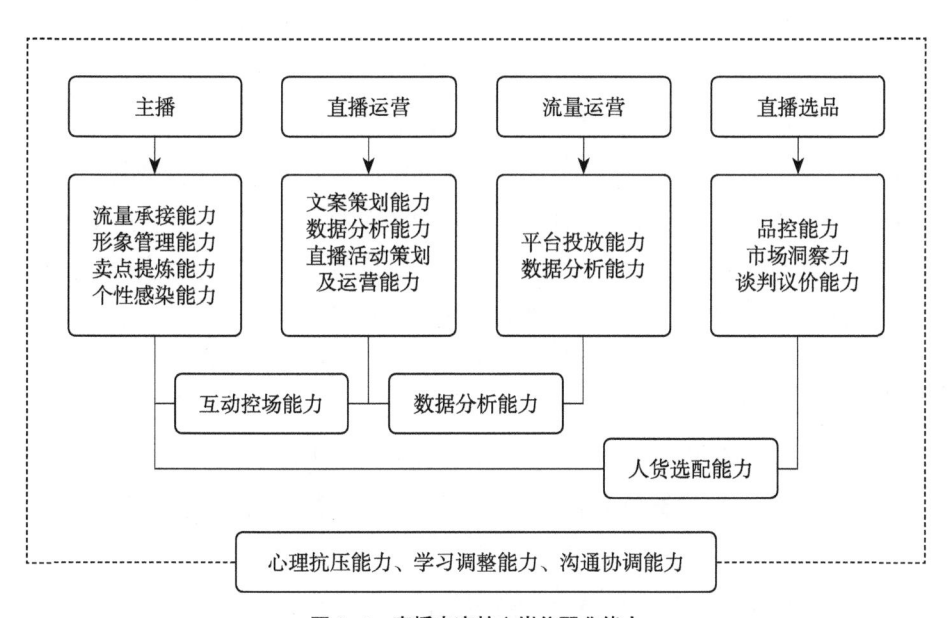

```
┌─────────────────────────────────────────────────────────────┐
│  ┌─────────┐    ┌─────────┐    ┌─────────┐    ┌─────────┐   │
│  │  主播   │    │ 直播运营 │    │ 流量运营 │    │ 直播选品 │   │
│  └────┬────┘    └────┬────┘    └────┬────┘    └────┬────┘   │
│  ┌────┴────┐    ┌────┴────┐    ┌────┴────┐    ┌────┴────┐   │
│  │流量承接 │    │文案策划 │    │         │    │ 品控能力 │   │
│  │形象管理 │    │数据分析 │    │平台投放 │    │市场洞察力│   │
│  │卖点提炼 │    │直播活动 │    │数据分析 │    │谈判议价 │   │
│  │个性感染 │    │策划运营 │    │         │    │         │   │
│  └────┬────┘    └────┬────┘    └────┬────┘    └────┬────┘   │
│       └──┬──────┘    └──────┬──────┘               │        │
│      互动控场能力        数据分析能力                │        │
│                              └──────人货选配能力────┘        │
│                                                              │
│        心理抗压能力、学习调整能力、沟通协调能力              │
└─────────────────────────────────────────────────────────────┘
```

图8-4　直播电商核心岗位职业能力

产业需求与高职院校人才培养有错位，一是高职院校人才培养有滞后性；二是产教融合深度不足，企业参与意愿不高，出现高校热、企业冷局面，专业学习与产业需求低效匹配，以致高校输出人才与产业需求存在错位；三是高职院校"成建制团队"培养数量不足，直播电商发展需要产业链各环节人才，非单一岗位技能人才，而高职院校人才培养类型有专业培养、课程培养、社团培养等，对应直播电商产业的人才输出分专业综合型、单一技能型和非专业能力型，未能吻合匹配部分企业"成建制"团队人才需求。

（3）实训条件与培养要求脱节。直播电商产业链各岗位对实践技能操作要求较高，主播、副播、运营或是选品人员均要求经历大量实践训练，提升职业能力与职业素养和团队协作能力。而高职院校直播电商实训条件不足，尚不能有效满足人才培养要求：一是校内专业实训室数量不足，主因是直播电商相关课程迅速增加，校内实训室和实训设备相当程度上无法满足实践教学与训练需要，且实训室建设或改造存在滞后性；二是非教学场所训练不利于直播电商训练，如学生寝室、校园外景等场地，可补充或辅助实训，但由于非专业实训室，不能完全满足学生直播电商实践要求。为进一步了解高职院校直播电商实训条件，2022年5月，面向学生发放并回收有效调查问卷357份。统计结果显示，30.25%被调查者表示有直播电商课程学习经历，但仅有3.92%被调查者有直播电商实践经历，低占比实践经历与实训条件不足有一定的关系，难以满足人才培养需求。

（4）高职教师与产业互补不足。对于高职院校，教师接触直播电商产业时间短、掌握知识体系并加以应用需要时间沉淀。网络营销与直播电商专业大幅增设及直播电商课程大量列入高职院校各专业人才培养方案，迫使教师加快转型，且直播电商教师数量尚不能有效满足教学需求。为加快转型，现学现教现象较为普遍，高职院校教师加强自主学习、参加社会短期培训，积极补充直播电商知识与技能，但由于国家职业技能标准发布迟于产业发展，参训教师少有系统性、标准化学习。

对于企业，由于利益相关性弱，未有效投入人力成本和实践教学资源，产业导师与高校实质教学关联不强，未能很好地满足高职院校实训教学需要；高职院校通过下企业实践锻炼，学习并更新知识与技能，也因教科研任务繁重，实践锻炼效果有所减弱。高职院校教师与产业导师双向流通存在一定障碍，掣肘专业教学质量。

五、直播电商人才培养的路径

（1）专兼结合，加快人才培养与输送。以专业、课程和社团为载体，加快高职院校人才培养。

专业培养：依托网络营销与直播电商专业，制定人才培养方案系统化、全方位培养学生专业技能与职业素养，辅以人文素质培养，有效提升学生职业能力与职业素养。

课程培养：以课程形式开展直播电商教学，已在高职院校较多专业开展，如电子商务、移动电子商务、跨境电子商务、市场营销、旅游管理等财经类、信息类专业开设直播电商课程，补充学生直播电商专项能力，满足社会人才需求，提升学生就业能力。

社团培养：非教学时间的利用有效与否较大程度上影响学生成长的高度与速度，社团学习有效补充专业能力学习与实践。建立"直播电商社团—直播学院—创业工作室—就业创业"的学生培养模式促进人才培养（如图8-5所示），学生入校后加入直播电商社团，以社团活动形式开展直播电商、短视频等实践练习；从社团活动中选拔优秀学员进入直播学院，邀请校内外教师共同开展训练；基于训练结果，以创业项目为载体，师生双向选择后建立"导师+项目+团队"的创业工作室，鼓励产业学院的导师加入，如阿里巴巴数字商业产业学院与高职院校合作模式。

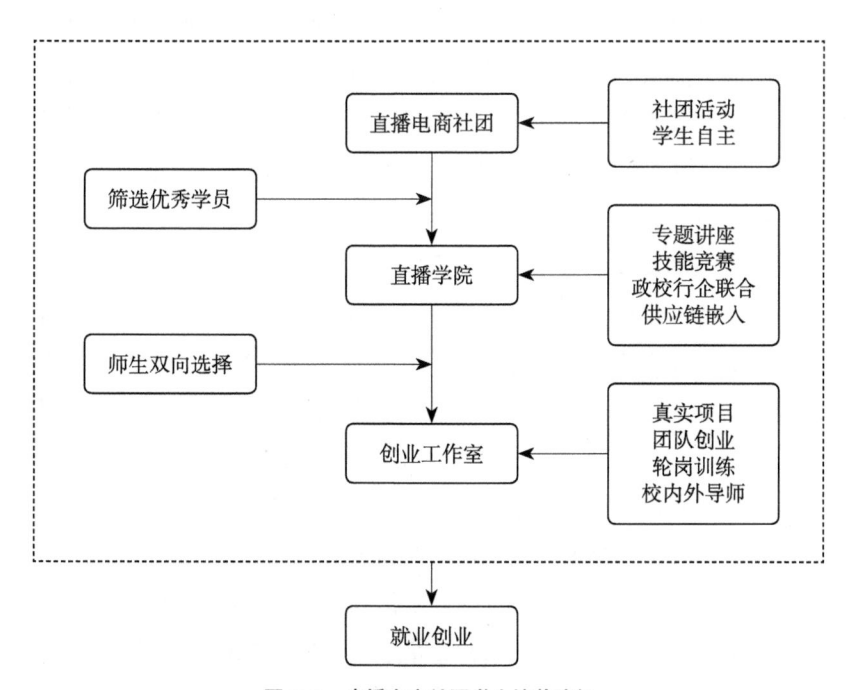

图 8-5 直播电商社团学生培养路径

（2）以赛促学，提升学生综合素养。学科竞赛有效促进学生专业知识与专业技能的掌握与应用，并能很好地提升专业素养，包括演讲能力、控场能力、协调能力、心理抗压能力等。当前高职院校参与的学科竞赛类型较多，部分院校根据竞赛的科学性、规范性或重要性做出等级划分，比如划分为一类竞赛、二类竞赛或是重点竞赛项目、一般竞赛项目。不论是否划分竞赛等级，学科竞赛的本质始终是为了人才培养、质量提升，为产业输送高质量的人才。当前直播电商相关竞赛主要有"互联网+"大学生创新创业大赛、全国大学生电子商务创新创意创业大赛等赛项，由于直播电商应用的普及化，多数创新创业类竞赛均可纳入直播电商相关知识与技能。高职院校学科竞赛实施路径不同，主要有：一是成立技能集训队，设立首席指导老师，组建骨干教师队伍，开展日常竞赛训练；二是设立竞赛专项经费，学院抓重点项目，并投入专项经费支持项目开展运行支出，提升竞赛训练质量与效果；三是出台教师激励政策，津贴激励或利于专业技术职务晋升，如部分高职院校规定国际或国家竞赛一等奖指导老师直接晋升一级。

高职院校高度重视学科竞赛，从教师专业技术职务评聘、教学业绩考核等多角度鼓励教师参加或指导学生参加竞赛项目，因直播电商的兴起与普及，直播电商俨然成为学生在竞赛和工作中所应具备的基础能力。通过学科竞赛，学生在老师教导和训练下，不断提升专业能力与专业素养，更受用人单位欢迎，同时教师亦能获得同步成长，学校也能获得荣誉，取得多赢效果。

（3）产教融合，提升学生直播电商创业能力。纵深推进大众创业、万众创新是深入实施创新驱动发展战略的重要支撑，大学生是大众创业万众创新的生力军，支持大学生创新创业具有重要意义。以创业教育和真实项目创业提升直播电商专业能力与职业素养，促进大学生全面发展，实现大学生更高质量创业与就业。《教育部2022年工作要点》指出，实施"就业创业促进行动"，健全就业创业促进机制，推动就业创业工作提质增效，推动就业与招生培养联动改革，实施供需对接就业育人项目，并在2022年4月2日发布《教育部高校学生司关于公布第一期供需对接就业育人项目立项名单的通知》，以项目立项形式支持央企、龙头企业与高校深度合作，开展产教融合育人。

产业与高校联合有效弥补人才培养短板，如直播电商企业的供应链体系、真实产品、直播运营账号、产业导师实践指导等能有效补足高职院校学生直播电商能力培养。企业与高职院校联合，以创业项目为载体，建立"高校导师+学生团队+产业导师+创业项目"运行机制。如温州科技职业学院与阿里巴巴共建数字商业产业学院、与浙瓯共建直播产业学院，企业以真实项目提供学院学生直播电商创业，在真实创业中促进学生全面发展，并提升学生创业能力和创业积极性。

（4）双向流通，有效促进双师型培养。在产教融合背景下，引入产业导师是必然要求，能够弥补高职院校实践教学薄弱环节，人才培养更加贴近产业实际需求。温州科技职业学院 2020 年 5 月建立直播学院后，基于阿里巴巴数字商业产业学院、浙瓯直播产业学院、温州电商直播产业园等产教融合项目引入直播电商产业导师 20 余名，有效补充师资队伍，保障实践教学效果；此外，学院为加强"双师型"师资队伍建设，建立校内导师与企业家"朋友式"结对关系，同时每年开展"一院联百企"行动，即各二级学院联系一百余家企业开展教师实践或企业服务，密切接触行业前沿信息，帮助企业解决实际问题，提升"双师"能力，促进"校企共赢"。

第三节　乡村干部培养提升县域农业电子商务路径研究

农业电子商务在中国农村地区的发展日益受到重视，随着信息技术的迅猛发展和互联网的普及，农业电子商务为农民提供了新的销售渠道，促进了农产品的流通和增值，有力推动了农村经济的发展。在县域层面，农业电子商务的发展仍面临许多挑战，其中一个重要的因素是乡村干部的培养与能力提升。

乡村干部作为农村地区的基层管理者和农民的重要联系人，对于推动农业电子商务的发展具有关键性作用。当前乡村干部在农业电子商务方面的知识和技能相对不足，他们往往缺乏了解电子商务运作模式和市场需求的能力，也面临着如何适应快速变化的数字经济环境的挑战。因此有必要进行研究，探索有效的乡村干部培养路径，以提升其在县域农业电子商务中的能力。

通过深入研究乡村干部培养与能力提升的问题，为县域农业电子商务的发展提供有针对性的建议和措施。首先，通过培养乡村干部在农业电子商务方面的知识与能力，可以提高其对农产品电商化的理解和认同，增强其推动农村电商发展的积极性和能动性。其次，乡村干部是农村地区政府与农民之间的桥梁，提升其在农业电子商务中的角色和能力，有助于改善农村电商服务体系，加强政府与农民之间的互动与合作，提升农民的电商素养和市场竞争力。最后，乡村干部的培养与能力的提升也有助于提高县域农业电子商务的整体水平，推动农村经济的转型升级，实现农村地区的可持续发展。

本节论述主要是为了：探索乡村干部培养提升县域农业电子商务的路

径,以满足当前农村电商发展的需求。分析乡村干部在县域农业电子商务中的角色和责任,了解其在农村电商发展中的现状和挑战;探讨乡村干部在农业电子商务方面所需的知识和能力,包括电商运作模式、市场分析、平台管理等方面的专业知识和技能;研究乡村干部培训机制和路径的设计,探索如何组织和实施针对乡村干部的农业电子商务培训,以提高其在农村电商中的能力和素养;分析政府在乡村干部培养与能力提升方面的政策与支持措施,评估其对县域农业电子商务发展的影响和效果;探索持续培养与评估机制的建立,以确保乡村干部在农业电子商务领域的持续学习和发展。

一、乡村干部在县域农业电子商务中的角色与需求

乡村干部作为基层管理者和农民的重要联系人,在县域农业电子商务中扮演着关键的角色。他们具有多方面的职责和功能,既是政府政策的传达者和执行者,又是农民的代表和服务者。以下将从乡村干部的定位和职责、乡村干部在农业电子商务发展中的重要性以及乡村干部面临的挑战与需求三个方面进行论述。

(1)乡村干部的定位和职责。乡村干部是县域农业电子商务发展的关键推动者,他们在农村地区担负着政府决策的实施、服务的提供和农民权益的维护等职责。乡村干部是政府与农民之间的桥梁和纽带,负责将政策、信息和资源传达给农民,同时也要将农民的需求、意见和利益反馈给上级政府。他们需要具备政策宣传、项目推动、农民培训等能力,以协调和促进县域农业电子商务的健康发展。

(2)乡村干部在农业电子商务发展中的重要性。首先,他们是政府政策的传达者和执行者,通过宣传政策、解读政策、组织政策实施等方式,乡村干部将政府的支持和扶持政策传递给农民,引导他们参与农业电子商务活动。其次,乡村干部是农民的代表和服务者,他们了解农民的需求和诉求,协助解决农民在农业电子商务中面临的问题,提供相关的培训和咨询服务。最后,乡村干部还在电商平台、农产品营销、农民合作社等方面发挥着组织者和协调者的作用,促进农业电子商务链条的顺畅运行。

(3)乡村干部面临的需求。乡村干部在农业电子商务发展中面临一些挑战与需求,需要有针对性的支持和培训。首先,他们需要增强对农业电子商务的理解和认知,由于农业电子商务是相对新兴的领域,乡村干部需要及时

了解和学习电商运作模式、市场趋势和政策法规等相关知识，以更好地引导农民参与电商活动。其次，乡村干部需要具备市场分析与营销策略制定的能力，他们应了解市场需求、产品定位、竞争对手等信息，帮助农民制定适应市场的农产品推广和销售策略。再次，乡村干部需要掌握农业电子商务平台的运营与管理技能，包括平台注册、店铺管理、订单处理、物流配送等方面的知识。最后，乡村干部还需面对农村电商发展中的技术更新、政策调整、市场风险等挑战，因此需要具备学习和适应变化的能力。

在实现乡村干部培养提升的过程中，需要政府、农业部门、农村社会组织等多方合作，提供相关培训和支持，以提高乡村干部在县域农业电子商务中的能力和素养。通过系统培训，提供相关知识和技能，加强乡村干部的电商意识，可以进一步推动县域农业电子商务的发展，促进农村地区的经济繁荣。

二、乡村干部提升电子商务能力影响因素分析

乡村干部提升电子商务能力受到技术、组织和环境三个方面的影响。乡村干部需要通过学习和应用技术知识，组织支持和培训机会，以及适应行业环境和政策支持来不断提升自身的电子商务能力，这些因素的协同作用将有助于推动乡村干部在农业电子商务领域的能力提升，促进乡村电商的可持续发展，为乡村经济的转型升级提供有力支持。

（1）技术因素（Technology）。技术因素是指电子商务所涉及的技术和工具，对乡村干部的能力提升产生直接影响。主要有以下方面。

a. 技术知识和熟练程度：乡村干部需要掌握电子商务相关的技术知识，了解电商平台的操作和管理，掌握数据分析工具等。对于不同的电子商务领域，例如电商销售、供应链管理、数字营销等，乡村干部需要具备相应的专业技能。

b. 技术应用和创新能力：乡村干部需要具备将电子商务技术应用于实际工作中的能力，包括如何利用技术工具推动农产品销售、优化供应链、改进农产品品质等。同时，他们还应具备创新能力，能够利用技术解决问题、开拓新的商机和市场。

（2）组织因素（Organization）。组织因素是指乡村干部所属的组织结构和管理机制，以及组织对电子商务能力提升的支持和配合。主要有以下方面。

a. 组织文化和价值观：组织应树立积极支持电子商务发展的文化和价值

观,鼓励乡村干部学习和应用电商知识与技能,组织应鼓励创新思维、团队合作和积极适应变化的态度。

b. 培训和发展机会:组织应提供相应的培训和发展机会,包括专业培训课程、内部培训计划、知识共享平台等,乡村干部可以通过这些机会不断学习和提升电子商务能力。

c. 内部沟通和协作机制:组织应建立良好的内部沟通和协作机制,促进乡村干部之间的知识共享和经验交流。乡村干部可以从其他同事和上级领导的经验中学习,共同解决问题和推动电子商务的发展。

(3)环境因素(Environment)。环境因素是指乡村干部所处的外部环境条件和行业竞争状况。主要有以下方面。

a. 政策支持和发展环境:政府应制定有利于电子商务发展的政策,并提供相应的支持措施。政府的政策支持和发展环境将为乡村干部提供更好的发展机会和条件。

b. 行业趋势和竞争压力:乡村干部需要了解行业的发展趋势和市场竞争情况,从而能够根据变化的市场需求和竞争压力调整自己的电子商务策略和行动计划。

三、乡村干部培训机制与路径设计

乡村干部在县域农业电子商务中的培训机制和路径设计至关重要,本节探讨乡村干部培训的组织与实施机制、培训的内容和形式,以及培训路径的规划与个性化需求的满足。

(一)乡村干部培训的组织与实施机制

(1)培训机构与合作伙伴的选择与建立。在乡村干部培训中,选择合适的培训机构和建立良好的合作伙伴关系至关重要,可以与农业部门、高等院校、培训机构等进行合作,共同开展培训活动。这些合作伙伴可以提供专业的师资力量、培训资源和实践基地,从而提高培训的质量和实效。

(2)培训计划的制定与调整。制定详细的培训计划是乡村干部培训的重要环节,培训计划应包括培训内容、培训时间、培训地点等方面的安排。同时,要灵活调整培训计划,根据乡村干部的实际需求和培训效果进行调整,以确保培训的针对性和实用性。

(3)培训资源的整合与利用。乡村干部培训需要充分整合和利用各类培训资源，包括开发和收集农业电子商务的教材和案例、建立在线学习平台、组织专家讲座和实地考察等，同时还可以利用现有的培训机构和资源，如电商培训中心、农业示范基地等，进行实践教学和培训活动。

（4）培训师资的选拔与培养。培训师资是乡村干部培训的关键要素，应通过选拔和培养优秀的师资力量，包括行业专家、农业电子商务从业者、教育专家等，以提供高质量的培训服务。此外，还应定期对培训师资进行培训和交流，不断提升其教学能力和专业水平。

（二）乡村干部培训的内容和形式

乡村干部和新型职业农民在电子商务培训内容上存在一定的区别。虽然两者都需要掌握农业电子商务的知识与能力，但由于其在农村电商中的不同角色和职责，培训内容上会有所差异。与新型职业农民相比，乡村干部在电子商务培训中需要注重以下方面的内容和形式。

（1）农业电子商务政策与法规培训。乡村干部需要深入了解与农业电子商务相关的政策和法规，包括农村电商发展政策、电子商务法规等。培训内容应包括政策的解读和执行，以便乡村干部能够为农民提供相关的指导和支持。

（2）政策宣传与项目推动培训。乡村干部需要具备政策宣传和项目推动的能力，将政府的支持政策和扶持项目传达给农民，并协助农民申请相关的资金支持和政策优惠。培训形式可以包括讲座、研讨会、现场考察等，以帮助乡村干部了解政策背景和实施细则。

（3）农产品市场分析与规划培训。乡村干部需要掌握市场分析和规划的基本方法，了解农产品的市场需求和竞争状况。培训内容应包括市场调研方法、市场需求分析和产品定位等。形式上可以采用案例分析、团队讨论等互动性强的形式，让乡村干部能够实际操作和应用所学知识。

（4）农业电子商务平台管理培训。乡村干部需要了解农业电子商务平台的运营和管理，包括平台注册与开店流程、店铺管理、订单处理等。培训内容应涵盖平台操作指导、店铺设计与管理、客户服务等方面的知识和实操技巧。形式上可以采用模拟操作、实地考察等形式，让乡村干部能够亲自体验和掌握相关技能。

（5）风险管理与法规遵循培训。乡村干部需要了解电子商务交易中可能存在的风险，并学习如何应对和防范。培训内容应包括电商交易风险防范、消费者权益保护法规等。形式上可以通过案例分析、角色扮演等形式，让乡村干部能够在实际情境中掌握风险管理的方法和技巧。

（6）专业培训与知识更新。乡村干部还需要进行持续的专业培训和知识更新，以跟上农业电子商务发展的最新趋势和技术。培训形式可以包括研讨会、讲座、培训课程等，让乡村干部与专家学者进行交流和互动，不断拓展自己的专业视野。

乡村干部培训的内容和形式需要围绕其在农村电商中的角色和职责进行有针对性的设计，通过系统的培训，乡村干部将能够更好地履行自身职责，推动农业电子商务在乡村的健康发展，促进农村经济的转型升级。

（三）培训路径的规划与个性化需求的满足

（1）培训路径的设计与优化。针对乡村干部的不同需求和能力水平，应设计不同层次和专业化的培训路径。从初级到高级，从理论到实践，逐步提升乡村干部在农业电子商务中的能力。培训路径应注重实践教学和案例分析，使乡村干部能够将所学知识和技能应用到实际工作中。

（2）个性化需求的识别与满足。在培训中要充分考虑乡村干部的个性化需求。可以通过调研、问卷调查等方式，了解乡村干部在农业电子商务培训中的具体需求，包括他们感兴趣的领域、需要解决的问题等。根据个性化需求，可以为乡村干部提供个性化的培训方案和指导，提高培训的针对性和实效性。

（3）阶段性评估与反馈机制的建立。培训路径中应设立阶段性评估和反馈机制，对乡村干部的培训进展进行评估和反馈。通过考试、项目评估、实际操作等方式，对乡村干部的学习成果进行评估，及时发现问题并进行调整和改进。同时，还要建立反馈机制，听取乡村干部的意见和建议，不断优化培训内容和形式。

（4）持续学习与跟进的支持。乡村干部的培训应是一个持续学习和发展的过程，培训机制和路径设计要充分考虑持续学习的需求，提供后续的培训和支持机制。可以建立学习社群、开展定期交流活动、提供在线学习资源等，帮助乡村干部在工作中不断学习和成长，保持对农业电子商务发展的关注和更新。

通过以上的乡村干部培训机制与路径设计的论述，可以为县域农业电子商务中乡村干部的培训提供具体的指导和方向，有助于提高乡村干部在农业电子商务中的能力和素养，推动农村电商的健康发展，并促进农村经济的转型升级。

四、乡村干部持续培养与评估机制

(一) 持续培训机制的建立与实施

(1) 持续培训的必要性与重要性。随着农业电子商务的不断发展和变革，乡村干部需要不断更新知识和技能，适应新形势下的工作需求。持续培训可以帮助他们了解最新的行业动态和趋势，掌握先进的电商技术和经营策略，提高工作效率和竞争力。

(2) 持续培训计划的制定与执行。建立有效的持续培训计划是确保乡村干部能够持续学习和成长的关键。培训计划应该包括培训的内容、形式、时间安排等方面的细节，以及参与培训的乡村干部的名单和要求。政府部门可以与培训机构、高校、电商平台等合作，制定并实施相应的培训计划。

培训内容可以涵盖农业电子商务的理论知识、市场分析、营销策略、电商平台操作等方面。培训形式可以多样化，包括培训课程、研讨会、实地考察、案例分析等，以满足不同乡村干部的学习需求和实际情况。

(3) 培训资源与机制的建设。为了支持持续培训的顺利实施，需要建立相应的培训资源与机制，政府可以提供培训资源的支持，包括专家指导、培训资金、培训设施等，同时建立乡村电商人才培训机制，如设立培训小组或机构，负责协调、组织和监督培训活动的实施。

(二) 乡村电商人才的定期评估与发展

(1) 定期评估的目的与意义。定期评估乡村电商人才的能力和发展状况，有助于全面了解他们在农业电子商务中的表现和进步。评估可以提供有针对性的反馈和改进意见，帮助乡村干部发现自身的不足之处并加以改进，同时也为政府部门提供评估结果参考，以优化培训计划和政策支持。

(2) 评估方法与指标体系的建立。评估方法和工具的选择应根据乡村电商人才的培养目标和岗位要求来确定。可以采用多种评估方法，如考试、项目评估、实践操作、绩效评价等。考试可以测试他们对电商知识的理解和掌握程度，项目评估可以评估其在实际项目中的能力表现，实践操作可以测试他们在实际工作中的技能水平，绩效评价可以综合评估其工作表现和成果。评估结果应及时反馈给乡村干部，并为其提供个性化的改进意见和培训建议。评估结果可以通过个人反馈会议、评估报告等形式进行沟通。根据评估结果，可以针对性地调整培训计划，提供补充培训，帮助乡村干部弥补不足，进一步提升其在农业电子商务中的能力。

乡村电商人才的评估指标体系应综合考虑知识、技能和素养三个方面。知识方面包括对农业电子商务相关知识的理解和掌握程度，了解电商的发展历程、基本原理、运作模式，了解农产品电商化的概念、意义和发展趋势，掌握与农业电子商务相关的政策法规，如农村电商发展政策、电子商务法规等。技能方面涵盖电商平台操作、市场分析和营销策略制定等实际操作能力，熟练掌握电商平台的注册开店流程、商品上架、订单处理等操作；能够进行市场调研、分析市场需求，制定农产品的营销策略；具备处理客户咨询、解决售后问题的能力，建立良好的客户关系。素养方面则包括创新能力、沟通协作能力、问题解决能力等，具备创新思维和创新意识，能够寻找并解决农业电子商务中的问题；良好的沟通和协作能力，能够与农民、电商平台、相关部门等进行有效的沟通与合作；能够识别和解决农业电子商务中的问题，具备解决问题的分析能力和应对能力。

（三）乡村电商人才的职业发展与晋升机制

（1）职业发展规划与指导。乡村干部的职业发展应制定明确的规划，并提供相应的指导和支持。政府可以为乡村干部制定职业发展规划框架，包括明确的职业发展路径和晋升要求。同时，可以提供职业发展辅导和指导服务，帮助乡村干部明确自己的职业目标、发展方向和学习计划。

（2）晋升机制的建立与实施。为了激励乡村干部在农业电子商务领域的发展，应建立相应的晋升机制。政府可以设立晋升通道和评审机制，根据乡村干部在电商工作中的表现和业绩，进行晋升评审和晋升岗位的设立。这将激励乡村干部在农村电商领域继续努力，提高其职业发展的动力和目标。

（3）职业发展支持与资源的提供。为乡村电商人才的职业发展提供必要的支持和资源。政府可以与电商平台、培训机构、高校等合作，提供专业的培训、指导和资源支持。此外，还可以设立专项资金，用于资助乡村干部参加培训、进修或创业项目，提供更广阔的职业发展机会。

通过建立持续培养与评估机制，乡村干部在农业电子商务中的能力将得到不断提升和发展。同时，职业发展机制和支持措施将为乡村干部提供更多的职业发展机会和晋升通道，激励他们在农村电商领域做出更大的贡献。这将有助于推动乡村电商的可持续发展，促进农村经济的转型升级。

第九章
研究结论与政策建议

第一节　研究总结

前面章节先从研究背景和研究问题入手，提出新型农业经营主体实施电子商务影响因素和路径研究的主题，确定研究目标和重难点后，针对国内外研究文献进行梳理。随后，根据技术-组织-环境框架（TOE）、理性行为理论（TRA）、技术接受模型（TAM）等多种基础理论模型，结合农产品电子商务影响因素的研究需求对模型进行整合，提出新型农业经营主体实施电子商务影响因素的研究模型，并对该模型的影响机制和理论假设进行论证。随后，设计调查问卷，向浙江省新型农业经营主体发放问卷，并在研究期间开展实地调研与访谈。收集问卷资料后，展开新型农业经营主体实施电子商务影响因素实证研究，并依据研究目的、主要内容和实证研究结果分析新型农业经营主体传统营销体系和电商发展现状，研究新型农业经营主体电商模式的优化，探讨新型农业经营主体电子商务组织建设，并对新型农业经营主体电商人才培养与输出研究，研究内容覆盖电子商务"人、货、场"要素。通过研究，主要有以下结论。

（1）电子商务模式选择。新型农业经营主体对电子商务的知识储备不足，对主要电子商务模式也不甚了解，如B2B、B2C、C2C、C2B、B2B2C、O2O等模式，更难以选择符合企业发展的电子商务模式。农业电子商务的发展有别于其他产业的电子商务，需要根据产品的类型、特性选择合适的电子商务模式。另外，从交易主体的主导性视角看，新型农业经营主体电子商务类型分为自营电子商务平台和第三方电子商务平台，不同类型平台在资金成本、应用自由度、人力资源投入、品牌建设等方面有所区别，经营主体需要按照实际发展阶段选择合适类型。

（2）规模化、品牌化程度较低。从调查结果来看，目前新型农业经营主体员工规模较小，员工人数以80人以下为主，产销能力相对较弱。电子商务活动虽然开展比较普遍，但整体来说电商化程度较低，基本只具备实施一种或两种电商活动的能力。农产品企业实施电子商务的效益普遍较低，电商销售额占企业总销售额的比重基本在20%以下，电商活动的规模效应较弱，也未形成具有知名度的农产品电商品牌。

（3）产品销售能力不强。从数据分析结果得知，根据企业自身的生产能力，大部分新型农业经营主体无法销售完生产出来的产品，很可能造成产能过剩。传统农业生产重视生产或种植技术，重视一产和二产而忽视了三产。电子商务属于现代服务业，经营主体缺少相应的专业知识和技术能力，产品营销和品牌建设不足，也缺乏市场调研和数据分析。综合新型农业经营主体主观、客观因素，极大限制了其产品销售。

（4）网络营销和推广能力不足。电子商务的平台搭建、电子商务模式的选择是农业企业拥抱互联网的第一阶段，而营销推广、电子商务运营是核心。新型农业经营主体从自身的经验出发，接触较多的是微信好友、朋友圈、微博等营销的载体，并有一定的实践经验，但未能系统了解网络营销，未能掌握营销推广的技能与策略。农业经营主体需要制定有效的营销策略，包括产品定位、宣传推广、价格策略等，同时注重售后服务，提供良好的客户体验。

（5）信息化水平相对不足。电视和广播、报纸杂志宣传单等传统媒体和涉农协会、批发市场、同行等线下渠道的使用范围仍然非常广泛，电子商务网站、农业网站的信息传递功能尚未充分发挥。虽然绝大多数企业有进驻电商平台或接入搜索引擎，但新型农业经营主体建设企业网站的意愿并不高，并且其中有些企业尚未使用互联网。此外，新型农业经营主体对于网站的应用也是非常不足的，互联网信息发布频率低，更新速度慢。

（6）电商直播和短视频等新型电子商务应用少。电商直播和短视频等新型电子商务快速兴起，越来越多的用户通过这些应用程序获取信息并购买产品，而只有大约1/3的新型农业经营主体使用电商直播和短视频应用程序，不能很好地抓住电商直播发展的红利期。

（7）电子商务产业化程度低。新型农业经营主体从业人员对电子商务知识的匮乏导致互联网的运营不理想，且自身种植或生产产品的单品数较低也限制网络化的运营，比如有农户专业种植番茄，产品较为单一，限制了电子商务的应用。如何把农业企业或农产品与互联网结合，涉及经营主体之间的合作、联合，各取所长，互赢共利。

（8）电商专业人才比较缺乏。专业人才对于新型农业经营主体实施电子商务具有正向影响，然而，在电子商务领域，专业人才的缺口一直很大，除IT人员外，美工、运营、数据分析、营销等领域的用工需求也一直难以满足。农业相对于消费品和工业产品制造领域而言，在就业市场不受青睐，导致电子商务人才非常紧缺。据企业反映，企业员工大多数不懂电子商务，不会电商平台的相关操作，也直接影响了企业实施电子商务活动的持续性和普及性。

（9）企业领导重视程度相对较低。态度对电子商务采纳具有显著正向影响，但根据调查结果，目前新型农业经营主体对电子商务的重视程度仍然不足，有大量企业还是主要采取市场零售方式、订单式销售、传统批发方式等传统营销模式，电子商务方式更多是作为一种补充手段。部分农产品企业的管理人员对发展电子商务的支持力度不足，缺乏企业变革的动力和积极性。

（10）基础设施比较完善。浙江省大力发展互联网基础设施，以温州市为例，2022年温州市政府计划投资17亿元，新建和改造5G塔3500个，新开通5G基站4000个，将为新型农业经营主体实施和发展电子商务提供良好的基础设施。此外，当前浙江省绝大多数新型农业经营主体已接入各类国内外搜索引擎，电脑设备、网络宽带费用在企业接受能力内，物流配送基本满足企业产品配送要求，电子商务网络平台安全性大大提升，物流、网络、平台等基础设施相对完善。

（11）接入平台多样发展。目前市场上有很多活跃的电商平台，包括淘宝、天猫、京东、拼多多等，不同的电商平台具有不同特点，为企业提供了多样化的匹配选择。据调查，新型农业经营主体接入的电商平台比较多样，传统的电商平台包括淘宝、阿里巴巴、天猫、京东、拼多多，抖音、微信、今日头条等逐渐受到企业青睐。尤其是微信平台的应用较为广泛，利用社交平台开展朋友间的销售较为普遍。网络平台是电子商务的载体，新型农业经营主体需要根据自身发展阶段选择相适应的载体开展电子商务活动，在调研期间发现较多的农业企业对平台的选择存在较大的疑虑，对知识的缺乏加深了电子商务运营的恐惧感，较多企业咨询是否应该建立企业的网站、是否应该建立淘宝店铺等问题，也提出因产品类别太少而引发的电子商务运营与否等困惑。

第二节 政策建议

根据调查结果的总结和得出的结论，研究人员提出了以下建议。

一、微观层面

（一）选择适合企业发展阶段的电子商务模式

在电子商务模式中，企业界一致认同的是把企业和消费者作为划分标准，分别划分出企业对企业（B2B）、企业对消费者（B2C）、消费者对消费者（C2C）、企业对政府（B2G）等电子商务模式。O2O 电子商务模式不是按照交易对象划分的模式，而是指将线下的商务机会与互联网结合，让互联网成为线下交易的平台。O2O 模式较多地应用于餐饮业、服务业和旅游业，包括农业观光旅游。C2B 是指消费者向企业预定产品的电子商务模式。

新型农业经营主体需要根据发展的不同阶段，选择合适的发展模式，比如根据生鲜农产品的特点，可以选择 C2B 的预定模式，也可以采取 O2O 的电子商务模式。对于物流配送能力弱的新型农业经营主体，除了与物流配送公司合作，还可以选择 B2B2C 模式，建立批发渠道，将产品供应给专业的电子商务公司，或者社区团购的企业，选取合作共赢的电子商务模式。农业产业化龙头企业可以根据需要选择 B2B、B2C 的电子商务模式，甚至可以参与政府招标项目，进而与政府开展合作。

（二）建设县域流通体系和电子商务品牌

县域农副产品电子商务的物流成本相对较高，尤其是生鲜农产品，要求保鲜、防腐、免破损、色泽光鲜等要求，较大程度上限制新型农业经营主体实施电子商务。面向终端客户销售成本高昂，由于客单价低，即使是县域内配送，其成本依旧高。要加强县域内的物流配送系统建设，提高物流效率和服务质量，可以着力发展县域内的智能快递箱、冷链物流等先进设施，优化物流运输网络，畅通县、乡、村三级农产品电商物流渠道；集中县域资源，努力打造"一县一品"，突出县域特色产品的优势和品牌形象，提高产品质量、优化营销渠道、完善物流配送体系、提升电商运营和服务能力、打造农产品品牌。加强县域的信息基础设施建设，提供稳定的网络环境和电子商务交易平台，确保电子商务的顺利进行。

（三）选择适合的网络营销和推广方式

电商思维。电商思维指在电子商务领域中，运用特定的思考方式和战略观念来解决问题和实现目标的思维方式，涉及对消费者、市场、技术、数据和竞争等因素的全面理解，并在此基础上制定和执行相关战略，以推动电子商务业务的发展和成功。电商思维强调以顾客为中心、数据驱动的决策、创新和持续改进、跨渠道整合以及社会责任等核心原则。新型农业经营主体的员工，尤其是决策管理人员需要强化互联网思维。

社群营销。社群营销是在网络社区营销及社会化媒体营销基础上发展起来的用户连接及交流更为紧密的网络营销方式。网络社群营销的方式，主要通过连接、沟通等方式实现用户价值，营销方式人性化，不仅受用户欢迎，还可能成为继续传播者。目前社群营销的主要平台有微信、微博、QQ空间等载体，也可以是抖音等直播平台。

营销数据化运营。大数据的建立是营销推广的重要基础，在数据建立时要充分利用外部数据，积累自身内部数据，加以分析。外部数据的来源比如淘宝关键词的分析与挖掘，可以从关联搜索、直通车关键词展现指数、竞争对手关键词描述等方面挖掘与分析；利用百度等搜索引擎分析关键词展现指数，可以针对区域做分析与统计，更加有利于区域农业电子商务的实施。相对于外部数据，内部数据的积累更为关键，是客户关系管理的根基，需要详细分析客户数据，对客户进行分级管理并做好客户维护，提升产品的复购率与客单价。

除了上述常见营销推广工具，新型农业经营主体还可以利用搜索引擎营销、电子邮件营销、网络广告、跨境电商运营推广等，利用线上与线下渠道，获取更多有效客户。

（四）电商直播和短视频人才培养

电商直播和短视频等新兴电子商务人才培养，职业学院有更好的优势和责任，针对学院的电商直播和短视频人才培养有以下建议。

完善培养机制。高职院校网络营销与直播电商专业的开设已大幅增加，目前共有221所高职院校开设该专业，较2015年增长7倍，为直播电商产业链人才培养打下坚实基础。网络营销与直播电商专业开设主要集中在2021年和2022年，而高职院校学生培养周期一般需要3年时间，无法短期内补充产业人才需求，人才缺口依然较大。高职院校以课程形式开展直播电商教学，培养学生直播电商专项能力，满足社会人才需求，提升学生就业能力。课外时间学习，很大程度上影响学生成长的高度与速度，学生专业社团活动等形式有利于补充专业技能与素养提升。

学院与企业联合培养。学院与企业联合有效弥补人才培养短板，如直播电商企业的供应链体系、真实产品、直播运营账号、产业导师实践指导等能有效补足高职院校学生直播电商能力培养。企业与高职院校联合，以创业项目为载体，建立"高校导师＋学生团队＋产业导师＋创业项目"运行机制。举个例子，职业学院与阿里巴巴共建数字商业产业学院，企业以真实项目提供学院学生直播电商创业，在真实创业中促进学生全面发展，并提升学生创业能力和创业积极性。

（五）新型农业经营主体从业人员继续教育

电子商务人才缺乏，而且电子商务产业发展迅速，新型农业经营主体的电子商务知识需要参加继续教育来获取和加强，按照教育对象，分为新型职业农民、高校学生培养和乡村干部。主要有以下建议。

订单化培训。以政府、行业、企业为主导，以产业、企业和农村为需求载体，开展订单式培养。根据实际需要，政府、行业、企业和学校联合制定人才培养方案，选拔新型农业经营主体的从业人员作为订单培养的对象，培养完成后落实至各工作岗位，既能解决就业，又能促使从业人员掌握电子商务技能，更好地服务产业、服务企业、服务地方。

高校人才培养。高等院校尤其是涉农高职院校，应加快农业电子商务复合人才的培养，培养高素质技术技能型人才，积极引导在校学生学习农业、电子商务的知识与技能，支持其农业创业、农业电子商务创新创业，为新型农业经营主体发展提供人才支持。举个例子，浙江省某大学在人才培养中针对三年级学生推出为期一年的"家庭农场主培养班"培养模式，采用自愿报名、择优选拔的方式选取学员，将家族有家庭农场、种植大户或指向进行农业创业、成为职业经理人作为优先选拔的条件。培养主要分为四个阶段：职业规划阶段、专业提升阶段、农场实践阶段和专家跟踪阶段。

互联网＋教育模式。现场培训受时间和空间的限制，而互联网＋的教育模式能弥补该缺陷，建议政府部门、各个大学和学院建立"网络课程"资源库，方便新型农业经营主体从业人员继续教育。"网络课程"的开设以新型农业经营主体需要的课程和知识为出发点，加入政府的引导、财政投入和各高校优质教学资源最终建立视频资源库，从业人员可主动参加学习。

差异化培训内容设计。乡村干部作为基层管理者和农民的重要联系人，在县域农业电子商务中扮演着关键的角色，不同于新型农业经营主体从业人员和电子商务从业人员，乡村干部在农业电子商务发展中面临一些挑战与需求，需要有针对性的支持和培训。首先，他们需要增强对农业电子商务的理解和认知，由于农业电子商务是相对新兴的领域，乡村干部需要及时了解和学习电商运作模式、市场趋势和政策法规等相关知识，以更好地引导农民参与电商活动。其次，乡村干部需要具备市场分析与营销策略制定的能力，他们应了解市场需求、产品定位、竞争对手等信息，帮助农民制定适应市场的农产品推广和销售策略。再次，乡村干部需要掌握农业电子商务平台的运营与管理技能，包括平台注册、店铺管理、订单处理、物流配送等方面的知识。最后，乡村干部还需面对农村电商发展中的技术更新、政策调整、市场风险等挑战，因此需要具备学习和适应变化的能力。

二、中观层面

（一）建立长期稳定的产销对接关系

与农产品供应商建立长期合作伙伴关系，通过双方互信、诚信守约等方式建立良好的合作关系。积极与供应商进行沟通和交流，了解其产品特点、生产情况等信息，建立双向的信息共享机制。加强与供应商的物流配送、库存管理等环节的协同，确保农产品的及时供应和保持新鲜度，可以与供应商共同制定供应计划、配送方案等，提高供应链的灵活性和效率。建立长期稳定产销对接关系，新型农业经营主体对接社区团购APP等企业，最终面向城市社区居民，完成产品销售。创新城市单位或街道与乡村结对模式，改变传统资金、物资结对方式，实施消费对接，结对双方建立长期稳定的农副产品产销对接，同时也可以促进农村闲置房短期出租、乡村旅游等服务行业。立足本地电商龙头企业，如浙江辰颐物语生态科技发展有限公司践行"电商＋助农＋水果"；聘请电商直播优秀人才周期性开展直播销售，如瓯海区聘请淘宝Top主播、"温州品牌推荐官"陈洁（电商直播名：Kiki）于今年2022年9月4日现场直播带货7小时，吸引605.12万观看量，成交金额超2270万元，成交件数超20万件，引导本地企业发展新渠道和提升数字营销能力，打造新电商时代的温州品牌。

（二）建立农村电子商务服务中心

相比城市，农村的电子商务从业人员更加缺乏，建议优化资源，建立农产品电子商务服务中心，明确农村电子商务服务中心的定位和目标，确定服务中心的服务范围、服务对象以及提供的具体服务内容。为某一个区域的新型农业经营主体的发展而服务，负责产品市场供需信息的收集与发布、网络销售等工作，切实地解决人才短缺的问题。举个例子，浙江省农民信箱的形式也起到服务中心的作用，它采用实名制注册，可在平台上发布农产品买卖信息，使产销用户直接对接，并能利用多种方法找到配对。整合农村电商发展所需的资源，包括场地、设备、技术支持、人才等，政府支持、合作伙伴、行业协会等渠道获取必要的资源支持。与农产品生产者、农村合作社、物流公司、金融机构等建立合作关系，形成合作网络。通过与不同的合作伙伴合作，实现资源共享、业务互补，提供全方位的电商服务。农产品电子商务服务中心带动了农村电子商务服务站点建设，培养了一批电商带头人。建议政府管理人员开展农村电子商务服务中心优秀案例评选，鼓励优秀的服务中心帮助落后的服务中心。同时，通过各种渠道进行农村电商服务中心的推广宣传，让更多的农民和从业者了解并使用该服务中心，利用传统媒体、社交媒体、宣传活动等方式进行推广，提高服务中心的知名度和影响力。

（三）提高电子商务产业化程度

新型农业经营主体对电子商务知识的匮乏、电子商务人才的不足，难以依靠自己独立运营电子商务，因此分工合作是发展阶段的需要。有以下几种合作模式建议，提高电子商务产业化程度。

公司＋农户＋电子商务。"公司＋农户"的运营模式是农产品流通由计划经济向市场经济转变的结果，让很多的企业也尝到了甜头。将电子商务与传统的产品相结合，积极掌握供需的双向信息，延长交易时间，扩大销售渠道获取更多的交易对象，给企业带来巨大的销售空间，构建"公司＋农户＋电子商务"的营销体系。农户受知识和技术能力的限制，在这个营销渠道中并未直接参与电子商务，而是与农业龙头等企业进行接触，进入"公司＋农户"体系；由公司负责农产品的电子商务化运作，负责电子商务平台上的交易信息发布、交易订单处理等；通过电子商务平台，公司将农产品销售给采购商（消费者），而采购商（消费者）利用网络银行将款项付给公司，完成交易。

政府组织＋农户＋电子商务。中国涉农政府组织大致有：农业农村部（农业农村厅）等行政管理部门、农业科学研究院、农村专业合作社、农技站等服务协调部门。政府的这些组织在农业的发展中扮演了不可或缺的角色，在过去的农业发展中起到了极大的推动作用。在电子商务发展的背景下，政府组织可以借助新型的手段来推动农业的发展、推动农产品的营销。"政府组织＋农户＋电子商务"即农户借助政府组织的技术、物力和财力等来实施农产品营销的电子商务化。农户将各自的供应或需求信息告知政府的相关农业组织，由组织的技术人员负责将农户的供需信息发布到电子商务平台，向农户反馈市场动态信息，并负责与采购商沟通、处理农户的订单，直至交易的最终完成。政府组织在这里起到了承上启下的作用。

农产品中介组织＋农户＋电子商务。即把农户集合到农产品中介组织，由该中介组织提供技术支持来实施农产品营销的电子商务化。中介组织负责电子商务平台的开发、维护、农产品交易信息发布，并向农户反馈市场动态信息，负责与采购商沟通、处理农户的订单，直至交易的最终完成。完成交易后农产品中介组织收取一定的佣金或服务费。

农户＋农户＋电子商务。农户可以自寻销路拓展营销的渠道，然而独一农户的力量是非常有限的，所以可以采用"农户＋农户"的模式，无论是资金还是技术都扩充了实力。农户直接通过电子商务实现信息的交流、24小时不间断的运营，扩大销售渠道，获得更多的销售对象，同样能给农户自身带来更多的利益，这就是"农户＋农户＋电子商务"。农户与农户之间相互合作，抱团行动，降低了农产品营销的风险与成本，在"农户＋农户"的集体中推出能应用电子商务的人员具体负责农产品营销的电子商务化，掌握市场动态，发布农产品供给信息，通过电子商务平台将商品销售给采购商（消费者），采购商（消费者）付清款项，完成交易。

农产品专业市场＋电子商务。传统的农产品专业市场与电子商务相结合，农产品专业市场作为线下实体市场，提供农产品的集中交易和销售场所，而电子商务则通过在线平台提供农产品的线上销售和市场进行拓展。该模式融合线下市场与线上平台，农产品专业市场作为线下实体市场，集中销售各类农产品，提供农产品的集中交易、展示和销售服务，为农户和买家提供便捷的交易场所；建立或与现有电子商务平台合作，将农产品专业市场的商品上架在线上平台进行销售，电子商务平台为农产品提供在线销售、订单管理、支付和物流配送等功能；农户将自己的农产品上架到电子商务平台，通过农产品专业市场进行线下交易和供应，可以将自己的农产品推广到更广泛的市场，并与买家进行线上线下的交易。

社区农产品团购＋电子商务。社区团购和电子商务相结合，通过线上平台组织社区居民集中采购农产品，社区农产品团购通过电子商务平台为社区居民提供便捷的购买渠道，并与农户或农产品供应商直接合作，推动农产品的销售和流通。该模式加强了社区居民参与度、提高消费者消费的便捷性，且通过缩短农产品供应链降低商品价格，得到社区居民的青睐，有效提高用户黏性和商品复购率。

三、宏观层面

（一）引导新型农业经营主体重视电子商务发展

建议政府部门加强宣传教育和从业人员的继续教育，改变新型农业经营主体的传统营销观念，让从业人员了解并逐步接受电子商务的新观点。通过宣传与教育电子商务的知识，使新型农业经营主体了解当前网络信息经济发展的现状，认识电子商务与传统营销方式相比的优势，掌握在网络信息经济时代下的市场经济运行规则和市场发展变化。从政府管理者、新型农业经营主体领导者和从业者以及电子商务从业人员等多角度、多层次进行引导和培训，完善电子商务中"人"的要素的同时优化电子商务外部环境。

（二）制定农产品电商支持政策

制定针对农产品电商的支持政策，包括减免税费、提供财政补贴、给予土地、场地和资源使用优惠等，降低电商企业和农民参与的门槛，鼓励更多的农产品电商参与市场竞争。对从事农产品电商业务的企业，减免相应的税费负担，如减免营业税、增值税、所得税等，降低企业成本，鼓励更多企业投入农产品电商领域。向农产品电商提供一定的财政补贴，用于平台建设、技术创新、物流配送等方面的支持，降低企业经营风险，激励创新和发展。为农产品电商提供土地和场地使用优惠政策，如租金减免、土地流转支持等，降低企业的运营成本，帮助企业扩大规模。建立专项贷款政策，为农产品电商提供低息贷款、担保补贴等金融支持，解决资金瓶颈问题，促进企业发展壮大。投资建设农产品电商物流配送网络，提供冷链运输、仓储设施等基础设施支持，降低运输成本和风险，保障农产品的质量和配送效率。

（三）加强农业农村基础设施建设

加大对农村电商基础设施建设的投入，包括提升网络覆盖和速度，建设物流配送网络，改善农村电力和通信设施等，为农产品电商的发展提供良好的基础环境。加大投资力度，扩大农村地区的宽带网络覆盖，提高网络速度和稳定性，确保农产品电商平台的畅通无阻。投资建设农产品电商的物流配送网络，包括冷链物流设施、仓储设施等，提高商品流通的效率和质量，保障农产品的新鲜度和安全性。加强农村地区的电力供应，提升电力设施的可靠性和稳定性，为农产品电商的运营提供稳定的电力支持。同时，加强通信设施的建设，提高农村地区的通信网络质量和覆盖范围。对农产品的生产区域进行规划，建设标准化基地，提供统一的生产环境和管理标准，提高农产品的质量和安全水平，增加消费者的信任度。加强对农业的科技研发和推广应用，提供先进的农业技术支持，包括种植、养殖、温室设施等方面的技术指导，提高农产品的产量和品质。通过建设农业物联网平台，实现对农产品生产环节的数据采集、监测和管理，提供农业大数据支持，优化农产品供应链和市场决策。

（四）建立健全农产品电商监管和标准体系

制定和完善农产品电商的监管和标准体系，包括食品安全、质量控制、溯源管理等方面的规范，加强对电商平台和产品的监管，提升消费者对农产品电商的信任度。制定相关法律法规，明确农产品电商的经营行为、权责义务和准入条件，为监管提供依据。同时，制定支持农产品电商发展的政策，鼓励企业创新和规范经营。设立专门的农产品电商监管机构，负责组织、协调和监督农产品电商市场的运行。监管机构应具备专业的技术和业务能力，加强对农产品电商从业者的培训和指导。制定农产品电商的标准规范，包括商品质量标准、交易规则、消费者维权等方面的规范，保障消费者的合法权益，促进市场的健康有序发展。建立农产品电商平台的数据安全管理制度，加强对用户个人信息的保护，防止数据泄露和滥用。明确用户权益保护责任，提高消费者对农产品电商的信任度。加强政府部门之间的协调合作，形成联防联控机制，共同推进农产品电商市场的规范和健康发展。与行业协会、企业等建立密切合作关系，共同制定行业自律规范。

第三节　战略管理计划

通过研究揭示影响新型农业经营主体实施电子商务的因素，对领导决策和政府管理人员在引导企业实施电子商务时有较好的参考价值。研究者根据研究结果和建议,从农业企业建立 C2B 电子商务渠道、改善物流环境、提升农产品电商品牌、建立稳定的供应销售关系、扩大农产品网络销售、建设农村电子商务服务中心、培养高校短视频人才、加强农业企业与电子商务企业合作、做好农业企业从业人员继续教育、提高农业企业领导采纳电子商务意愿等十个方面阐述战略管理计划。

(1)建立 C2B 电子商务渠道。具体计划如表 9-1 所示。

表 9-1 建立 C2B 电子商务渠道的战略管理计划

战略目标	阶段性目标	工作举措	预算	预期结果
1. 在农产品 C2B 电子商务市场建立强大的地位。 2. 通过 C2B 电子商务渠道增加销售和收入。 3. 以提高客户的满意度和忠诚度	1. 开发一个用户友好、安全的农产品电子商务平台。 2. 增加产品的知名度,并吸引大量的客户群。 3. 为消费者提供无缝、方便的购物体验	1. 市场研究与分析:进行市场调查,以确定目标客户及其偏好;分析竞争对手的战略,并确定差异化的机会;研究农业部门的消费者行为和购买模式。 2. 平台开发与集成:建设电子商务平台。确保与现有的企业系统和数据库的无缝集成;实现用户友好的导航和直观的设计。 3. 产品选择和上市:根据市场调查确定流行和消费者需求的农产品;与农民和供应商合作,采购高质量的产品;创建详细的产品清单与有吸引力的描述、图像和有竞争力的价格。 4. 营销和推广:制定一个全面的数字营销策略,提高平台的知名度;利用社交媒体、搜索引擎优化(SEO)和在线广告;实施有针对性的市场营销活动,以到达已确定的客户群体	1. 为平台开发、维护和基础设施分配资金。 2. 为市场营销和促销活动分配预算。 3. 为客户服务和订单履行分配招聘和培训员工的资源	1. 通过 C2B 电子商务渠道增加销售和收入。 2. 扩大客户基础,提高客户满意度。 3. 提高品牌认知度和市场定位。 4. 提高农业行业的盈利能力和竞争优势

（2）改善物流环境。具体计划如表9-2所示。

表9-2　改善物流环境的战略管理计划

战略目标	阶段性目标	工作举措	预算	预期结果
1.改善农业企业的整体物流环境。2.提高农产品运输和分销的效率、可靠性和成本效益。3.优化库存管理，减少存货量。4.确保产品及时、安全地交付给客户	1.为农业企业制定健全的物流战略和基础设施。2.简化运输和配送流程。3.优化库存管理系统。4.加强与物流合作伙伴和供应商的合作。5.实施能够更好地跟踪和监控货物的技术和工具	1.物流评估与规划：对现有的物流流程进行全面的评估，并确定需要改进的领域；改善运输、仓储和配送制定具体的目标。2.协作和伙伴关系：确定可靠的物流合作伙伴，并建立强有力的合作和合作伙伴关系；制定互惠互利的合同和协议，以确保顺利运行；定期与物流合作伙伴进行沟通和共享信息，以解决问题或突破瓶颈。3.库存管理最优化：实施库存管理系统，有效地跟踪和提高管理库存水平；利用预测和需求规划技术，以避免库存不足，并尽量减少过剩库存；探索技术的使用，如条码扫描和射频识别系统，以准确和实时的库存跟踪。4.提高运输和配送功能：优化运输路线和运输方式，以减少成本和减少交货时间；实现高效的调度和路径系统；探索外包运输服务或投资于专用车队的选择。5.技术集成：采用物流管理软件和工具，简化流程；实施跟踪系统，监控整个供应链的过程；探索使用物联网设备来实时监测对温度和湿度敏感的农产品	1.拨款实施和升级物流管理系统和软件。2.分配员工的培训和发展资源。3.分配技术投资资金，如跟踪设备和库存管理系统。4.分配与物流合作伙伴合作预算，必要时外包运输服务	1.提高物流运营的效率和成本效益。2.减少存货量，改善库存管理。3.及时、安全地交付农产品给客户。4.提高客户的满意度和忠诚度。5.通过优化的物流流程来提高盈利能力

（3）提升农产品电子商务品牌。具体计划如表 9-3 所示。

表 9-3 提升农产品电商品牌的战略管理计划

战略目标	阶段性目标	工作举措	预算	预期结果
1.提升农产品电子商务品牌的品牌形象和声誉。 2.提高目标受众的品牌知名度和认知度。 3.建立品牌作为值得信赖的农产品首选。 4.使品牌区别于竞争对手，并创造一个独特的销售主张	1.为农产品电子商务品牌发展一个强大的品牌标识和定位。 2.通过有针对性的市场营销和促销活动，提高品牌的知名度。 3.增强客户对该品牌的质量、可靠性和价值的感知。 4.培养积极的客户体验，建立长期的人际关系。 5.持续监控和提高品牌声誉和客户满意度	1.品牌分析与定位：全面分析该品牌当前在市场上的定位和认知能力；定义品牌独特的价值主张和关键的差异化；培养一个清晰的品牌认同，包括品牌价值、个性和信息传递。 2.品牌与设计：创建一个视觉上吸引人的和一致的品牌标识，包括标志、配色方案和视觉元素；设计和优化该品牌的网站和电子商务平台，以实现良好的、吸引人的用户体验；制定品牌指南，以确保所有市场营销和沟通渠道的一致性。 3.营销和推广：制定一个有针对性的营销策略，以达到所期望的受众；利用数字营销渠道，如社交媒体、搜索引擎优化（SEO）和在线广告；创造引人注目的内容，展示品牌的专业知识、质量和价值主张；实施有影响力的营销活动和合作，以接触到更广泛的受众。 4.客户体验和参与度：专注于在每个环节提供卓越的客户体验；提供个性化的客户支持和帮助；实施客户反馈机制，以收集意见并及时解决问题；建立忠诚度计划和激励措施，以鼓励重复购买和客户推荐。 5.声誉管理：监控和管理在线评论、评级和客户反馈；及时和专业地解决客户的投诉和问题；通过社交媒体和其他渠道主动与客户互动，建立积极的关系；实施提高品牌声誉和信誉的策略	1.为品牌推广和设计分配资金，包括标识创建和网站开发。 2.为不同渠道的市场营销和促销活动分配预算。 3.为客户服务和支持分配资源。 4.为声誉管理工具和资源分配资金	1.提高在目标市场的品牌知名度和认知度。 2.提高客户对该品牌的质量、可靠性和价值的感知。 3.提高客户忠诚度和重复购买。 4.正面的在线评论和评级。 5.增加农产品电子商务品牌的销售和收入

（4）建立稳定的供应销售关系。具体计划如表9-4所示。

表9-4 建立稳定的供应销售关系的战略管理计划

战略目标	阶段性目标	工作举措	预算	预期结果
1. 为农业企业建立稳定可靠的供需关系。 2. 确保农产品从供应商到客户的持续间断流动。 3. 加强农业企业与其供需合作伙伴之间的协作和信任关系。 4. 优化供应链效率，降低成本	1. 确定并与可靠的供应商和经销商建立长期的合作伙伴关系。 2. 简化采购流程，确保农产品的及时交货。 3. 加强与供应和销售合作伙伴的沟通和协作。 4. 实施有效的库存管理策略，以避免库存不足和库存过剩。 5. 持续监控和提高供应链性能	1. 供应商和经销商评估：对潜在的供应商和经销商进行评估；评估它们的可靠性、产品质量、定价和交付能力；建立供应商和经销商的合作标准。 2. 伙伴关系的发展与协作：与选定的供应商和经销商制定互惠互利的协议和合同；为双方建立明确的期望和绩效指标；建立开放的沟通渠道和定期会议制度，以解决问题和改善协作。 3. 采购和库存管理：实施有效的采购流程，以确保农产品的及时和具有成本效益的采购；建立库存管理系统，以优化库存水平和尽量减少库存不足；利用需求预测技术，使采购与客户需求保持一致。 4. 供应链优化：评估和优化运输和物流流程，以降低成本和交货时间；实施技术解决方案，如供应链管理软件和跟踪系统，以获得更好的效率；探索整合运输和优化路线的选择，以实现具有成本效益的运输。 5. 绩效监控和改进：建立关键绩效指标（KPI），以监控供应链绩效；定期与供应商和分销商进行绩效评估；确定需要改进的区域，并实施纠正措施	1. 为供应商和经销商的评估和入职流程分配资金。 2. 为实施库存管理系统和技术解决方案分配资源。 3. 为运输和物流优化分配预算。 4. 为绩效监测和改进计划分配资金	1. 与供应商和经销商建立稳定可靠的供应和销售关系。 2. 确保农产品持续地、不间断地流向客户。 3. 加强与供应和销售合作伙伴的合作和信任关系。 4. 优化供应链效率，降低成本。 5. 通过及时和可靠的产品可用性来提高客户的满意度

（5）扩大农产品网络销售。具体计划如表9-5所示。

表9-5 扩大农产品网络销售的战略管理计划

战略目标	阶段性目标	工作举措	预算	预期结果
1.为农产品销售建立网络影响力。 2.通过在线渠道增加销售和收入。 3.以扩大客户基础，接触更广泛的受众。 4.通过网上销售来提高客户的满意度和忠诚度。 5.在不同电商平台区分农产品	1.制定全面的农产品网上销售策略。 2.提高在在线市场上的知名度和品牌知名度。 3.为客户优化网上购物体验。 4.利用数字营销和促销活动来推动在线销售。 5.持续监控和提高在线销售业绩	1.电子商务平台的选择与开发：评估并选择适合的农产品销售的电子商务平台；定制和优化平台，使品牌形象和目标受众保持一致；确保与支付网关的无缝集成和安全的交易流程。 2.产品目录和清单优化：创建有吸引力的和信息丰富的产品清单与高质量的图像和详细的描述；有效地分类产品，便于导航和搜索。实现搜索引擎优化（SEO）技术，以提高产品在线搜索中的可见性。 3.数字营销与推广：制定数字营销策略，以推动流量和吸引顾客到网上商店；利用搜索引擎营销（SEM）、社交媒体广告和内容营销来送达目标受众；实施社群营销活动和忠诚度计划，以留住和吸引现有的客户。 4.客户体验提升：确保用户友好和直观的网上购物体验；实施诸如客户评论、评级和个性化推荐等功能；通过在线渠道提供响应性和高效的客户支持。 5.性能监控和优化：跟踪和分析关键的性能指标，如网站流量、转化率和销售；利用分析工具来深入了解客户的行为和偏好；根据数据和客户反馈，持续优化在线销售策略	1.为电子商务平台的选择、定制、维护分配资金。 2.为数字营销和广告活动分配预算。 3.为客户支持和参与分配资源。 4.分配用于分析工具和性能监控的资金	1.增加农产品的网上销售和收入。 2.扩大客户基础，覆盖在线市场。 3.通过改善网上购物体验，提高顾客的满意度和忠诚度。 4.提高在网络市场上的品牌知名度和知名度。 5.持续优化和提高在线销售业绩

（6）建设农村电子商务服务中心。具体计划如表 9-6 所示。

表 9-6　建设农村电子商务服务中心的战略管理计划

战略目标	阶段性目标	工作举措	预算	预期结果
1.建立并运营农村电子商务服务中心，促进农村数字化商务的发展。 2.弥合城乡之间的数字鸿沟，为农村社区提供电子商务机会。 3.支持农村农民和企业进入更广泛的市场，增加收入。 4.通过电子商务活动，促进农村地区的经济发展。	1.建设和建立设备齐全的农村电子商务服务中心。 2.为农村农民和企业提供电子商务业务方面的培训和支持。 3.促进农村产品与在线市场和平台的整合。 4.促进与利益相关者的伙伴关系和合作，如地方政府、农民协会和物流供应商。 5.测量和监控农村电子商务服务中心的影响和有效性。	1.需求评估和规划：进行全面的需求评估，以确定农村社区在采用电子商务方面的具体要求和挑战；制定建立和运营农村电子商务服务中心的战略规划和路线图；确定目标受众，包括农民、工匠和小企业主，以及他们的具体需求。 2.基础设施和资源设置：为电子商务服务中心建立一个物理空间，配备必要的技术和设施；设置互联网连接、计算机和其他设备；开发或获取软件平台和工具，以促进在线交易和产品清单。 3.培训和能力建设：为农村农民和企业提供有关电子商务运营方面的培训项目和讲习班，包括在线营销、产品清单、订单履行和客户服务；提供在包装、质量控制和产品介绍方面的指导，以满足在线市场的要求；开展创业和企业管理培训，提高农村企业家的整体竞争力。 4.市场整合与推广：促进农村产品进入在线市场和平台；制定市场营销和促销策略，以提高人们对农村产品的认识，并推动消费者的需求；组织展览、博览会和其他活动，向更广泛的观众展示和推广农村产品。 5.协作和利益相关者的参与：与地方政府、农民协会、物流供应商和金融机构建立伙伴关系和合作，以支持电子商务服务中心的运作；促进与相关组织和机构的合作，利用资源和专业知识促进农村电子商务	1.为电子商务服务中心的基础设施和设备配置资金。 2.为培训项目、工作坊和能力建设计划分配预算。 3.为市场营销和促销活动分配资源，以提高人们对农村产品的认识和推动其需求。 4.为运营成本分配资金，包括员工工资和电子商务服务中心的持续维护。	1.增加农村农民和企业参与电子商务活动。 2.通过扩大市场准入，改善农村社区的收入和生计机会。 3.增强农业电商从业人员的数字技能和创业能力。 4.提高消费者对农村产品的认识和需求。 5.促进农村地区的整体经济发展。

（7）培养高校短视频人才。具体计划如表 9-7 所示。

表 9-7 培养高校短视频人才的战略管理计划

战略目标	阶段性目标	工作举措	预算	预期结果
1.制定高校短视频人才培养的综合性方案。 2.使学生具备必要的技能和知识，以便在视频短片制作领域取得成功。 3.培养学生的创造力、创新能力和批判性思维。 4.培养为短视频产业发展作出贡献的人才。 5.提高大学在新媒体领域的竞争力	1.设计和实施结构化的课程，涵盖了短视频制作的各个方面，包括内容创建、讲故事、编辑和分发。 2.通过研讨会、项目和实习，提供实践培训和实践经验。 3.促进与行业专家和产业组织的合作及网络交流机会。 4.加强专业实训条件建设，强化学生职业能力。 5.监控和评估项目的有效性，根据反馈和行业趋势做出必要的调整	1.课程开发：确定短视频行业所需的核心能力和技能；设计理论知识与实践训练相结合的课程；结合有关视频制作、文案撰写、编辑软件、社交媒体营销、版权和法律考虑的相关课程。 2.实践培训和工作坊：提供实践培训和研讨会，以提高学生在视频拍摄、编辑和后期制作方面的技术技能；为学生提供机会，以从事现实世界的视频短片项目和作业；邀请行业专家和专业人士作为客座讲师，分享他们的经验和见解。 3.行业协作和网络合作：与短视频平台、制作公司和行业协会建立合作伙伴关系；组织讲座、行业访问和网络活动，将学生与短视频行业的专业人士联系起来；为相关公司和组织的学生提供实习和就业机会。 4.基础设施和设备：确保为视频制作、编辑和后期制作提供先进的设备和设施；提供在短视频行业中使用的专业软件和工具；创建专门的空间，如工作室或编辑室，为学生从事他们的视频项目。 5.绩效评估和持续改进：建立制度来评估学生的表现和进步；收集来自学生、行业专业人士和校友的反馈，以确定需要改进的地方；定期审查和更新课程，以符合短片视频行业不断发展的需求和趋势	1.拨款资金升级和维护设备、设施。 2.分配资源，以招聘合格的讲师和客座讲师。 3.为组织行业合作、客座讲座和网络活动分配预算。 4.为学生实习和行业实习分配资金	1.毕业生具有较强的技术技能和短片制作知识。 2.提高短片视频行业毕业生的就业能力。 3.对该大学作为短视频人才发展的领导者的认可和声誉。 4.促进与行业专业人士和产业组织的合作和伙伴关系。 5.展示校友的成功故事

（8）加强农业企业与电子商务企业合作。具体计划如表9-8所示。

表9-8 加强农业企业与电子商务企业合作的战略管理计划

战略目标	阶段性目标	工作举措	预算	预期结果
1.建立农业企业与电子商务公司之间的战略合作伙伴关系。 2.利用双方的优势和资源，创造互惠互利的协作。 3.通过电子商务平台扩大农产品市场范围及准入渠道。 4.通过协作，提高运营效率和供应链管理。 5.增加农业企业和电子商务公司的销售和收入	1.根据潜在的电子商务合作伙伴的专业知识，以及符合农业企业的目标，确定和评估他们。 2.制定协作框架和协议，概述双方的角色、责任和期望。 3.实施将农产品有效融入电子商务平台的战略。 4.优化供应链流程，包括采购、仓储和物流，以确保产品的无缝交付。 5.监测和衡量合作伙伴关系的表现，并确定需要改进的领域	1.合作伙伴的选择和评估：研究和确定专门从事农产品或在目标市场拥有强大影响力的潜在电子商务合作伙伴；评估潜在合作伙伴的声誉、业绩记录和能力；评估电子商务合作伙伴的平台和资源与农业企业需求的兼容性。 2.协作框架和协议：谈判并建立协作框架，概述双方的目标、角色和责任；定义合伙关系的条款和条件，包括收入分享、市场营销活动和知识产权；建立明确的沟通渠道和协议，以进行有效的协调和决策。 3.农产品整合：与电子商务合作伙伴合作，优化该平台上农产品的展示和上市；确保准确和详细的产品描述、高质量的图像和相关的关键词，为搜索优化；实施定价策略、促销和折扣来吸引客户和增加销售。 4.供应链优化：与电子商务合作伙伴合作，简化供应链流程，提高运营效率；实施有效的库存管理系统，以确保足够的库存可用性，并减少库存；加强农业企业、电子商务合作伙伴和物流供应商之间的协调，以确保及时和具有成本效益的产品交付。 5.绩效监控和改进：跟踪和衡量关键的绩效指标（KPI），如销售、收入、客户满意度和市场覆盖范围；定期对合作伙伴关系的有效性进行绩效审查和评估；确定需要改进的领域，并对合作关系实施纠正措施或调整	1.为整合电子商务平台分配资金。 2.为市场营销和促销活动分配资源，以提高产品的知名度和吸引客户。 3.为供应链优化分配预算，包括库存管理系统和物流协调。 4.为绩效监控工具和资源分配资金	1.通过电子商务平台增加农产品的市场范围和获取渠道。 2.提高运营效率和供应链管理。 3.增加农业企业和电子商务合作伙伴的销售与收入。 4.加强品牌声誉和市场影响力。 5.农业企业与电子商务公司之间的长期和互惠互利的合作

（9）做好农业企业从业人员继续教育。具体计划如表9-9所示。

表9-9 做好农业企业从业人员继续教育的战略管理计划

战略目标	阶段性目标	工作举措	预算	预期结果
1. 为农业企业的员工提供继续教育的机会。 2. 提高农业专业人员的知识、技能和能力。 3. 支持农业行业的职业发展和发展。 4. 提高农业企业的整体生产力、创新能力和竞争力。 5. 培养持续学习和专业发展的企业文化。	1. 明确农业企业员工的培训需求和要求。 2. 制定全面的继续教育计划，以满足所确定的需求。 3. 通过各种方式提供可获得的和相关的学习机会。 4. 监督和评估继续教育计划的有效性。 5. 营造支持和鼓励的学习环境	1. 培训需求评估：进行调查、访谈和绩效评估，以确定员工的具体培训需求和技能差距；确定与农业企业的目标相一致的专业发展领域；分析行业趋势和技术进步，以确定新出现的技能需求。 2. 课程开发：设计和开发课程，涵盖一系列与农业行业相关的主题，如新技术、可持续发展的实践、法规遵从性和企业管理；包括课堂培训、研讨会、网络研讨会、在线课程和实际实践课程；与主题专家和行业专业人士合作，以确保课程的质量和相关性。 3. 培训交付：提供各种培训方式，以适应不同的学习风格和偏好；提供由内部专家或外部培训师进行的内部培训课程；促进参与与农业工业有关的外部会议、研讨会和讲习班；利用在线学习平台和资源，提供自定节奏的远程学习机会。 4. 指导和指导：建立指导计划，让经验丰富的专业人员可以指导和支持经验不足的员工；提供辅导课程，帮助个人在工作中应用新获得的知识和技能；鼓励农业企业内的知识共享。 5. 绩效评估和反馈意见：通过评估、反馈调查和绩效指标，定期评估继续教育项目的有效性；收集员工的意见，以评估他们对培训产品的满意度，并确定需要改进的地方；用反馈来调整课程、交付方法和培训资源	1. 为课程开发、教学材料和培训资源分配资金。 2. 为培训师的费用和对外部培训机会的差旅费用分配资源。 3. 为在线学习平台和工具分配预算。 4. 分配资金来监测和评估项目的有效性	1. 提高农业企业员工的知识、技能和能力。 2. 提高农业专业人员的生产力、创新能力和解决问题的能力。 3. 提高员工的职业满意度和成长机会。 4. 在农业企业中采用新的技术、最佳实践和可持续的方法。 5. 培养持续学习和专业发展的文化

（10）提高农业企业领导采纳电子商务意愿。具体计划如表 9-10 所示。

表 9-10　提高农业企业领导采纳电子商务意愿的战略管理计划

战略目标	阶段性目标	工作举措	预算	预期结果
1.提高农业企业领导者的电子商务意识和重要性。 2.鼓励农业企业领导者优先考虑电子商务计划并进行投资。 3.推动将电子商务战略和实践整合到农业企业的整体商业战略中。 4.通过有效实施电子商务，增强农业企业的竞争力和增大市场范围。 5.培育农业企业的创新和数字化转型文化	1.使农业企业领导人明白关于电子商务的潜在利益和机会。 2.获得领导者的支持，在分配资源时优先考虑电子商务计划。 3.制定将电子商务纳入整体商业战略的计划。 4.为农业企业领导者提供理解电子商务概念、趋势和最佳实践的培训和支持。 5.监测和评估农业企业内部电子商务举措的进展和影响	1.电子商务意识与教育：举办讲习班、研讨会和演讲，提高农业企业领导人对电子商务在农业行业中的作用和潜力认知；分享其他已成功实施电子商务战略的农业企业的成功案例和案例研究；提供关于电子商务趋势、消费者行为和市场机会的资源和研究结果。 2.战略规划和调整：让农业企业领导人参与制定将电子商务作为关键组成部分的战略计划；评估农业企业内部电子商务准备情况的现状，并确定需要改进的差距和领域；将电子商务的目标与整体的业务目标保持一致。 3.培训和能力建设：提供专门为农业企业领导人设计的培训项目和研讨会，以提高他们对电子商务战略、技术和最佳实践的理解；提供重点关注数字业务转型和电子商务领导力的高管教育项目或课程；促进农业企业领导者之间的知识共享学习，以交流经验和见解。 4.资源配置与投资：提倡分配资源，包括预算、人员和技术，以支持电子商务倡议；开发业务案例和财务分析，以展示电子商务实施的潜在投资回报（ROI）；与财务和投资团队合作，以确保对电子商务项目的资金和支持。 5.监测和评估：建立关键的绩效指标（KPI）和指标，以衡量电子商务计划的进展和影响；定期监测和评估电子商务战略的实施情况，并根据需要调整其实施方法；定期向农业企业领导人提供关于电子商务的成果和好处的报告	1.为农业企业领导人开展宣传活动、工作坊和培训项目分配资金。 2.分配农业行业中与电子商务相关的研究和市场分析资源。 3.为电子商务项目和技术的开发和实施分配预算。 4.分配资金用于监测和评估活动，以评估电子商务计划的有效性和投资回报率	1.提高农业企业领导者对电子商务的认识和理解。 2.加强领导者在分配资源和优先考虑电子商务计划方面的承诺和支持。 3.将电子商务融入农业企业的整体经营战略中。 4.在农业企业内成功实施电子商务项目和战略。 5.通过有效实施电子商务，提高农业企业的竞争力、市场覆盖范围和盈利能力

第四节　研究不足及进一步研究方向

研究主题跨学科，涉及新型农业经营主体和电子商务等领域，研究难度有所增加，研究可能不够完整和深入，比如缺少新型农业经营主体实施电子商务与未实施电子商务的效果对比研究。

受调研条件的限制，研究者仅对浙江省新型农业经营主体进行数据收集，样本的数量和区域受到限制，可能造成数据分析和研究结果应用的局限性。由于样本取样的区域局限，而不同区域实际情况有所差异，所以与其他人群或环境的研究结果可能有所不同。受到研究者学术水平的限制，对文献研究可能不够透彻，变量设置可能不完善。

未来的研究人员可以采用类似的方法，在不同的时间和地区开展类似研究，并收集更多的数据。可以比较分析新型农业经营主体实施与未实施电子商务的增收效应，以此为基础进一步深化对新型农业经营主体的研究。此外，研究人员还可以细化研究对象，针对某一类型的新型农业经营主体制定关键绩效指标、矩阵和发展计划等。这样的研究方法和内容的进一步改进可以提高研究的完整性和深入性，增强研究结果的可靠性和适用性。

参考文献

[1] ABOU-SHOUK, M. A., LIM W. M, MEGICKS P. An extended TAM for understanding consumer adoption of e-commerce in rural Egypt[J]. Information Systems Frontiers, 2018,20(1):57-78.

[2] AFUAH, A. & C. L. TUCCI. Internet Business Models and Strategies[M]. Boston：Me Grew Hill，2001：68-75.

[3] AJZEN, I.The Theory of Planned Behavior[J].Organizational Behavior and Human Decision Processes.1991,50:179-211.

[4] ALLEN, C. , KENAI, D. & B. YOKEL. Internet World Guide to One-to-One Web Marketing[J]. Journal of Strategic E-commerce，2006，8:12-15.

[5] AMITY, R. & C. SOTTO. Value Creation in Business[J]. Strategic Management Journal，2001，11：49-52.

[6] BAKE, J. G. & O. K. CHANG. Learning Single Issue Negotiation Strategies Using Hierarchical Clustering Method[J]. Expert Systems with Application，2007, 2: 40-45.

[7] BANDURA, A. Self-efficiency: Toward a Unifying Theory of Behavioral Change[J]. Psychological Review,1977,84(2):191-215.

[8] BHASKARAN, S. & V. VIJAYAKUMAR. Factors influencing e-commerce adoption in the agricultural sector: A case study of Tamil Nadu, India[J]. International Journal of Electronic Commerce Studies, 2017,8(1), 37-54.

[9] BROWN, E. & R. JOHNSON. Social media marketing strategies in agribusiness: Lessons from leading agribusinesses[J]. International Food and Agribusiness Management Review, 2019,22(5), 673-692.

[10] CHEN, S., LU, Y. & K. WEI. Understanding Users'Engagement in Live Stream Commerce: A Dual Perspective[J]. Journal of Management Information Systems, 2021,38(2), 589-617.

[11] CLOETE, E. & M. DOENS. B2B E-marketplace Adoption in South African Agriculture[J]. Information Technology for Development,2008,14(3):184-196.

[12] ELIKEM CHOSNIEL OCLOO. 加纳制造型中小企业 B2B 电子商务采用程度及其对竞争优势的影响研究 [D]. 江苏：江苏大学，2019.

[13] FEATHERMAN, M. & P. A. PAVLOU. Predicting e-services adoption: a perceived risk

facets perspective[J]. International Journal of Human - Computer Studies, 2003, 59(4):451-474.

[14] FISHBEIN, M. & I. AJZEN. Belief, Attitude, Intention and Behaviour: An Introduction to Theory and Research. Addison-Wesley, Reading MA[J]. Philosophy & Rhetoric, 1977, 41(4):842-844.

[15] GUPTA, S., SMITH, J. & M. WILLIAMS. Innovation strategies for sustainable agricultural e-commerce platforms[J]. Journal of Sustainable Agriculture, 2021,45(1), 68-86.

[16] HENDERSON, J., DOOLEY, F., AKRIDGE, J. & A. CARERRE. Adoption of Internet Strategies by Agribusiness Firms[J]. International Food and Agribusiness Management Review, 2005, 8(4):42-61.

[17] HOBBS, J. E., BOYD, S. L. & W. A. KERR. To Be or Not to B-2-C: E-Commerce for Marketing Specialized Livestock Products[J]. Journal of International Food and Agribusiness Marketing, 2003,14(3):7-20.

[18] HUANG, L. Rural Tourism Revitalization of the Leisure Farm Industry by Implementing an E-commerce Strategy[J]. Journal of Vacation Marketing,2006,12(3): 232-245.

[19] JACKSON, D. J., YI, Y. M. & S. J. PARK. An Empirical Test of Three Mediation Models for the Relationship Between Personal Innovativeness and User Acceptance of Technology[J]. Information & Management,2013,50:154-161.

[20] JANE, K. & WINN. U.S. and EU Regulatory Competition and Authentication Standards in Electronic Commerce[J]. International Journal of IT Standards & Standardization Research, 2007, 1:50-58.

[21] JOHNSON, R. & T. BROWN. The impact of agricultural e-commerce on rural economic development[J]. Journal of Rural Studies,2020, 78: 251-262.

[22] KAMBOJ, S. & V. SETHI. Determinants of e-commerce adoption in the agricultural sector: A study of Punjab, India[J]. Journal of Enterprise Information Management, 2018,31(5): 823-840.

[23] KHAMPHEERA, M. 泰国跨境电子商务消费者购买行为影响因素研究[D]. 杭州：浙江大学，2019.

[24] KUMAR, A. & S. MANUJA. Factors influencing the adoption of e-commerce by agribusiness firms: A study of Indian context. International Journal of Agricultural[J]. Management and Development, 2019,9(4): 505-515.

[25] MALLAT, N., et al. The impact of use context on mobile services acceptance: The case of mobile ticketing[J]. Information & Management, 2008, 46(3): 190-195.

[26] MANSON, W. Principle of Internet Marketing[J]. Journal of Strategic E-commerce，2001，5: 32-35.

[27] MOLLA, A., PESZYNKI, K. & S. PITTAYACHAWAN. The Use of E-business in

Agribusiness: Investigating the Influence of E-readiness and OTE Factors[J]. Journal of Global Information Technology Management,2010,13(1):56-78.

[28] MURRAY, J. & M. O'MAHONY. Factors influencing the adoption of e-commerce by agricultural businesses: A systematic review[J]. Journal of Agribusiness, 2018,36(3): 57-274.

[29] NG, E. An Empirical Framework Developed for Selecting B2B E-business Models: The Case of Australian Agribusiness Firms[J]. Journal of Business and Industrial Marketing, 2005,20(4):218-225.

[30] POLITIS, D. The process of entrepreneurial learning:A conceptual framework[J]. Entrepreneurial Theory & Practice, 2005,29(4):399-424.

[31] POSNER, M. V. International Trade and Technology Change[J]. Oxford Economic Papers，1961，2：323-341.

[32] RADON, J., POOLE, J. R. & E. CHRISTIANS. A Process Stakeholder Analysis of B2B Industry Standardization[J]. Journal of Enterprise Information Management，2007，1: 32-36.

[33] RATTAN, V. & H. RATTAN. Social Cognitive Theory in Technological Innovations[J]. European Journal of Innovation Management，2007，1:56-59.

[34] RODGERS, M. & D. PEPPERS. The one to one future : building relationships one customer at a time[J].Journal of Marketing, 1997, 59(4):108-109.

[35] SCHWERING, S. et al. Agricultural E-commerce: Attitude segmentation of farmers[J]. Computers and Electronics in Agriculture, 2022,197.

[36] SEBALD, A. K. & F. JACOB. What help do you need for your fashion shopping? A typology of curated fashion shoppers based on shopping motivations[J]. European Management Journal, 2020, 38(2) : 319-334.

[37] STRITTO, G. D. & M. M. SCHIRALDI. A Strategy Oriented Framework for Food and Beverage E-supply Chain Management[J]. International Journal of Engineering Business Management, 2013,50(5):1-12.

[38] TORNATZKY, L. G. & M. FLEISCHER. The Processes of Technological Innovation[M]. Lexington: MA Lexington Books, 1990.

[39] WANG, Y. S., et al. Factors affecting hotels'adoption of mobile reservation systems: A technology-organization-environment framework[J].Tourism Management, 2016, 53: 163- 172.

[40] WILSON, P. An Overview of Developments and Prospects for E-commerce in Agricultural Sector[J]. European Commission Agricultural Directorate General，2005，1：121-135.

[41] WU, P. F. Motivation crowding in online product reviewing: A qualitative study of amazon reviewers[J]. Information & Management, 2019, 56(8) : 103163-103163.

[42] YANG, Y. & L. ZHANG. The Development and Countermeasures of Agricultural Products' Live Broadcast E-commerce Based on Social Media[J]. Journal of Agricultural Science, 2017,10(3):76-90.

[43] ZAPATA, S. D., et al. The Economic Impact of Services Provided by an Electronic Trade Platform: The Case of Market Maker[J]. Journal of Agricultural and Resource Economics, 2013,38(3):359-378.

[44] 阿建卓. 农业产业化龙头企业如何运用电子商务促进经营管理 [J]. 中国市场, 2007(21)：56-57.

[45] 阿迎萍. 电子商务与农业产业化龙头企业经营管理 [J]. 中国市场, 2006(28)：33-34.

[46] 爱杰罗. 贝宁农业中小企业电子商务实施影响因素研究 [D]. 哈尔滨：哈尔滨工业大学, 2019.

[47] 安诗芳, 万江平. 基于 TAM 的网上购物意向综合模型 [J]. 情报杂志, 2007(05)：52-55.

[48] 安洋洋. 基于阿里数据的我国农产品电子商务发展现状及策略探析 [J]. 农业经济, 2017(03)：133-134.

[49] 蔡建科. 新电子商务时代新郑市农业产业化龙头企业发展研究 [J]. 商, 2015(42)：272+240.

[50] 蔡科云, 王雪冬. 家庭农场"电商化"面临的挑战与制度规范 [J]. 电子商务, 2015(06)：11-14.

[51] 蔡祝海. 新型农业经营主体农产品电商绩效评价研究 [D]. 泰安：山东农业大学, 2020.

[52] 曹波, 杨婷. 西部农产品电商直播营销法律风险与合规管理 [J]. 山西农业大学学报（社会科学版）, 2022, 21(01)：66-73.

[53] 曹晴. "互联网＋农业"背景下涉农企业的电商绿色营销路径 [J]. 经济研究导刊, 2021(36)：14-16.

[54] 曾李娜, 黄旅行. 重庆市农产品电子商务模式研究 [J]. 全国商情, 2016(24)：19-20.

[55] 曾敏, 唐闻捷, 王贤川, 朱隆静, 等. 浙江省温州市农业电子商务发展模式分析及创新研究 [J]. 江苏农业科学, 2018, 46(24)：403-407.

[56] 曾亿武, 马长江, 李丽莉, 等. 直播电商与农产品上行价值重构：机理与实现路径 [J]. 农业经济问题, 2022(02)：108-117.

[57] 常进, 陈逢文. 基于 EPM 模型的高校创业教育生态系统构建研究 [J]. 高教探索, 2019(11)：118-123.

[58] 陈晖, 王勇, 周丽. 电子商务背景下"家庭农场"发展机制研究 [J]. 海峡科技与产业, 2016(12)：70-74.

[59] 陈劲松, 刘芳梅. 基于新型农业经营主体的贵州农产品电子商务发展研究 [J]. 贵阳学院学报（自然科学版）, 2017, 12(04)：50-52.

[60] 陈联刚. 网络服务驱动型的湖北省县域农产品电子商务发展模式研究 [J]. 全国流通

经济，2017(04)：16-17.

[61] 陈露.不同农业经营主体的电子商务发展模式分析 [D].南京：南京农业大学，2016.

[62] 陈仕榜.高职外贸类学生创业能力培养的课程体系构建研究——以跨境电商背景下为例 [J].中国商论，2018(31)：184-186.

[63] 陈薇薇.价值链视角下我国农业企业电子商务模式研究 [J].商业经济研究，2016(16)：108-110.

[64] 陈湘青.基于 IDT 和 TAM 理论的 O2O 电子商务消费者采纳行为研究 [J].企业经济，2016(01)：96-100.

[65] 陈永平.农产品直播带货功能优化与发展策略研究——兼析农产品消费质量需求 [J].价格理论与实践，2020(09)：119-122.

[66] 戴建平，骆温平.农产品直播情境下增强用户黏性的关键路径 [J].中国流通经济，2022，36(05)：30-41.

[67] 戴倩.湖北省家庭农场电子商务发展研究 [D].武汉：长江大学，2018.

[68] 翟俊，刘永松.农业创新型跨境电子商务企业持续创新动力机制探索 [J].农业技术经济，2021(01)：145.

[69] 丁文云.县域电子商务生态系统模型构建 [J].电子商务，2015(06)：17-18.

[70] 杜丹，路文如.基于 PEST 分析的中国农业电子商务竞争环境研究 [J].中国农学通报，2009，25（08）：266-271.

[71] 杜智敏.抽样调查与 SPSS 应用 [M].北京：电子工业出版社，2010.

[72] 段奇芳.供给侧改革视角下农产品电子商务发展机制与路径 [J].农业经济，2019(10)：136-137.

[73] 段晓冬.农产品电子商务发展中的问题与对策分析 [J].全国流通经济，2021(32)：6-8.

[74] 范涛.农产品直播带货发展现状及提升对策探究 [J].广东蚕业，2022，56(07)：130-132.

[75] 范晓宁.培育和发展新疆农业产业龙头企业电子商务对策 [J].江西农业，2017(15)：122-123.

[76] 方丹.电子商务在河南省家庭农场中的应用研究 [D].郑州：河南农业大学，2016.

[77] 方海燕.社会化商务平台技术支持与用户持续分享意愿的关系研究 [D].广州：暨南大学，2019.

[78] 冯宪伟.乡村振兴视角下农村电子商务创新发展研究 [J].核农学报，2022，36(10)：2095-2096.

[79] 傅泽.数字经济背景下电商直播农产品带货研究 [J].农业经济，2021(01)：137-139.

[80] 高功步，费倩，顾建强.基于组织敏捷性视域的农业企业电子商务价值创造研究 [J].农业技术经济，2020(11)：135-144.

[81] 高恺，盛宇华.新型农业经营主体采纳直播电商模式的影响因素与作用机制 [J].中

国流通经济，2021，35(10)：65-73.

[82] 高泉，彭吉萍，张佳进. 云南农产品电子商务发展的研究与探索[J]. 全国商情(经济理论研究)，2015(23)：14-16.

[83] 高亚娟. 我国农产品电子商务发展策略研究[J]. 商业时代，2011(14)：35-36.

[84] 耿树海，赵青霞. 直播带货低客单价背景下的农产品流通体系创新[J]. 商业经济研究，2022(09)：133-135.

[85] 龚映梅，刘晨，刘俊伯. 云南省农产品电子商务发展水平评价研究[J]. 商业经济研究，2018(13)：127-130.

[86] 郭道猛，鲁德银. 中心城市鲜活农产品电子商务体系构建研究——兼论优化整合武汉城市圈农业产业化组织结构[J]. 农业经济，2012(11)：117-119.

[87] 郭海霞. 农产品电子商务发展的法律保障[J]. 学术交流，2010(05)：46-48.

[88] 何德华，韩晓宇，李优柱. 生鲜农产品电子商务消费者购买意愿研究[J]. 西北农林科技大学学报（社会科学版），2014，14(04)：85-91.

[89] 何苗. 农业企业发展电子商务的重要性及相关建议[J]. 农业工程，2018，8(01)：128-129.

[90] 何园园. 供给侧改革背景下毕节试验区农产品电子商务与物流协同发展对策研究[J]. 全国流通经济，2020，(06)：9-11.

[91] 洪涛，张传林，李春晓. 我国农产品电子商务模式发展研究(上)[J]. 商业时代，2014(16)：59-60.

[92] 胡文岭，孙素然，李焱，马秀红，宋洁，等."电商扶贫"中县域农产品电子商务创新研究[J]. 商业经济研究，2017(24)：130-132.

[93] 胡霞. 四川省农产品电子商务存在的问题及对策研究[J]. 农业经济，2020(07)：141-142.

[94] 胡宇晗，王黎. 乡村振兴背景下发展农产品直播带货的思考与对策[J]. 价格理论与实践，2022(04)：185-188+208.

[95] 花永剑."农产品+直播"逆向供应链模式研究[J]. 价格理论与实践，2020(07)：129-132.

[96] 黄春雷. 从供给侧实施四大战略推动农产品电子商务供应链发展[J]. 全国流通经济，2017(30)：8-9.

[97] 黄丹颖. 电子商务时代中国农业经营主体发展研究——以家庭农场为例[J]. 农家参谋，2020(01)：48+56.

[98] 黄红梅. 江苏省如东县农产品电子商务现状的调查与思考[J]. 全国流通经济，2019(34)：5-6.

[99] 黄世祥，王丘. 论农业企业应对电子商务的策略[J]. 数量经济技术经济研究，2000(12)：60-62.

[100] 黄卓，郑楠，杨斯然. 京津冀都市圈生鲜农产品电子商务供应链优化研究[J]. 全国流通经济，2018(03)：22-23.

[101] 贾铖,夏春萍,陈鹏宇.农业信息资源配置对农产品电商绩效影响机制研究——以东部地区为例[J].农业现代化研究,2020,41(06):1020-1030.

[102] 贾莫昆,常志有.生鲜农产品直播带货的营销策略分析——以丽江突尼斯软籽石榴为例[J].安徽农业科学,2022,50(11):215-218+228.

[103] 江凤香,王翔.农产品电子商务化技术瓶颈及解决对策[J].全国流通经济,2017(01):28-29.

[104] 江光辉,王刚贞."电商企业+农业价值链"融资发展演变、运作模式及收益分配[J].商业经济研究,2018(04):171-174.

[105] 姜威威,薛永三,李祥杰."短视频+直播"电商背景下农产品营销路径研究[J].四川职业技术学院学报,2022(06):91-94.

[106] 姜友林.新时期农产品电子商务营销策略探析[J].全国流通经济,2018(31):12-13.

[107] 蒋辉.农村电商与农村市场的耦合协调性评价[J].商业经济研究,2022(15):130-133.

[108] 蒋勤杰,蒋佐升.湖南农业中小企业发展电子商务的调研与思考[J].作物研究,2016,30(04):449-454.

[109] 蒋艳霞.农业企业电子商务之路浅谈[J].河北农业科技,2006(07):45.

[110] 焦文.2016年中国农产品电子商务高层研讨会在京举行[J].商业经济研究,2016(08):2.

[111] 解新华."互联网+"环境下我国农产品电子商务模式研究[J].商业经济研究,2016(18):84-86.

[112] 靳大伟,蒋斌."互联网+农业"在农产品电子商务发展的制约因素与建议[J].农业经济,2018(07):129-130.

[113] 康元华.电子商务环境下农业企业市场营销策略分析——评《农产品市场营销与电子商务》[J].中国蔬菜,2020(09):119.

[114] 孔祥骞.C2C第三方零售电子商务平台企业信任机制剖析[D].哈尔滨:哈尔滨工业大学,2011.

[115] 李爱雄,江文.农产品电子商务环境下信任对购买意愿的影响——基于感知风险的中介效应[J].商业经济研究,2016(05):150-152.

[116] 李偲宇,刘莉琼.特色农业开展精准营销——基于直播的探讨[J].电子商务,2020(01):53-54.

[117] 李德艳,张婷婷,董晓楠.农产品直播带货类型、问题与对策分析[J].山西农经,2022(11):49-51+94.

[118] 李建军,付佳,杨玉等.黑龙江省农产品电商物联网应用发展策略[J].北方园艺,2020,461(14):151-157.

[119] 李杰,周晓文.安乡培育市场主体助农增收[N].湖南日报,2022-05-30(5).

[120] 李金亮,杨芳,李梅芳.农业企业B2B电子商务模式的选择[J].物流工程与管理,2014,36(09):154-156+119.

[121] 李隽波, 陈薇. 农产品电子商务发展中的问题与创新对策 [J]. 商业时代, 2014(34): 89-90.

[122] 李玲. 我国农业企业电子商务模式研究 [D]. 武汉: 华中师范大学, 2013.

[123] 李敏. 监管视角下农产品电子商务发展态势与路径分析 [J]. 商业经济研究, 2018(01): 119-121.

[124] 李娜. "互联网+"下公益性农产品电子商务批发市场构建 [J]. 商业经济研究, 2019(14): 86-89.

[125] 李娜. 价值链视角下有机农产品电子商务发展策略探析 [J]. 商业经济研究, 2016(07): 155-156.

[126] 李琪, 殷猛, 孙乔. 我国消费者支付宝钱包使用意向研究——基于 TAM 和 IDT 理论 [J]. 大连理工大学学报 (社会科学版), 2018, 39(01): 23-29.

[127] 李双. 电商直播背景下高职电商人才职业能力探析 [J]. 中国市场, 2021(28): 193-194.

[128] 李晓晟. 创业导向的高校《网络营销实验》课程教学改革与探索 [J]. 天津中德应用技术大学学报, 2020(01): 90-95.

[129] 李晓瑜. 略论农产品电子商务的法律保障 [J]. 全国流通经济, 2020(08): 21-22.

[130] 李欣. 基于产业价值链的我国农产品电子商务发展策略研究 [J]. 商业时代, 2012(18): 34-35.

[131] 李秀兰, 姜岩, 张天维. 辽宁农产品电子商务发展问题研究 [J]. 农业经济, 2014(11): 124-126.

[132] 李彦, 周琼婕. 农户参与意愿在农产品电子商务模式创新中的作用——基于案例分析的研究 [J]. 商业经济研究, 2018(10): 77-79.

[133] 李一枝. 基于学生核心素养的大学创业教育课程体系设计 [J]. 教育与职业, 2019(12): 58-61.

[134] 梁浩锋. 高职院校直播电商课程内容设计研究 [J]. 辽宁高职学报, 2021(11): 47-50+71.

[135] 梁珏菲. 社会化媒体对农业电商企业品牌价值影响研究 [J]. 山东农业工程学院学报, 2018, 35(10): 8-9.

[136] 梁文卓, 侯云先, 葛冉. 我国网购农产品特征分析 [J]. 农业经济问题, 2012(4): 4.

[137] 廖香香. 我国农产品电子商务发展的制约因素及对策研究 [J]. 全国商情 (经济理论研究), 2014(14): 16-17.

[138] 林家宝, 罗志梅, 李婷. 企业农产品电子商务采纳的影响机制研究——基于制度理论的视角 [J]. 农业技术经济, 2019, 293(09): 129-142.

[139] 林小兰. 我国农产品电子商务精准营销研究 [J]. 农业经济, 2014, (12): 137-138.

[140] 刘畅, 李冬岚, 张婷婷. 新媒体视域下农产品营销策略探索 [J]. 食品研究与开发, 2023, 44(4):238.

[141] 刘金红, 赵延君, 黄荣. 产业价值链视角下我国农产品电子商务发展探讨 [J]. 商业

经济研究，2017(24)：133-136.

[142] 刘莉红. 我国农业企业电子商务发展问题 [J]. 中国科技信息，2010(07)：257+260.

[143] 刘玲玉，黄龙俊江. 消费者对电商直播农产品购买意愿的影响因素研究——基于技术接受模型的分析 [J]. 南方农村，2022，38(01)：21-27.

[144] 刘茂长，鞠晓峰. 基于 TOE 模型的电子商务技术扩散影响因素研究 [J]. 信息系统学报，2012(02)：13-30.

[145] 刘新民，李芳，王松. 自我效能感、说服抵制对消费者社会化商务模式接受意愿的影响机理研究 [J]. 管理评论，2017，29(06)：202-213.

[146] 刘玉来. 河南省家庭农场、种养大户电子商务能力培育机制研究 [J]. 洛阳师范学院学报，2019，38(04)：68-72.

[147] 卢凡，罗玲霞，叶海霞，王一博，叶美玲，等. 乡村振兴背景下农村电商助推特色农产品销售路径研究——以浙江台州临海蜜桔为例 [J]. 中国商论，2022，(07)：155-157.

[148] 卢盛若. 温州家庭农场电子商务发展政策研究 [D]. 福州：福建农林大学，2015.

[149] 鲁钊阳. 网络直播与生鲜农产品电商发展：驱动机理与实证检验 [J]. 中国软科学，2021，363(03)：18-30.

[150] 陆刚，李媛，唐存建. 农业龙头企业电子商务应用研究——基于关联复杂网络模型 [J]. 衡水学院学报，2017，19(04)：46-50.

[151] 伦墨华. 生鲜农产品电子商务供应链采购管理研究——以美菜网自营生鲜农产品供应为例 [J]. 全国流通经济，2019(31)：12-13.

[152] 罗芬，成力. "农产品+直播"对农民生产积极性的影响研究——以麻阳冰糖橙产业为例 [J]. 中南林业科技大学学报 (社会科学版)，2022(03)：63-69.

[153] 罗炀. 新型农业经营主体电商运营绩效评价 [D]. 舟山：浙江海洋大学，2021.

[154] 罗粤湘，王晓乔. 邵阳市农产品电子商务 C2C 模式发展策略探析 [J]. 全国流通经济，2019(18)：17-19.

[155] 骆坤. 制造企业跨境电子商务采纳行为影响因素研究 [D]. 哈尔滨：哈尔滨工程大学，2020.

[156] 吕丹，江朦朦. 新型农业经营主体开展农产品电子商务的现状及问题探析 [J]. 农学学报，2021，11(08)：110-115.

[157] 吕丹，张俊飚，王雅鹏. 农产品电子商务采纳的增收机理研究——基于 589 个新型农业经营主体调查数据 [J]. 中国农业资源与区划，2021，42(08)：96-106.

[158] 吕丹，张俊飚. 新型农业经营主体农产品电子商务采纳的影响因素研究 [J]. 华中农业大学学报 (社会科学版)，2020(03)：72-83+172.

[159] 吕丹. 新型农业经营主体电子商务采纳及其增收效应研究 [D]. 武汉：华中农业大学，2020.

[160] 吕凤荣. 浅析农业企业电子商务应用的影响因素 [J]. 现代经济信息，2016(22)：311.

[161] 吕晓永. 我国农产品电子商务发展的局限性与应对策略 [J]. 商业经济研究, 2021(10): 83-86.

[162] 马彪, 彭超, 薛岩, 朱信凯, 等. 农产品电商会影响我国家庭农场的收入吗?[J]. 统计研究, 2021, 38(09): 101-113.

[163] 马国玉, 王德成, 王永浩. 农业装备企业电子商务系统的设计研究 [J]. 中国农业大学学报, 2002(04): 85-90.

[164] 毛郁欣. 农业经营主体电商发展意愿的实证研究——以浙江省龙泉市为例 [J]. 中国商论, 2018(19): 26-28.

[165] 孟城真. 基于 SWOT 分析的生鲜农产品电商直播带货探讨 [J]. 乡村论丛, 2022(04): 91-95.

[166] 孟静. 乡村振兴战略下湖北省家庭农场电子商务发展路径研究 [J]. 今日财富 (中国知识产权), 2021(03): 67-68.

[167] 孟晓明. 我国农业电子商务平台的构建方案研究 [J]. 科技进步与对策. 2009, 26(04): 55-58.

[168] 莫坤, 姜丽丽. 浅析家庭农场借助电商微商发展绿色农业 [J]. 时代金融, 2017(06): 210+219.

[169] 慕静, 东海芳, 刘莉. 电商驱动农产品品牌价值创造的机制——基于京东生鲜的扎根理论分析 [J]. 中国流通经济, 2021, 35(01): 36-46.

[170] 穆肇南. 农业企业电子商务价值链优化研究 [J]. 湖北经济学院学报 (人文社会科学版), 2016, 13(05): 49-50.

[171] 聂召英, 王伊欢. 链接与断裂: 小农户与互联网市场衔接机制研究——以农村电商的生产经营实践为例 [J]. 农业经济问题, 2021(01): 132-143.

[172] 裴一蕾, 薛万欣, 牟静. 中小型农业企业电子商务成熟度与其绩效关系研究 [J]. 安徽农业科学, 2014, 42(01): 271-274.

[173] 裴一蕾, 薛万欣, 杨春雨, 等. 中小型农业企业电子商务成熟度研究 [J]. 安徽农业科学, 2012, 40(08): 4898-4900.

[174] 朋文欢, 邵科. 农业产业化龙头企业电商经营的发展现状与政策建议 [J]. 新疆农垦经济, 2020(06): 62-66+92.

[175] 彭军. CRM 在我国农业企业电子商务中的实施研究 [J]. 农机化研究, 2006(06): 51-53.

[176] 彭军. 发展我国农业企业的电子商务探析 [J]. 农机化研究, 2005(04): 54-56.

[177] 齐丹. "互联网＋农业": 农产品电子商务物流模式优化研究 [J]. 农业经济, 2019(01): 139-140.

[178] 齐放. 消费者网络直播购买生鲜农产品影响因素——基于多元有序 Logistic 回归模型 [J]. 经营与管理, 2021(04): 24-29.

[179] 齐心. 依托职业技能竞赛平台全面提高人才培养质量 [J]. 现代职业教育, 2019(31): 208-209.

[180] 秦德智，姚健，何梦丹."农民合作社+农产品电子商务"的框架解释与经验事实[J].东北农业大学学报(社会科学版)，2022，20(02)：44-52.

[181] 邱金林.农村电子商务人才培养的困境与对策[J].农业经济，2022(06)：118-119.

[182] 任丽娟."互联网+"时代河南省农产品电子商务发展模式创新研究[J].农业经济，2016(09)：128-130.

[183] 任文静.利用SAP建立农业企业协同化电子商务系统[J].江苏商论，2008(04)：42-43.

[184] 商务部.商务部电子商务司负责人介绍2022年网络零售市场发展情况[EB/OL].http://www.mofcom.gov.cn/article/xwfb/xwsjfzr/202301/20230103380919.shtml，2023-01-30/ 2023-08-20.

[185] 舒波，陈美丹.SOR模型下农产品直播营销对消费者购买意愿影响研究[J].天津农业科学，2022，28(07)：78-84.

[186] 宋小飞，马玲，等.基于TRA的用户采纳电子商务推荐信息的影响因素研究[C].上海：信息系统协会中国分会学术年会，2011.

[187] 宋旭超.电商直播对农产品营销的影响机制分析——基于粉丝经济的中介作用[J].商业经济研究，2023(07)：80-83.

[188] 宋瑛，杨建安.重庆农产品电子商务发展研究[J].商业经济研究，2017(02)：159-162+2.

[189] 苏冠峰，张国宝.价值链视域下农业企业电子商务发展模式创新研究[J].山西大同大学学报(社会科学版)，2021，35(01)：121-124.

[190] 孙鲁家，徐慧娇，李树超.新冠疫情对农产品直播带货行业发展影响的研究[J].青岛农业大学学报(社会科学版)，2022，34(02)：53-57.

[191] 孙琪，李敏.从阿里平台看农产品电子商务发展趋势[J].商业经济研究，2015(34)：77-79.

[192] 孙守辉.电子商务时代背景下的农业企业经济管理信息化建设研究[J].商场现代化，2021(01)：40-42.

[193] 索广利，周慧蓉，胡均铭，周凤珏，刘开强，等.直播带货：乡村农产品销售模式创新与路径优化[J].广西农学报，2021，36(03)：46-50.

[194] 汤艳春，邱云慧."农产品+直播"助力乡村振兴的成就、经验与建议[J].黑龙江粮食，2022(06)：99-101.

[195] 唐德祥，何佩霖.家庭农场融资赋能机制的演化博弈研究——基于电商供应链金融视角[J].金融理论与实践，2022(08)：44-54.

[196] 田晓，闫晓改.新型农业经营主体电商采纳意愿影响因素研究[J].商业经济研究，2020(03)：133-137.

[197] 王爱芳."移动互联网+"下的农产品电子商务销售渠道重构[J].农业经济，2018(04)：135-136.

[198] 王岸明.我国农产品电子商务促进农民增收作用的实证分析[J].商业经济研究，

2019(08)：128-131.

[199] 王冠宁.美国农产品电子商务发展经验及其对我国的借鉴意义[J].农业经济，2018(08)：132-134.

[200] 王冠宁.现阶段农产品电子商务发展困境与平台构建对策[J].经济研究导刊，2017(21)：158-159.

[201] 王国庆，兰叶.我国农产品电子商务创新模式研究综述[J].商业时代，2014(31)：56-57.

[202] 王红春，宫子琪.基于不同政府补贴模式的直播电商农产品供应链定价决策[J].供应链管理，2022，3(04)：46-55.

[203] 王红燕，项莹.高城镇化的农村地区农产品电商模式探究——以杭州市萧山区农村地区为例[J].中国农业信息，2014(19)：2.

[204] 王娟娟.鲜活农产品电子商务流通体系构建探析[J].商业经济研究，2018(07)：133-135.

[205] 王黎，刘云茹.电商扶贫下农产品直播的消费者信任问题分析——以衢州市为例[J].安徽农业科学，2022，50(11)：211-214.

[206] 王立涛.农产品电子商务交易的法律保障机制构建[J].农业经济，2017(02)：134-135.

[207] 王立岩，沈艳兵.天津涉农电子商务推广和发展策略研究——基于对农业经营主体的问卷调查[J].城市，2017(05)：28-31.

[208] 王丽敏."直播+"模式下特色农产品的营销创新研究[J].食品研究与开发，2022，43(09)：231-232.

[209] 王丘，黄世祥.农业企业如何应对汹涌而至的电子商务[J].计算机与农业，2000(06)：18-21.

[210] 王胜，丁忠兵.农产品电商生态系统——一个理论分析框架[J].中国农村观察，2015(4)：11.

[211] 王石林生.微观视角下的农产品电子商务同质化竞争研究[J].商业经济研究，2017(02)：78-80.

[212] 王嵩，叶强，胡仕成.消费者网购评论动机与感知价值研究[J].价格理论与实践，2018(06)：122-125.

[213] 王文洁.基层政府参与网络直播助力农业的问题与对策研究[J].农业与技术，2021，41(19)：141-143.

[214] 王晓红.农业产业化龙头企业电子商务模式应用研究[J].现代情报，2012，32(04)：110-113.

[215] 王晓然.农村电商下沉与城乡消费市场一体化发展探讨[J].商业经济研究，2022(04)：146-149.

[216] 王孝璐，崔宝玉.农民合作社电商采纳行为分析——基于整合的技术采纳模型[J].农业现代化研究，2023，44(02)：316-327.

[217] 王学军, 刘永新. 有效利用电子商务推动现代农业企业发展 [J]. 经济师, 2005(07): 185-187.

[218] 王艺颖, 赵琳捷. "农产品+直播"探索电商助农新模式 [J]. 全国流通经济, 2022(06): 14-16.

[219] 王殷. 电子商务背景下传统农业企业转型问题研究 [J]. 企业技术开发, 2016, 35(06): 19-20+22.

[220] 王予嘉. 农业企业网站电子商务功能水平测评与分析 [D]. 成都: 电子科技大学, 2006.

[221] 王玉霞, 高维全. 直播电商赋能下农产品营销模式优化研究 [J]. 价格理论与实践, 2021(02): 119-122.

[222] 魏良, 周强强, 邓婧. 电子商务环境下农业企业会计信息化建设探析 [J]. 农业网络信息, 2008(10): 77-78+98.

[223] 魏延安. 家庭农场拥抱"电商"观察 [J]. 农村经营管理, 2021(04): 38-39.

[224] 文小森, 程乐. "互联网+"视角下特色农产品电子商务路径选择及模式探析 [J]. 商业经济研究, 2020(13): 89-92.

[225] 吴丽芳. 山西省农产品电子商务发展现状及优化研究 [J]. 全国流通经济, 2018(36): 8-9.

[226] 吴明隆. 问卷统计分析实务: SPSS 操作与应用 [M]. 重庆: 重庆大学出版社, 2010.

[227] 吴天骄. 交易成本及销售渠道选择对农村电商发展的影响 [J]. 商业经济研究, 2023(10): 108-111.

[228] 吴彦艳. 基于品类管理的农产品电子商务发展模式研究 [J]. 商业经济研究, 2015(21): 71-73.

[229] 吴自强. 生鲜农产品网购意愿影响因素的实证分析 [J]. 统计与决策, 2015, 440(20):100-103.

[230] 武明宇, 郝楠. 建设农业企业电子商务协同平台的必要性 [J]. 中国种业, 2011(04): 10-11.

[231] 夏青松. 电子商务环境下家庭农场发展现状及对策分析——以宿州市为例 [J]. 绥化学院学报, 2017, 37(09): 11-13.

[232] 夏守慧, 池宁. 电子商务实务 [M]. 北京: 科学出版社, 2022.

[233] 夏守慧, 李才思, 赖晓慧. 新型职业农民电子商务创业培训的路径探索 [J]. 电子商务, 2018(04): 80-82.

[234] 夏守慧, 潘杨福. 农产品网络营销渠道的发展模式研究 [J]. 电子商务, 2012(04): 36-37+40.

[235] 夏守慧. 传统农产品营销组织体系及其存在问题的分析 [J]. 现代商业, 2010(07): 190-191.

[236] 夏守慧. 农产品电子商务发展的阻碍因素及解决策略分析 [J]. 现代物业, 2009, 8(12): 53-54+47.

[237] 夏守慧.温州地区农业电子商务发展现状与对策建议[J].上海农业学报，2012，28(04)：136-139.

[238] 夏守慧.专业市场发展电子商务的对策研究[J].电子商务，2014(12)：42-43.

[239] 向敏,陈建.重庆农产品电子商务交易模式探索[J].商业时代，2014(04)：72-74.

[240] 谢佳琦.浙西农产品营销渠道的创新：电子商务助力家庭农场[J].现代农业，2015(07)：106-107.

[241] 谢金丽,胡冰川.农产品电商对农业产业化龙头企业的影响分析——基于倾向值匹配法（PSM）估计[J].农村经济，2020(05)：129-136.

[242] 谢金丽,胡冰川.农业企业电商采用决策及电商业绩影响因素的实证研究——基于农业产业化龙头企业的经验数据[J].软科学，2020，34(08)：6-11+18.

[243] 谢卿.数字经济赋能背景下农产品直播电商营销策略[J].核农学报，2022，36(07)：1510.

[244] 邢颖.价值链视域下农业企业电子商务发展模式创新研究[J].中小企业管理与科技（中旬刊），2021(06)：78-79.

[245] 熊文臣.农产品电子商务发展中存在的问题及对策[J].全国商情，2016(35)：19-20.

[246] 熊雪,朱成霞,朱海波.农产品电商直播中消费者信任的形成机制：中介能力视角[J].南京农业大学学报(社会科学版)，2021，21(04)：142-154.

[247] 徐慧.农产品电子商务"云物流"发展模式——以河南省信阳市为例[J].农业经济，2018(02)：135-137.

[248] 徐乔梅.社会化媒体对农业电商企业品牌价值影响研究[J].农业经济，2017(02)：136-137.

[249] 徐铁平.诸暨市家庭农场电子商务参与意愿及行为的影响因素研究[D].杭州：浙江农林大学，2019.

[250] 徐耀迪,朱海华.农业企业电商选择动因分析——基于衢州市246家农业企业实证研究[J].科技创业月刊，2021，34(04)：153-157.

[251] 徐耀迪,朱海华.衢州市农业电子商务企业现状调查及其电商模式选择的影响因素分析[J].湖北农业科学，2020，59(S1)：459-463+468.

[252] 许金波.有机农产品电子商务盈利模式构建研究[J].农业经济，2015(11)：135-136.

[253] 许应楠,刘忆.乡村振兴下新型职业农民参与农村电子商务发展影响因素模型构建——基于TAM和TPB理论[J].江苏农业科学，2019，47(15)：56-60.

[254] 许悦,郑富元,陈卫平.技术可供性和主播特征对消费者农产品购买意愿的影响[J].农村经济，2021，469(11)：104-113.

[255] 薛岩,马彪,彭超.新型农业经营主体与电子商务：业态选择与收入绩效[J].农林经济管理学报，2020，19(04)：399-408.

[256] 闫磊.海南省农产品直播电商发展现状、问题及对策研究[J].产业创新研究，2022(07)：30-32.

[257] 闫晓改.新型农业经营主体农产品电商采纳意愿影响因素研究[D].郑州：郑州大

学，2020.

[258] 杨华. 基于消费者视角的互联网保险接受机制研究 [D]. 西安：西北大学，2021.

[259] 杨静，刘培刚，王志成. 新农村建设中农业电子商务模式创新研究 [J]. 中国科技论坛，2008(8):5.

[260] 杨露. 大数据背景下农业企业电子商务商品图像特征提取检索的方案设计 [J]. 电视技术，2018，42(11)：82-86.

[261] 杨露. 大数据环境下农业企业电子商务创新模式探析 [J]. 中外企业家，2020(13)：73.

[262] 杨伟强. 农产品电子商务与物流配送体系的内涵、意义及发展状况 [J]. 商业经济研究，2016(16)：178-180.

[263] 杨文娟. 我国农村电商直播助力农产品营销的对策研究 [J]. 黑龙江工业学院学报（综合版），2021，21(05)：96-101.

[264] 杨银辉. 行动导向下"网络创业"课程课内外一体化教学改革探索 [J]. 机械职业教育，2017(4)：33-36.

[265] 姚志. 新型农业经营主体电商认知行为差异及影响因素实证 [J]. 中国流通经济，2017，31(09)：46-52.

[266] 易法敏. 农业企业电子商务应用的影响因素研究 [J]. 科研管理，2009，30(03)：180-186.

[267] 尹洁. 我国农产品电子商务的发展战略分析 [J]. 农业经济，2009(12)：93-94.

[268] 尹世久，吴林海，杜丽丽. 基于计划行为理论的消费者网上购物意愿研究 [J]. 消费经济，2008，24(4)：5.

[269] 于立岩，焦朝霞. 新型农业经营主体电商采纳意愿影响因素研究 [J]. 黑龙江粮食，2020(12)：68-70.

[270] 于露. 以职业技能竞赛促进建工专业建设的思考 [J]. 教育教学论坛，2020(8)：175-176.

[271] 俞守华，李文富，唐庆娟. 基于UTAUT的农业电子商务用户使用行为研究——以珠三角为例 [J]. 科技管理研究，2019，39(08)：183-188.

[272] 袁德臻. 人才行业适配视角下电商直播人才培养研究 [J]. 贵州广播电视大学学报，2021(3)：23-26.

[273] 袁爽. 农业供给侧结构性改革背景下电子商务发展模式及建议——以饲料企业为例 [J]. 农业经济，2020(04)：139-140.

[274] 苑金凤，刘琦，王倩，刘爱军，等. 我国农产品电子商务发展特征——以淘宝网为例 [J]. 电子商务，2014(02)：7-8.

[275] 昝梦莹，王征兵. 农产品电商直播：电商扶贫新模式 [J]. 农业经济问题，2020(11)：77-86.

[276] 张鸽. 借鉴美国经验优化我国农产品电子商务发展的路径 [J]. 农业经济，2015(12)：128-130.

[277] 张海彬. O2O 农产品电子商务的机遇、问题与对策 [J]. 农业经济, 2016(10): 141-142.

[278] 张瀚艺. 基于区块链的我国农产品电子商务发展路径探讨 [J]. 商业经济研究, 2017(12): 96-98.

[279] 张号南. 贫困地区农户电子商务采纳的影响因素研究 [D]. 杭州: 浙江工商大学, 2020.

[280] 张洪. 社会化商务环境下顾客交互行为研究 [D]. 武汉: 华中科技大学, 2014.

[281] 张华. 农产品电子商务发展的模式分析与研究 [J]. 全国商情, 2016(25): 23-25.

[282] 张辉, 白长虹, 李储凤. 消费者网络购物意向分析——理性行为理论与计划行为理论的比较 [J]. 软科学, 2011, 25(9): 6.

[283] 张建青. 电子商务时代农业企业经济管理信息化建设策略探讨 [J]. 全国流通经济, 2019(24): 97-98.

[284] 张健. 精准扶贫视角下特色农产品电子商务应用探析——以武汉新城区为例 [J]. 商业经济研究, 2018(19): 115-117.

[285] 张琳. 农产品电子商务与绿色物流对接策略探析 [J]. 商业经济研究, 2015(22): 78-79.

[286] 张鸣峰, 林初有, 谢科成. 县级城市集约式农产品电子商务模式探讨——以句容为例 [J]. 电子商务, 2015(10):2.

[287] 张淑芳, 魏丽, 梁璐. 乡村振兴视域中农产品新媒体直播营销路径探索——基于甘肃省崆峒区的调查 [J]. 兰州文理学院学报(社会科学版), 2022, 38(04): 79-84.

[288] 张文, 王强, 马振中, 李健, 谢锐, 等. 在线商品虚假评论发布动机及形成机理研究 [J]. 中国管理科学, 2022, 30(07): 176-188.

[289] 张文锴, 刘颖娴. 安溪铁观音新型农业经营主体电子商务发展问题分析 [J]. 乡村科技, 2021, 12(01): 44-46+49.

[290] 张文潇. 农村电商与城乡市场体系良性发展研究——以古木县为例 [J]. 广西民族大学学报: 哲学社会科学版, 2020, 42(1):8.

[291] 张一涵, 袁勤俭. 计划行为理论及其在信息系统研究中的应用与展望 [J]. 现代情报, 2019, 39(12): 138-148+177.

[292] 张育玮, 洪欢, 周立军. 基于 TRA 理论的旅游电商平台的消费者行为意愿研究 [J]. 重庆邮电大学学报: 社会科学版, 2020, 32(2): 11.

[293] 张哲晰, 高鸣, 穆月英. 新型农业经营主体电商参与机制、困境及对策——来自贵州省剑河县调研的证据 [J]. 中国流通经济, 2021, 35(12): 40-49.

[294] 张筑平. 市场信息获取对农村电商销售行为的影响与改进路径 [J]. 商业经济研究, 2020(20): 90-92.

[295] 赵瑞雪. 我国农业企业电子商务之路 [J]. 计算机与农业. 综合版, 2003(10): 3-5.

[296] 赵伟. 农产品电子商务模式选择的影响因素探讨 [J]. 全国流通经济, 2022(05): 24-27.

[297] 郑红明.我国农产品电子商务产销的模式、问题及对策[J].商业经济研究，2016(16)：181-182.

[298] 郑健壮,靳雨涵,章晨笑.创业网络及"派系"对创业行为的双重影响机理以"阿里系"为例[J].科技管理研究，2019(16)：144-150.

[299] 中国互联网络信息中心.第48次《中国互联网络发展状况统计报告》[EB/OL].http：//www.cnnic.net.cn/hlwfzyj/hlwxzbg/hlwtjbg/202109/t20210915_71543.htm，2021-9-15/ 2023-8-20.

[300] 中国互联网络信息中心.第49次《中国互联网络发展状况统计报告》[EB/OL].http：//www.cnnic.net.cn/hlwfzyj/hlwxzbg/hlwtjbg/202202/t20220225_71727.htm，2022-2-25/ 2023-8-20.

[301] 中国互联网络信息中心.第50次《中国互联网络发展状况统计报告》[EB/OL].http：//www.cnnic.net.cn/gywm/xwzx/rdxw/20172017_7086/202208/t20220831_71823.htm, 2022-8-31/2023-8-20.

[302] 中国互联网络信息中心.第51次《中国互联网络发展状况统计报告》[EB/OL].https：//cnnic.cn/n4/2023/0302/c199-10755.html, 2023-3-2/2023-8-20.

[303] 钟萍.家庭农场开展电子商务的思考[J].古今农业，2020(02)：1-7.

[304] 周国君.农产品直播营销发展问题及策略研究[J].山西农经，2022(11)：46-48+59.

[305] 周丽梅.区域农村电商多元化发展的市场证据及路径建议——基于农村电商示范县的调研[J].商业经济研究，2019(22):4.

[306] 朱红根，宋成校.家庭农场采纳电商行为及其绩效分析[J].华南农业大学学报（社会科学版），2020，19(06)：56-69.

[307] 朱智慧.农产品电子商务发展现状及对策[J].全国流通经济，2018(21)：14-15.

后　记

　　本书是在我的博士学位论文基础上修改而成的。由于我工作单位温州科技职业学院同时挂牌温州市农业科学研究院，工作后接触农业经营主体机会较多，研究方向也自然偏向农业电商。国家对"三农"问题的关注、对"农产品上行"的重视，让我意识到数商兴农的重要性，经前期研究积累，诞生本选题的想法。

　　论文于2023年5月答辩并顺利通过，在此基础上我全身心投入本书的撰写。过程中，得到苏可老师大力支持，共同完成撰写工作。此外，我的博士论文写作是在在职的情况下完成的，感谢温州科技职业学院的领导和同事们给予的关怀和支持！特别感谢我的家人，他们的支持和鼓励是我完成博士学习的动力，感谢你们无私的爱！

夏守慧
2023年12月27日于温州